RESUMO DE DIREITO COLETIVO DO TRABALHO

JAIR TEIXEIRA DOS REIS
Auditor Fiscal do Trabalho e Professor Universitário.

RESUMO DE DIREITO COLETIVO DO TRABALHO

Dados Internacionais de Catalogação na Publicação (CIP)
(Câmara Brasileira do Livro, SP, Brasil)

Reis, Jair Teixeira dos
  Resumo de direito coletivo do trabalho / Jair Teixeira dos Reis. —
São Paulo : LTr, 2008.

Bibliografia.

ISBN 978-85-361-1074-5

1. Direito do trabalho 2. Direito do trabalho — Brasil I. Título.

07-7902   CDU-34:331.88 (81)

Índices para catálogo sistemático:
1. Brasil : Direito coletivo do trabalho 34:331.88(81)

© Todos os direitos reservados

EDITORA LTDA.
Rua Apa, 165 — CEP 01201-904 — Fone (11) 3826-2788 — Fax (11) 3826-9180
São Paulo, SP — Brasil — www.ltr.com.br

LTr 3544.5   Março, 2008

Dedico este trabalho a

*Minha esposa Wilke e
meus filhos Arthur e Maria Teresa.*

Agradecimentos

Aos docentes e discentes do Curso de Direito da Faculdade São Geraldo pela convivência acadêmica;

Aos amigos da JUTRA pelo incentivo e apoio na realização deste trabalho.

SUMÁRIO

Prefácio 11

1. Introdução 13

2. Definição, denominação, conteúdo e funções do direito coletivo do trabalho 17
   2.1. O problema dos princípios e das fontes normativas 24
   2.2. Conflitos coletivos de trabalho e mecanismos para sua solução 27

3. Liberdade sindical 31
   3.1. Convenção n. 87 da OIT 36
      3.1.1. Convenção n. 98 da OIT 42
   3.2. Organização sindical 47
      3.2.1. Modelo sindical brasileiro 49
   3.3. Categorias: Conceito 51
      3.3.1. Categoria profissional diferenciada 53
      3.3.2. Dissociação de categorias 55
   3.4. Membros da categoria e sócios do sindicato 56

4. Entidades Sindicais: conceito, natureza jurídica, estrutura, funções, requisitos de existência e atuação 58
   4.1. Fontes de recursos das entidades sindicais 62
      4.1.1. Prerrogativas e limitações 65
   4.2. Garantias sindicais 70
      4.2.1. Representação de trabalhadores na empresa 74
      4.2.2. Convenção n. 135 da OIT 77
   4.3. Sistemas sindicais: modalidades e critérios de estruturação sindical; o problema no Brasil 81
   4.4. As centrais sindicais 83

5. Negociação coletiva: função e níveis 86
   5.1. Instrumentos normativos de negociação: ACT e CCT 93
      5.1.1. Natureza das normas coletivas 94

5.2. Efeitos das cláusulas: cláusulas obrigacionais e cláusulas normativas 95
    5.2.1. Ultratividade das Convenções e Acordos Coletivos .. 96
5.3. Incorporação das cláusulas normativas aos contratos de trabalho 106
    5.3.1. Princípio ou teoria do conglobamento 108
5.4. Convenção n. 154 da OIT 110

6. Mediação e arbitragem no Direito do Trabalho 116

7. Poder normativo da Justiça do Trabalho 131

8. Atividades do sindicato 139
    8.1. Condutas Anti-sindicais: espécies e conseqüências 140

9. A greve no Direito Brasileiro 144
    9.1. *Lockout* 150

10. Direitos e interesses difusos, coletivos e individuais homogêneos na esfera trabalhista 155

11. Questões de concursos anteriores 161

Referências Bibliográficas 187

PREFÁCIO

"— Creio no primado do trabalho sobre o capital.

— Creio na eficácia do trabalho como única fonte de enriquecimento das nações.

— Creio no espírito comunitário da empresa que admite o florescimento de relações de colaboração amigável e de auxílio recíproco.

— Creio que a justiça social só pode ser atingida se todos concordarem em praticá-la em conjunto.

— Creio que a concorrência sem limites jamais poderá gerar um sistema econômico justo.

— Creio que os interesses individuais e das empresas particulares devem subordinar-se ao interesse geral, ao bem comum da Nação e da Humanidade.

— Creio que o econômico e o político devem subordinar-se ao engrandecimento da criatura humana.

— Creio na dignidade do trabalhador, na sua capacidade de pensar e agir livremente, de conhecer e amar.

— Creio na possibilidade da harmonia dos contrários.

— Creio que a paz é obra da justiça social."

Orlando Teixeira da Costa

Ano 2008. Século XXI. O Direito Coletivo do Trabalho adquire contornos de uma relevância fundamental na sociedade globalizada, mas poucos autores detêm a sensibilidade de perceber as mudanças e o futuro que se anunciam. Menos autores ainda conseguem apresentar um livro que seja ao mesmo tempo claro, profundo e direto.

Este é o caso do *Resumo de Direito Coletivo do Trabalho*, escrito pelo ilustre Jurista e amigo Dr. *Jair Teixeira dos Reis*.

No momento do convite, não pudemos deixar de pensar em quais razões teriam levado nosso amigo *Jair* a convidar-nos para elaborar este prefácio. Certo é que nutrimos o mesmo amor pelo Direito do Trabalho, em especial, o Direito Coletivo. Nossas dúvidas e inquietações são comuns. Logo, embora queiramos acreditar que o critério de escolha foi puramente técnico, a generosidade de *Jair* denota a verdadeira razão, que não foi outra senão sincera amizade. Em meio a tantos amigos tão qualificados, ele nos deu esta honrosa e prazerosa tarefa.

Autor jovem e de produção ininterrupta e de qualidade incontestável, demonstra habilidade sintética e didatismo, apresentando à sociedade o Direito Coletivo do Trabalho nas suas mais variadas vertentes, destacando inicialmente a atualidade do tema "Organização Sindical" e as perspectivas de Reforma neste sentido. Aborda em seguida a questão dos entes sindicais e dos diversos institutos do Direito Coletivo e Sindical.

Este século se inicia sobre os auspícios de uma reconcentração de poder antagônica à idéia iluminista da tripartição, trazida por *Charles Louis du Secondat* — Barão de Montesquieu — em seu clássico *O espírito das leis*. O poder tem se concentrado cada vez mais, seja na esfera executiva por meio de Medidas Provisórias desprovidas de qualquer urgência ou relevância, seja por meio das ainda embrionárias Súmulas de efeito vinculante, pelo Judiciário, seja na esfera da Negociação Coletiva.

Em um tempo em que o poder fascina as cúpulas de negociação dos direitos trabalhistas, e que o sindicato vive sobre a sombra de uma "competência derivada", afastando-se a negociação dos interesses de base, a discussão sobre o tema torna-se fundamental, sob pena de termos o "negociado valendo sobre o legislado" e a flexibilização trazida por isto torna o tema da maior relevância.

Esta obra se torna obrigatória como instrumento de contato inicial com a matéria, bem como deve servir de "livro de cabeceira" aos que partilham da preocupação com o futuro do Brasil e em especial, com as gerações que nos sucederão.

Benizete Ramos de Medeiros
Advogada trabalhista. Professora de Direito e Processo do Trabalho e
Diretora de Relações Institucionais da ABRAT.
Membro da Escola Superior da Advocacia Trabalhista.

Leonardo Rabelo de Matos Silva
Doutorando em Direito (UGF). Coordenador-Geral do Curso de Direito
da Universidade Veiga de Almeida/RJ. Avaliador de Cursos do INEP/MEC.
Consultor *Ad Hoc* da Secretaria de Educação Superior — SESU/MEC. Advogado.

1. INTRODUÇÃO

As relações coletivas de trabalho surgiram com a Revolução Industrial. Nasceu assim uma nova classe de trabalhadores, o proletariado, que individualmente não podia enfrentar os graves problemas sociais conseqüentes desta nova situação. A aglutinação em torno dos pólos industriais permitiu a comunicação entre os trabalhadores e facilitou a formação de uma consciência coletiva, ficando visível para eles que a situação de penúria, miséria e exploração era comum a todos, exigindo uma solução coletiva. Os trabalhadores portanto, se organizaram coletivamente para reivindicação de direitos e defesa de seus interesses. O Resultado desse enfrentamento foi o surgimento das primeiras normas coletivas criando direitos e regulando as condições de trabalho.

O Direito Coletivo do Trabalho denomina-se, também, Direito Sindical ou Direito Corporativo.

É parte do Direito do Trabalho, pois é destituído de *autonomia legislativa, doutrinária, didática e jurisprudencial*. Suas normas estão reunidas no mesmo diploma legal do Direito Individual do Trabalho (CLT) e no mesmo capítulo da Constituição Federal, as controvérsias são solucionadas pelo mesmo órgão do Poder Judiciário, ou seja, Justiça do Trabalho. Não possui princípios próprios.

Não há autonomia legislativa, pois a matéria é tratada na própria Consolidação das Leis do Trabalho — CLT. Não se verifica a autonomia jurisprudencial, pois a Justiça Laboral decide tanto controvérsias envolvendo o Direito Individual como o Direito Coletivo de Trabalho.

Não há que falar em autonomia didática, pois o Direito Coletivo do Trabalho é normalmente ensinado nas entidades educacionais juntamente com a disciplina de Direito do Trabalho ou Direito Material do Trabalho. Quanto à autonomia doutrinária, também não se faz presente, uma vez que as obras, pesquisas, textos e trabalhos são normalmente escritos pelos doutrinadores e especialistas em Direito Material e Processual do Trabalho.

O movimento sindical brasileiro, a despeito do equívoco da unicidade, da pirâmide confederativa obrigatória, do sistema categorial, evoluiu na última década e está pronto para enfrentar seu maior desafio: enterrar o que resta do modelo fascista herdado da era Vargas, ratificando a Convenção n. 87 da OIT, assegurando a liberdade sindical plena. Porém, a Reforma Sindical em andamento no Congresso Nacional através da PEC n. 369/05 não apresenta modificações significativas nesse caminho.

O Parecer do Senador sergipano José Eduardo Dutra, para a Comissão de Constituição e Justiça do Senado Federal, no Decreto Legislativo que aprova o texto da Convenção n. 87 da OIT é favorável, estando a questão há mais de meio século no nosso Parlamento à espera de boa vontade política.

"Convenção n. 87 da OIT — *Da Comissão de Constituição, Justiça e Cidadania* sobre o Projeto de Decreto Legislativo n. 16, de 1984 (Projeto de Decreto Legislativo n. 58-B, de 1984, na Casa de origem), que aprova o texto da Convenção n. 87, relativa à Liberdade Sindical e à Proteção do Direito Sindical, adotada em São Francisco, em 1948, por ocasião da 31ª Sessão da Conferência Internacional do Trabalho, da Organização Internacional do Trabalho. Relator: Senador José Eduardo Dutra

I — Relatório

Cuida-se de proposição oriunda da Câmara dos Deputados, tendo por origem a Mensagem n. 256, de 1949, do Poder Executivo, nos termos do art. 49, inciso I, da Constituição Federal, que visa a tornar manifesta a deliberação congressual ratificadora da adesão da República Federativa do Brasil à convenção em epígrafe.

A matéria foi apreciada na Comissão das Relações Exteriores, em 10 de agosto de 1995, onde foi aprovada, e, em seguida, encaminhada a esta Comissão, em obediência ao despacho inicial da Presidência.

Não foram oferecidas emendas, no prazo regimental.

É o relatório.

II — Análise da Matéria

A proposição sob exame é, por certo, a matéria mais antiga em tramitação no Congresso Nacional, a ponto de ter sido necessária a recomposição do processado, em razão de extravio dos documentos. Há mais de meio século desafia o Parlamento brasileiro, dividido entre o constrangimento de rejeitá-la por inconstitucionalidade, cedendo a pressões de entidades constituídas sob a égide do modelo corporativista heterônomo e as cobranças internas e externas pela adoção de uma das diretrizes fundamentais da Organização Internacional do Trabalho.

A Convenção n. 87, da OIT, dispõe sobre a liberdade de associação, de empregadores e empregados, sem prévia autorização do poder público, a desdobrar-se na autonomia de elaboração dos estatutos, regulamentos e processos constitutivos de órgãos diretivos dos sindicatos, objetada a intervenção estatal, no que concerne a seu regular funcionamento, condicionando-se, todavia, a ação sindical ao respeito à lei. Estabelece a vedação de dissolução ou suspensão de entidade sindical por via administrativa, bem como consagra a irrestrita faculdade de articulação de entes de base em organismos superiores e de filiação a organizações internacionais.

Abalizadas autoridades têm sustentado, no plano doutrinário, a "inconstitucionalidade" da ratificação da convenção sob exame. Argumenta-se, em síntese, que o inciso II do art. 8º da Constituição Federal, ao dispor sobre a proibição de "criação de mais de uma organização sindical, em qualquer grau, representativa de categoria profissional ou econômica, na mesma base territorial" estaria a desautorizar o regime de liberdade organizacional, em matéria sindical, em favor de uma unicidade "definida pelos trabalhadores ou empregadores interessados".

Essa posição encontra resistência entre aqueles que, partidários da escola de Otto Bachof, sustentam a inconstitucionalidade do referido inciso II do art. 8º, à luz do princípio constitucional de resguardo da liberdade, insculpido no Preâmbulo da Constituição Federal, no art. 1º, inciso IV, no art. 3º, inciso I, além do que estabelece o art. 5º, em seus incisos XVII e XVIII.

Sem querer ser tão radical e afiliar-me a tese assaz polêmica, que deita suas raízes na assim denominada "interpretação constitucional deontológica, ou por princípios", creio que a mitigada interpretação constitucional teleológica, qual seja, a que se orienta pela consecução de interesses almejados pela norma, nos fornece razoável base para, sem decretar a inconstitucionalidade do inquinado dispositivo, abordá-lo de forma compatível com o escopo da ação sindical.

A função do sindicato deve ser a defesa dos direitos e interesses coletivos ou individuais da categoria que representa, em questões judiciais ou administrativas, destacando-se as tratativas para a elaboração da norma coletiva de trabalho (art. 8º, inciso III e VI, CF). Cabe indagar se os milhares de sindicatos de trabalhadores hoje existentes no Brasil, resguardada a representação unitária na base territorial, conseguem realizar, a contento, aquilo que é sua precípua função. Uma avaliação sincera sobre esse panorama leva qualquer estudioso mais dedicado ao tema a conclusões desalentadoras.

É curioso notar que em um país como a República Federal da Alemanha, onde o conjunto formal de assalariados é da ordem de 50 milhões (e a população total é a metade do Brasil), existem menos de vinte sindicatos, não obstante o art. 9º do Texto Constitucional Alemão assegurar a irrestrita liberdade de organização sindical. No Brasil, por outro lado, para um universo de, segundo dados recentes do IBGE, menos de 20 milhões de empregados formais (e o dobro da população, em relação à Alemanha), à guisa de prestígio à unicidade "fortalecedora" de sindicatos, pululam mais de dez mil sindicatos nos registros oficiais.

Ante tais dados, a pergunta óbvia é: onde as entidades sindicais são, de fato, mais fortes e eficazes?

Os alemães parecem ter resolvido melhor o problema da compatibilização da liberdade de organização com a real capacidade de ação dos sindicatos de trabalhadores. Lá, o que dá identidade a um sindicato não é o carimbo oficial, mas a observância da efetividade da representação, frente ao poder econômico. Exercitar verdadeira "pressão" sobre o patronato é pressuposto inarredável para que se reconheça em uma entidade, dita sindical, a legitimação para a contratação coletiva, nos termos do § 2º, seção I, da Lei de Contratação Coletiva Alemã. É, portanto, a verificação da dimensão do contrato coletivo de trabalho como resultado de um livre acordo de vontades entre partes equivalentes na entabulação de regras coletivas que dá *status* sindical a uma organização laboral, ante uma empresa ou associação de empresas ou de ramo produtivo, ou perante o próprio poder público.

Nesse sentido, se interpretarmos a expressão "criação" a que alude o inciso II do art. 8º da Constituição Federal expungida de todo viés cartorial e lhe atribuirmos o sentido de insipiência da mobilização de empresários e trabalhadores para uma pactuação que reflita a harmonização autônoma, contratada, entre capital e trabalho — sob um prisma processual, dialético, de concessões mútuas e reciprocidade de ofertas — veremos ser possível combinar liberdade de organização sindical com representação unitária, aferível, caso a caso, pelos interessados, na formatação de acordos e convenções coletivas de trabalho. Nessa linha, a ratificação da convenção em tela seria perfeitamente compatível com a Constituição Federal.

Particular atenção merece o art. 9º, segundo o qual a exata medida em que as garantias previstas pela convenção aplicar-se-ão às forças armadas e à polícia será "determinada pela legislação nacional". Ora, a Constituição Federal, conforme o disposto no art. 142, inciso IV, é clara no sentido de vedar aos militares, assim entendidos não só os membros das Forças Armadas, como os integrantes das polícias e corpos de bombeiros militares (art. 42, *caput*), a sindicalização e a greve. Mas, ainda assim, creio ser viável a ratificação, sem restrições, posto que o art. 9º tão-somente reconhece a soberania dos Estados signatários para dispor, em seu ordenamento jurídico, sobre a matéria, mesmo que venham a impor fortes restrições ou impedir a sindicalização desse segmento. No caso da legislação brasileira, o que se verifica é a primeira hipótese, posto ser lícita a sindicalização de policiais civis. Dessa maneira, considero desnecessário apor reserva de modificação quanto ao art. 9º, nos termos do item 3 do art. 13 da própria convenção.

III — Voto

Ante o exposto, opino favoravelmente à aprovação do Projeto de Decreto Legislativo n. 16, de 1984 (n. 58-B, de 1984, na Casa de origem), por considerá-lo elaborado em boa técnica legislativa, juridicamente adequado e destituído de qualquer vício de inconstitucionalidade.

Sala das Reuniões, de ... de 2002

Senador José Eduardo Dutra, Relator".

2. DEFINIÇÃO, DENOMINAÇÃO, CONTEÚDO E FUNÇÕES DO DIREITO COLETIVO DO TRABALHO

A Carta Constitucional de 1988, em seu art. 5º, XVII, assegurou a liberdade de associação, vedada a de caráter paramilitar, ou seja, corporações associativas armadas de natureza religiosa, ideológica, patriótica, etc. (Diz-se de organizações particulares de cidadãos, armados e fardados especialmente, sem contudo pertencerem às forças militares regulares).

No art. 37, VI, garantiu-se ao servidor público civil o direito à livre associação sindical, proibindo-a ao servidor militar no art. 142, IV. Tal preceito revoga tacitamente o art. 566 da CLT.

O *caput* do art. 8º considera livre a associação profissional ou sindical. Proibindo, ainda, no inciso I a interferência e a intervenção do poder público na organização sindical.

A competência para registro é do Ministério do Trabalho e Emprego, visando especificamente dar atendimento ao princípio da Unicidade Sindical.

O art. 8º, VIII, da CF, recebeu a garantia prevista no art. 543 da CLT, que veda a dispensa do empregado sindicalizado desde o momento de sua candidatura a cargo de direção ou representação sindical, e se eleito, ainda que suplente, até um ano após o final do mandato, salvo se cometer falta grave, nos termos da lei.

Conceito:

Cumpre-nos assinalar, segundo *Arnaldo Süssekind*, que o princípio da igualdade jurídico-política dos cidadãos e a filosofia do liberal individualismo, consagrados pela Revolução Francesa (1789), determinaram:

a) o *absoluto respeito à autonomia da vontade* das relações contratuais, inclusive nas de trabalho *(laissez-faire);*

b) a *supressão das Corporações de Ofício*[1], já decadentes, que afrontavam o liberalismo econômico dos fisiocratas (Lei de 17.3.1791);

---

(1) Constituição Federal de 1824. Art. 179, XXV — Ficam abolidas as Corporações de Ofício, seus juízes, escrivães e mestres.

c) a *proibição de todas as formas de coalizão de trabalhadores ou empregadores* (Lei *Chapelier*, de 14.6.1791).

Normalmente o leitor ou mesmo o estudante confunde o Conceito[2] com a Definição[3] de determinado instituto, porém, há uma razoável diferença entre os vocábulos: conceito é vocábulo que tem conteúdo genérico, enquanto que a definição representa a delimitação desse conteúdo para enumeração dos seus elementos.

Para *Plácido e Silva,* citado por *Carlos Henrique Bezerra Leite* (2005), conceito é derivado de *conceptus,* de *concipere* (conceber, ter idéia, considerar). Na terminologia jurídica, ele é usado para indicar o sentido, a interpretação, a significação que se tem das coisas, dos fatos e das palavras.

Assim expressa *Leite* (2007): pode-se dizer que, à luz da Ciência do Direito, conceito é a idéia que se expressa mediante palavras, de dado instituto jurídico; definição é o significado dessas palavras.

Portanto, em face do exposto, apresentaremos a seguir o conceito de Direito Coletivo do Trabalho consoante diversos doutrinadores:

Para *Alfredo J. Ruprecht* (1995), "o *Direito Coletivo do Trabalho é a parte do Direito do Trabalho que tem por objeto regular os interesses da categoria profissional de cada um dos sujeitos laborais.* Esse conceito, além de ser sintético, enfatiza que a finalidade é fazer com que os interesses — individuais e coletivos — de cada uma das determinadas partes sociais logrem uma solução jurídica satisfatória".

Expressa *Cavalcanti de Carvalho,* apud *Amauri Mascaro Nascimento* (2005), que *Direito Sindical* ou *Direito Coletivo do Trabalho é o conjunto de normas jurídicas que regulam a formação, as funções e atividade das associações profissionais, no sentido da tutela dos interesses das diferentes categorias profissionais, em proveito dos seus elementos componentes e em harmonia com os superiores interesses da produção.*

A noção de coletivo em Direito do Trabalho diz respeito a determinado grupo e, portanto, o *Direito Coletivo do Trabalho cuida das questões jurídicas dos vários grupos, das relações destes grupos entre si e deles com o Estado.* Em outra dimensão, o Direito Individual do Trabalho ocupa-se das questões jurídicas sob a ótica dos empregados e empregadores individualmente considerados (Pedro Paulo Teixeira Manus, 2005).

---

(2) Conceito — s. m. Filosofia. Idéia, abstração. 2. Opinião, reputação. 3. Sentença, máxima. ("Dicionário Michaelis" — UOL).

(3) Definição — s. f. 1. Ação de definir. 2. Proposição que expõe com clareza e exatidão os caracteres genéricos e diferenciais de uma coisa. 3. Palavras com que se define. 4. Decisão. ("Dicionário Michaelis" — UOL).

Cesarino Júnior, citado por *Alice Monteiro de Barros* (2005), adepto da corrente subjetiva, conceitua o Direito Coletivo como sendo *o conjunto das leis sociais que consideram os empregados e empregadores coletivamente reunidos, principalmente na forma de entidades sindicais.*

Para *Mozart Victor Russomano* (2002), *Direito Sindical é a parte do Direito do Trabalho que estuda as organizações sindicais, a negociação coletiva e os conflitos coletivos.*

Numa abordagem didática, analisa *Alice Monteiro de Barros* (2007) que o Direito Individual tem como núcleo o contrato, que por sua vez cria uma relação individual de trabalho, cujos *interesses são concretos,* referindo-se a cada indivíduo determinado, enquanto o Direito Coletivo pressupõe uma relação coletiva de trabalho, em que os sujeitos se encontram em função de uma coletividade profissional; logo, em síntese, a relação daí advinda põe em jogo *interesses abstratos do grupo* (grifamos).

Mauricio Godinho Delgado (2007) conceitua o Direito Coletivo do Trabalho como o *complexo de institutos, princípios e regras jurídicas que regulam as relações laborais de empregados e empregadores e outros grupos jurídicos normativamente especificados, considerada sua ação coletiva, realizada autonomamente ou através das respectivas entidades sindicais.*

Direito Coletivo do Trabalho é o segmento do Direito do Trabalho encarregado de tratar da organização sindical, da negociação coletiva, dos contratos coletivos, da representação dos trabalhadores e da greve (Sérgio Pinto Martins, 2005).

Para *Vólia Bonfim Cassar* (2007), o Direito Coletivo é a parte do Direito do Trabalho que trata coletivamente dos conflitos do trabalho e das formas de solução desses mesmos conflitos. Trata da organização sindical e da forma de representação coletiva dos interesses da classe profissional e econômica.

A partir dos conceitos apresentados, podemos dizer que Direito Coletivo do Trabalho é *uma subdivisão do Direito do Trabalho, com alguns princípios e regras jurídicas que estuda as organizações sindicais, a negociação e os respectivos conflitos coletivos.*

A Natureza Jurídica do Direito Coletivo do Trabalho é de segmento ou setor do Direito do Trabalho, o qual possui autonomia na ciência jurídica (Gustavo Filipe Barbosa Garcia, 2007).

Divisão:

Afirma *Sérgio Pinto Martins* (2006) que o Direito Coletivo do Trabalho estuda a organização sindical, que compreende sua natureza jurídica, a proteção à sindicalização, seus órgãos, eleições sindicais e as receitas dos sindicatos; os acordos e as convenções coletivas de trabalho; a greve; o *lockout* e outras formas de soluções dos conflitos coletivos.

Acrescentamos o estudo dos instrumentos internacionais de proteção à liberdade sindical e a negociação coletiva.

Para *Amauri Mascaro Nascimento* (2005) são quatro, segundo a melhor doutrina, as partes que compõem o Direito Sindical: a) a organização sindical; b) a ação e funções dos entes sindicais, em especial a negociação coletiva e os contratos coletivos de trabalho; c) os conflitos coletivos de trabalho e suas formas de composição; e d) a representação não-sindical ou mista dos trabalhadores na empresa.

Denominação:

Alice Monteiro de Barros (2007) sustenta que o Direito Coletivo do Trabalho denomina-se Direito Sindical, embora apresente características próprias e persiga fins especiais, constituindo, portanto, parte do Direito do Trabalho (Direito Individual do Trabalho), devendo este ser considerado como unidade harmônica que, dada a sua extensão, permite essa subdivisão.

Direito Coletivo ou Sindical podem ser usados indistintamente. No entanto, Direito Sindical chama a atenção para a particularidade — sindicato com poder normativo, pois articula, negocia condições de trabalho (competência legislativa). Direito Coletivo ressalta o aspecto de que o sindicato não é o único representante dos trabalhadores (ex: há as comissões de fábrica, nas empresas, como ocorre no modelo europeu); há, ainda, a possibilidade de categorias não organizadas em sindicatos que, embora a CF autorize, indique o sindicato como negociador, a lei permite que os trabalhadores atuem diretamente (portanto, o sindicato não tem o monopólio da representação sindical) (Nelson Mannrich, 2006).

Na lição de *Sérgio Pinto Martins* (2006), são empregadas as seguintes denominações: *Direito Coletivo do Trabalho, Direito Sindical ou Direito Corporativo*. Explica que não nos parece adequada a utilização da denominação Direito Sindical, pois esta é mais restrita, dizendo respeito apenas ao sindicato ou a sua organização, e também não trata de grupos não organizados em sindicatos, que podem ser sujeitos para reivindicar direitos trabalhistas. A denominação Direito Corporativo diz respeito não só à organização sindical, mas também à organização da ação do Estado de forma a desenvolver a economia. Discordando, também, com o uso da denominação Direito Coletivo do Trabalho, com o fundamento principal de que todo direito é coletivo ou feito para a coletividade.

Partindo das citações acima, lembramos o conceito de Sociedade — *é o conjunto de membros, objetivos e regras*. E o conceito de Direito

— *é o conjunto dos preceitos impostos a todos os homens pelas necessidades de manutenção da ordem social:* norma agendi. Para concordarmos com a posição do professor *Sérgio Pinto Martins*, no sentido de que o Direito de fato, é feito para a sociedade, num sentido genérico. Porém o Direito Coletivo do Trabalho, como parte do Direito do Trabalho, não vai tratar de regular todas as situações da sociedade, mas apenas aquelas regras coletivas que serão observadas em decorrência do contrato individual do trabalho e da organização sindical, daí por que se trata de um segmento do Direito do Trabalho.

Conteúdo:

Na lição do professor *Amauri Mascaro Nascimento* (2005), o Direito Coletivo do Trabalho ou Direito Sindical compõe-se de quatro partes:

1) Organização Sindical;

2) Representação dos Trabalhadores na Empresa;

3) Conflitos Coletivos de Trabalho, formas de Composição e Greve;

4) Convenções Coletivas de Trabalho.

Na primeira, estuda-se a estrutura sindical do País, analisando-se o modelo adotado e comparando-o com o de outros países e com os princípios gerais que ordenam a matéria, com especial destaque para o sindicato, sua organização e ação.

Na segunda, são examinadas as relações de trabalho na empresa, sindicais, não sindicais e mistas.

Na terceira, é feito o estudo dos conflitos de interesses entre os trabalhadores como grupo e os empregadores, a classificação desses conflitos e, especialmente, suas formas de solução, com destaque para a greve e sua posição perante o direito interno do País.

Na quarta, dá-se relevância às convenções coletivas de trabalho, que são acordos de caráter normativo entre os sindicatos e empresas destinados a criar normas que se projetaram sobre os contratos individuais de trabalho.

Na lição de *Mauricio Godinho Delgado* (2007), o conteúdo do Direito Coletivo de Trabalho é, pois, dado pelos princípios, regras e institutos que regem a existência e desenvolvimento das entidades coletivas trabalhistas, inclusive suas inter-relações, além das regras jurídicas trabalhistas criadas em decorrência de tais vínculos. São os princípios e normas regulatórios dos sindicatos, da negociação coletiva, da greve, do dissídio coletivo, da mediação e arbitragem coletivas, ao lado dos dispositivos criados pela negociação coletiva e dissídios coletivos, por exemplo. E complementa: é claro que estas últimas regras, criadas pela própria dinâmica juscoletiva (negociação coletiva e sentença normativa, principalmente), irão se dirigir à regulação dos contratos individuais de trabalho submetidos à representação das respectivas entidades associativas; nessa medida, passarão a se integrar, sem dúvida, ao Direito Individual do Trabalho. Por tal razão é que se mostra tênue, efetivamente, a linha separatória entre os dois segmentos justrabalhistas, individual e coletivo.

Objetivos e Características:

Para o Prof. *Edson Braz da Silva* (2006): "O Direito Coletivo do Trabalho destina-se a estabelecer por método peculiar a proteção do *trabalho humano dependente*, e, por conseqüência, a proteção *à pessoa humana*, na sua atividade profissional, por *via indireta,* mediante a mediação do grupo social profissional reconhecido pela ordem jurídica. Trata-se de um conjunto de normas que se dirige *indiretamente* aos indivíduos e *diretamente* aos grupos profissionais, proporcionando aos primeiros uma tutela de ação *mediata.* Enquanto as normas jurídicas elaboradas pelo Estado para regular o Direito Individual do Trabalho *são aplicativas*, criando para o indivíduo direitos subjetivos, as normas elaboradas para disciplinar o Direito Coletivo do Trabalho são *instrumentais,* porque fornecem aos grupos profissionais o *instrumento* técnico adequado à autocomposição de seus próprios interesses. São os grupos que, usando esses *instrumentos,* criam direitos subjetivos. Sua função é propiciar a *organização* de grupos sociais e estabelecer as regras disciplinadoras de suas relações."[4]

Por isso, as normas elaboradas com fulcro no direito coletivo podem suprimir ou diminuir direitos individuais em prol do benefício de toda a categoria profissional.

- *Normas aplicativas* — criam direito subjetivo para o indivíduo — São normas criadas pelo Estado (normas heterônomas) ou pelas partes (normas autônomas) para regular o direito individual do trabalho.
- *Normas instrumentais* — são normas jurídicas elaboradas para o Direito Coletivo do Trabalho. Fornecem instrumento ao grupo para autocomposição dos seus próprios interesses. São os grupos exercendo esses instrumentos que criam direitos subjetivos para os indivíduos que os compõem.

Ainda, conforme expressa o professor *Edson Braz da Silva* (2006), o "caráter neutralista" é característica destacada do Direito Coletivo do Tra-

---

(4) GOMES, Orlando e GOTTSCHALK, Elson. *Curso de Direito do Trabalho.* Rio de Janeiro: Forense, 1994, p. 393.

balho. No confronto capital e trabalho, ele devolve aos grupos a defesa dos interesses profissionais, fornecendo-lhes os instrumentos técnicos para a ação sindical, como ensinam *Orlando Gomes* e *Elson Gottschalk*. Apesar dessa neutralidade, o Direito Coletivo não deixa o trabalhador ao desamparo. A proteção real e efetiva decorre da força do agrupamento da categoria profissional em sindicato. Esse ramo do direito confere aos sindicatos a força de barganha proveniente do número de associados, da disciplina, da organização técnica e do poder material, quando de suas relações com a classe patronal. Assim, fica atenuada a inferioridade decorrente da hipossuficiência econômica, posicionando-se o empregado em plano de igualdade com o empregador para ação e negociação coletiva.

Características do Direito Coletivo: reconhecer o poder de organização dos grupos profissionais e a independência da profissão, e ter inspiração democrática.

Funções:

O Direito Coletivo do Trabalho tem suas funções divididas em dois grupos: gerais e específicas.

As Gerais envolvem os objetivos inerentes a todo o Direito do Trabalho (ou seja, Individual e Coletivo); as Específicas dizem respeito àquelas funções que despontam no segmento juscoletivo de modo particularizado.

> *Funções Gerais* — o Direito Coletivo do Trabalho cumpre as mesmas funções gerais típicas a todo ramo justrabalhista, pois o Direito, como se sabe, é necessariamente finalístico, teleológico, atendendo a fins preestabelecidos em determinado contexto histórico. Para *Mauricio Godinho Delgado* (2005) tais funções próprias ao Direito do Trabalho, em geral, aplicam-se ao segmento juscoletivo. A função central justrabalhista consistente na melhoria das condições de pactuação da força de trabalho na ordem socioeconômica comparece, indubitavelmente, ao Direito Coletivo, cabendo ao mesmo a função de adequação setorial da generalidade de determinadas regras justrabalhistas, ou seja, a função de pacificação de controvérsias reais de caráter comunitário, afastando a *res dubia* existente, através da efetiva transação coletiva, em que concedem, reciprocamente, vantagens às partes coletivamente representadas.

> *Funções Específicas* — são funções oriundas de características distintivas e próprias. Podem ser arroladas no seguinte grupo: geração de normas jurídicas; pacificação de conflitos de natureza sociocoletiva; função sociopolítica e função econômica.

2.1. O PROBLEMA DOS PRINCÍPIOS E DAS FONTES NORMATIVAS

O Direito do Trabalho constitui um ramo do Direito Privado, enquanto o Direito Coletivo do Trabalho aparece como um dos itens de sua divisão, regido pelos princípios da Autonomia da Vontade e da Liberdade Contratual em tudo aquilo que a lei não proíba, neste diapasão, é desejável que os trabalhadores logrem obter condições satisfatórias de trabalho e meio ambiente de trabalho e remuneração condigna com a menor Intervenção Estatal.

O art. 8º da Carta Constitucional de 1988 prescreve alguns princípios que norteiam o Direito Coletivo do Trabalho.

Art. 8º É livre a associação profissional ou sindical, observado o seguinte:

I — a lei não poderá exigir autorização do Estado para a fundação de sindicato, ressalvado o registro no órgão competente, vedadas ao Poder Público a interferência e a intervenção na organização sindical;

II — é vedada a criação de mais de uma organização sindical, em qualquer grau, representativa de categoria profissional ou econômica, na mesma base territorial, que será definida pelos trabalhadores ou empregadores interessados, não podendo ser inferior à área de um Município;

III — ao sindicato cabe a defesa dos direitos e interesses coletivos ou individuais da categoria, inclusive em questões judiciais ou administrativas;

IV — a assembléia geral fixará a contribuição que, em se tratando de categoria profissional, será descontada em folha, para custeio do sistema confederativo da representação sindical respectiva, independentemente da contribuição prevista em lei;

V — ninguém será obrigado a filiar-se ou a manter-se filiado a sindicato;

VI — é obrigatória a participação dos sindicatos nas negociações coletivas de trabalho;

VII — o aposentado filiado tem direito a votar e ser votado nas organizações sindicais;

VIII — é vedada a dispensa do empregado sindicalizado a partir do registro da candidatura a cargo de direção ou representação sindical e, se eleito, ainda que suplente, até um ano após o final do mandato, salvo se cometer falta grave nos termos da lei.

Parágrafo único. As disposições deste artigo aplicam-se à organização de sindicatos rurais e de colônias de pescadores, atendidas as condições que a lei estabelecer.

Apresentaremos, a seguir, conforme inteligência de *Vicente Paulo, Marcelo Alexandrino* e *Gláucia Barreto* (2005), os princípios aplicáveis ao Direito Sindical:

Princípio da auto-organização limitada pela unicidade sindical — segundo o qual é livre a fundação de sindicato, independentemente da prévia autorização do Estado, ressalvado o registro no órgão competente, não sendo possível, no entanto, a criação de mais de um sindicato da mesma categoria profissional ou econômica, na mesma base territorial, sendo esta, no mínimo, equivalente à área de um município (art. 8º, I e II).

Princípio Confederativo — significa que as formas de entidades sindicais são previstas em lei, dispondo-se verticalmente, em uma estrutura piramidal em três níveis: sindicatos, federações e confederações. Cabe, ainda, ressaltar que, embora não reguladas, existem no Brasil e são indiretamente admitidas pela lei as Centrais Sindicais (que trataremos no item 4.4) (art. 8º, II).

Princípio de Representatividade Direcionada — significa que a lei indica os grupos ou interesses representados. São dois: as categorias profissionais ou econômicas e as categorias diferenciadas. Não são previstos sindicatos por empresa, muito comum em outros países (art. 8º, III).

Princípio da Liberdade Sindical[5] *Individual Relativa* — é livre a inscrição de alguém em um sindicato, mas esta só é possível no sindicato único da categoria (art. 8º, V).

Princípio da Combinação de Receitas estatal e não-estatal das fontes de receitas para a manutenção dos sindicatos — uma vez que tais receitas são provenientes de uma contribuição sindical tributária oficial, prevista em lei, e de outras contribuições fixadas pelas assembléias sindicais ou negociadas em convenções ou acordos coletivos de trabalho (art. 8º, IV).

Princípio da Negociação Coletiva — como forma de composição dos conflitos, sem exclusão de outras, e de ajuste de condições de trabalho que normalmente se refletirão sobre toda a categoria, atingindo filiados e não-filiados do sindicato (art. 8º, VI).

Princípio do Direito de Greve como exercício de uma atuação legítima das forças sindicais — cabendo aos trabalhadores decidir sobre a oportunidade de exercê-lo e sobre os interesses que devem por meio dele defender (art. 9º).

Princípio de Representação dos Trabalhadores nas Empresas com mais de 200 empregados — objetivando promover o entendimento direto entre eles e os empregadores (art. 11 da CF).

---

(5) O princípio da liberdade sindical encontra-se na estrutura do Direito Coletivo do Trabalho da atualidade, pautado pela democracia e o pluralismo nas relações sindicais. A liberdade sindical está regulada pela Convenção n. 87 da Organização Internacional do Trabalho — OIT.

Princípio da Garantia no Emprego — as garantias especiais conferidas aos dirigentes sindicais, como a estabilidade especial, a inamovibilidade e o direito de exercício das funções na empresa (art. 8º, VIII[6], da CF, e art. 543[7]).

O magistrado *Mauricio Godinho Delgado* (2007) apresenta a tipologia dos Princípios de Direito Coletivo do Trabalho classificada em três grandes grupos:

1º) Os princípios assecuratórios das condições de emergência e afirmação da figura do ser coletivo obreiro — *princípio da liberdade associativa e sindical e da autonomia sindical*.

2º) Princípios que tratam das relações entre os seres coletivos obreiros e empresariais, no contexto da negociação coletiva — citam-se neste

---

(6) Súmula n. 369 — TST — Res. n. 129/05 — DJ 20.4.05 — Conversão das Orientações Jurisprudenciais ns. 34, 35, 86, 145 e 266 da SDI-1.

I — É indispensável a comunicação, pela entidade sindical, ao empregador, na forma do § 5º do art. 543 da CLT. (ex-OJ n. 34 — Inserida em 29.4.94)

II — O art. 522 da CLT, que limita a sete o número de dirigentes sindicais, foi recepcionado pela Constituição Federal de 1988. (ex-OJ n. 266 — Inserida em 27.9.02)

III — O empregado de categoria diferenciada eleito dirigente sindical só goza de estabilidade se exercer na empresa atividade pertinente à categoria profissional do sindicato para o qual foi eleito dirigente. (ex-OJ n. 145 — Inserida em 27.11.98)

IV — Havendo extinção da atividade empresarial no âmbito da base territorial do sindicato, não há razão para subsistir a estabilidade. (ex-OJ n. 86 — Inserida em 28.4.97)

V — O registro da candidatura do empregado a cargo de dirigente sindical durante o período de aviso prévio, ainda que indenizado, não lhe assegura a estabilidade, visto que inaplicável a regra do § 3º do art. 543 da Consolidação das Leis do Trabalho. (ex-OJ n. 35 — Inserida em 14.3.94)

(7) Art. 543. O empregado eleito para cargo de administração sindical ou representação profissional, inclusive junto a órgão de deliberação coletiva, não poderá ser impedido do exercício de suas funções, nem transferido para lugar impossível o desempenho das suas atribuições sindicais.

§ 1º O empregado perderá o mandato se a transferência for por ele solicitada ou voluntariamente aceita.

§ 2º Considera-se de licença não remunerada, salvo assentimento da empresa ou cláusula contratual, o tempo em que o empregado se ausentar do trabalho no desempenho das funções a que se refere este artigo.

§ 3º Fica vedada a dispensa do empregado sindicalizado ou associado, a partir do momento do registro de sua candidatura a cargo de direção ou representação de entidade sindical ou de associação profissional, até 1 (um) ano após o final do seu mandato, caso seja eleito, inclusive como suplente, salvo se cometer falta grave devidamente apurada nos termos desta Consolidação.

§ 4º Considera-se cargo de direção ou representação sindical aquele cujo exercício ou indicação decorre de eleição prevista em lei.

§ 5º Para os fins deste artigo, a entidade sindical comunicará por escrito à empresa, dentro de 24 (vinte e quatro) horas, o dia e a hora do registro da candidatura do seu empregado e, em igual prazo, sua eleição e posse, fornecendo, outrossim, a este, comprovante no mesmo sentido. O Ministério do Trabalho fará no mesmo prazo a comunicação no caso da designação referida no final do § 4º.

§ 6º A empresa que, por qualquer modo, procurar impedir que o empregado se associe a sindicato, organize associação profissional ou sindical ou exerça os direitos inerentes à condição de sindicalizado, fica sujeita à penalidade prevista na letra *a* do art. 553, sem prejuízo da reparação a que tiver direito o empregado.

segmento o *princípio da interveniência sindical na normatização coletiva*, o da *equivalência dos contratantes coletivos* e, finalmente, o da *lealdade e transparência na negociações coletivas.*

3º) Princípios que tratam das relações e efeitos perante o universo e comunidades jurídicas das normas produzidas pelos contratantes coletivos — neste rol encontram-se *princípios como o da criatividade jurídica, o da negociação coletiva e o da adequação setorial negociada.* (grifos nossos)

Fontes do Direito Coletivo do Trabalho:

As principais fontes do Direito Coletivo do Trabalho são: a Constituição Federal, as Leis Ordinárias, entre as quais a Consolidação das Leis do Trabalho — CLT, a Lei n. 7.783/89 (Lei de Greve), as Convenções e Acordos Coletivos, bem como a Sentença Normativa.

2.2. CONFLITOS COLETIVOS DE TRABALHO E MECANISMOS PARA SUA SOLUÇÃO

Conflito do latim *conflictus*, significa lutar, combater, indicando posições antagônicas entre as partes. Os conflitos têm a conotação de controvérsia, divergência, pretensão resistida, lide, dissídio.

De acordo com *Luis Carlos Cândido Martins Sotero da Silva* (2000), um aspecto peculiar da convenção coletiva, bem como do contrato coletivo, é que não se prestam apenas como instrumentos para solucionar um conflito instalado, mas também para evitar sua concreção no seio social. Ainda para o autor, os meios postos para a utilização das partes são: autocomposição mediante convenção, contrato coletivo ou acordo; conciliação; mediação e arbitragem.

Os conflitos coletivos de trabalho podem ser assim considerados: Conflitos de Caráter Jurídico ou de direito ou de Caráter Econômico ou de interesses.

Dentre os tipos de mecanismos para a sua solução, apresentam-se as fórmulas de autocomposição e heterocomposição, além das técnicas de autotutela como a greve e o locaute.

a) Autocomposição: Consiste na técnica de solução dos conflitos coletivos pelos próprios interlocutores, sem emprego da violência, mediante ajustes de vontade. A autocomposição pode ser unilateral ou bilateral. Ex.: Convenção Coletiva, Acordo Coletivo, acordo intra-empresarial, protocolo de intenções, etc.

b) Heterocomposição: É a forma de solução dos conflitos por meio de uma fonte ou de um poder suprapartes. Ex.: Mediação, Arbitragem e Sentença Normativa.

Modalidades de Conflitos Coletivos:

Assevera *Mauricio Godinho Delgado* (2007) que são conflitos coletivos trabalhistas aqueles que atingem comunidades específicas de trabalhadores e empregadores ou tomadores de serviços, quer no âmbito restrito do estabelecimento ou empresa, quer em âmbito mais largo, envolvendo a categoria ou, até mesmo, comunidade obreira mais ampla. São, pois, distintos dos conflitos meramente interindividuais, que colocam em confronto as partes contratuais trabalhistas isoladamente consideradas (empregado e empregador). Os conflitos interindividuais tendem a abranger aspectos específicos do contrato bilateral entre as partes ou condições específicas da prestação de serviços pelo obreiro, sem que alcancem, regra geral, projeção no seio da comunidade circundante, empresarial e de trabalhadores.

Neste sentido, os conflitos coletivos laborais comportam dois tipos específicos, a saber: os de *caráter jurídico* e os de *caráter econômico*.

Os conflitos de *natureza jurídica* ou de direito dizem respeito a divergência de interpretação sobre regras ou princípios jurídicos já existentes, quer introduzidos ou não em diplomas coletivos negociados. A interpretação divergente repercute de modo diferenciado nas relações grupais ou coletivas entre trabalhadores e empregadores.

O Tribunal Superior do Trabalho, por sua Seção Especializada em Dissídios Coletivos, tem entendimento pacificado no Precedente Jurisprudencial n. 7, no sentido de que o dissídio coletivo de natureza jurídica não se presta à interpretação de norma de caráter genérico, *in verbis*:

> "07. DISSÍDIO COLETIVO. NATUREZA JURÍDICA. INTERPRETAÇÃO DE NORMA DE CARÁTER GENÉRICO. INVIABILIDADE.
>
> *Não se presta o dissídio coletivo de natureza jurídica à interpretação de normas de caráter genérico, a teor do disposto no art. 313, II, do RITST".*

Já os conflitos de *natureza econômica* tratam de divergências acerca de condições objetivas que envolvem o ambiente laboral e os respectivos contratos de trabalho, com repercussões de evidente fundo material. São também denominados *conflitos de interesse*, uma vez que os trabalhadores reivindicam nova e mais vantajosas condições de trabalho.

Em síntese:

Os conflitos coletivos podem ser de natureza econômica ou jurídica. Nos primeiros criam-se normas novas para regulamentação dos contratos individuais de trabalho, com obrigações de dar e de fazer. Exemplos típicos são a cláusula que concede reajuste salarial (obrigação de dar) e a que garante estabilidade provisória ao empregado (obrigação de fazer), estabelece a obrigatoriedade de fornecimento de cesta básica (obrigação de dar).

Os últimos — também conhecidos como conflitos coletivos de direito — visam a interpretação de uma norma preexistente, legal, costumeira ou mesmo oriunda de acordo, convenção ou dissídio coletivo.

Mecanismo para solução dos conflitos coletivos:

Os conflitos oriundos da relação capital e trabalho, ou seja, conflitos coletivos de trabalho solucionam-se, regra geral, através das seguintes fórmulas: as *autocompositivas* e as *heterocompositivas*.

A *autocomposição*, conforme destacamos acima, ocorre quando as partes coletivas contrapostas ajustam suas divergências de modo autônomo, diretamente por força e atuação próprias, realizando documento pacificatório, que se traduz no título coletivo negociado. Trata-se, pois, da negociação coletiva trabalhista.

Consoante ensinamentos de *Mauricio Godinho Delgado* (2007), a fórmula autocompositiva da negociação trabalhista pode receber certos impulsos ou estímulos, caracterizados por mecanismos de autotutela, como a greve, ou próximos à heterocomposição, como a mediação. Entretanto, a presença desses diferentes mecanismos não desnatura a autocomposição realizada, que se celebra autonomamente pelas partes, ainda que sob certa pressão social verificada ao longo da dinâmica negocial.

A *heterocomposição* ocorre quando as partes coletivamente contrapostas não conseguem ajustar, autonomamente, suas divergências, e entregam a um terceiro o encargo da resolução do conflito. Também pode surgir quando as partes não conseguem impedir, com seu impasse, que o terceiro intervenha, como nos dissídios. São modalidades heterocompositivas a arbitragem e o processo judicial utilizados na sistemática brasileira que se denomina dissídio coletivo.

De acordo com *Américo Plá Rodriguez,* citado por *Vólia Bomfim Cassar* (2007), há seis formas básicas de solução dos conflitos coletivos:

a) *Ajuste Direto* — Ocorre quando há entendimento direto entre o patrão e os operários sem a participação de terceiros, como ocorre com o acordo coletivo de trabalho.

b) *Investigação* — As partes lançam mão de um perito para analisar e apresentar parecer técnico sobre a questão, de forma que as partes possam, com justiça, fixar as novas condições de trabalho.

c) *Conciliação* — Pressupõe a participação de um terceiro na negociação coletiva, que pode ser um particular ou algum órgão do Estado. O terceiro tenta aproximar os pontos de vista das partes, na tentativa de buscar concessões mútuas para compor o litígio voluntariamente.

d) *Mediação* — Intervenção de um terceiro que formula recomendações, conselhos e faz indicações das melhores soluções, sempre na tentativa de ajudar as partes a resolverem, voluntariamente, o conflito. O mediador é, geralmente, escolhido pelas partes e deve ser perito ou entendido na matéria. Deve conduzir as negociações, propiciando às partes condições para alcançarem a solução para a lide.

e) *Arbitragem* — As partes convencionam submeter o litígio à solução de um terceiro por elas eleito. Este árbitro formulará laudo que será respeitado pelas partes. O árbitro pode ser técnico, perito ou leigo e a arbitragem pode ser jurídica ou por eqüidade.

f) *Decisão Judicial ou Jurisdição* — É a submissão do litígio à jurisdição estatal que solucionará o conflito através de uma sentença coletiva.

3. LIBERDADE SINDICAL

A liberdade sindical é princípio que fundamenta toda a organização sindical da atualidade, pautada pela democracia nas relações coletivas de trabalho. Trata-se de espinha dorsal do Direito Coletivo representado por um Estado Social e Democrático de Direito. É um direito subjetivo público que veda a intervenção do Estado na criação ou funcionamento do sindicato.

O Tratado de Versalhes, além de criar a Organização Internacional do Trabalho — OIT, cuja representação tripartite (com representação de empregados, empregadores e governo), reconheceu em seu art. 427, item 2, o direito de associação visando alcançar qualquer objetivo não contrário às leis, tanto para os patrões como para os assalariados.

A seguir, especificamente, em maio de 1944, a Conferência de Filadélfia adotou importante declaração para atualizar os programas e finalidade da Organização Internacional do Trabalho — OIT, prescrevendo no item I, alínea *b*:

A liberdade de expressão e de associação é uma condição indispensável ao progresso ininterrupto.

O art. XXIII, 4, da Declaração Universal dos Direitos Humanos de 1948 preceitua que:

4. Toda pessoa tem direito a organizar sindicatos e neles ingressar para proteção de seus interesses[1].

Após consagrada a liberdade sindical na Declaração de 1948, sua regulamentação foi estabelecida no art. 8º do Pacto Internacional dos Direitos Econômicos, Sociais e Culturais, de 1966[2]. *In verbis*:

Art. 8º

1. Os Estados-partes no presente Pacto comprometem-se a garantir:

a) O direito de toda pessoa de fundar com outras sindicatos e de filiar-se ao sindicato de sua escolha, sujeitando-se unicamente aos estatutos da orga-

---

(1) Na Constituição Brasileira, a livre escolha de emprego está prevista no art. 5º, XIII (é livre o exercício de qualquer trabalho, ofício ou profissão). No art. 7º está assegurado aos trabalhadores justas e favoráveis condições sociais e de trabalho.

(2) Adotado pela Assembléia Geral das Nações Unidas em 16.12.66. Aprovado pelo Decreto Legislativo n. 226, de 12.12.91. Promulgado pelo Decreto n. 591, de 1992.

nização interessada, com o objetivo de promover e de proteger seus interesses econômicos e sociais. O exercício desse direito só poderá ser objeto das restrições previstas em lei e que sejam necessárias, em uma sociedade democrática, ao interesse da segurança nacional ou da ordem pública, ou para proteger os direitos e as liberdades alheias;

b) O direito dos sindicatos de formar federações ou confederações nacionais e o direito destas de formar organizações sindicais internacionais ou de filiar-se às mesmas;

c) O direito dos sindicatos de exercer livremente suas atividades, sem quaisquer limitações além daquelas previstas em lei e que sejam necessárias, em uma sociedade democrática, ao interesse da segurança nacional ou da ordem pública, ou para proteger os direitos e as liberdades das demais pessoas;

d) O direito de greve, exercido em conformidade com as leis de cada país.

2. O presente artigo não impedirá que se submeta a restrições legais o exercício desses direitos pelos membros das forças armadas, da polícia ou da administração pública.

3. Nenhuma das disposições do presente artigo permitirá que os Estados-partes na Convenção de 1948 da Organização Internacional do Trabalho, relativa à liberdade sindical e à proteção do direito sindical, venham a adotar medidas legislativas que restrinjam — ou a aplicar a lei de maneira a restringir — as garantias previstas na referida Convenção.

Na mesma direção expressa o art. 22 do Pacto Internacional sobre Direitos Civis e Políticos[3] de 1966. *In verbis*:

Art. 22

1. Toda pessoa terá o direito de associar-se livremente a outras, inclusive o direito de constituir sindicatos e de a eles filiar-se, para proteção de seus interesses.

2. O exercício desse direito estará sujeito apenas às restrições previstas em lei e que se façam necessárias, em uma sociedade democrática, ao interesse da segurança nacional, da segurança e da ordem públicas, ou para proteger a saúde ou a moral públicas ou os direitos e as liberdades das demais pessoas. O presente artigo não impedirá que se submeta a restrições legais o exercício desses direitos por membros das forças armadas e da polícia.

3. Nenhuma das disposições do presente artigo permitirá que os Estados-partes na Convenção de 1948 da Organização Internacional do Trabalho, relativa à liberdade sindical e à proteção do direito sindical, venham a adotar medidas legislativas que restrinjam — ou a aplicar a lei de maneira a restringir — as garantias previstas na referida Convenção.

---

(3) Adotado pela Assembléia das Nações Unidas para ratificação e adesão pela Resolução n. 2.200 (XXI), em 16.12.66. Em vigor, de acordo com o art. 49, a partir de 23.3.76. Aprovado pelo Decreto Legislativo n. 226, de 1991 (DOU de 13.12.91). Promulgado pelo Decreto n. 592, de 92.

Em decorrência da solicitação do Conselho Econômico e Social das Nações Unidas, a Conferência Internacional do Trabalho (Assembléia), que teve lugar na cidade de São Francisco em 1948, aprovou a Convenção n. 87, que dispõe sobre a liberdade sindical e a proteção ao direito de sindicalização, e é considerada a mais importante da OIT. Antes desse tratado, a OIT aprovara duas convenções atinentes ao Direito Sindical: a de n. 11 (direito de sindicalização na agricultura), de 1921, assegurando aos trabalhadores agrícolas os mesmos direitos de associação dos industriários, e a de n. 84, de 1947, sobre a organização sindical nos territórios não-metropolitanos (Süssekind, 2004).

Cabe registrar, ainda, que a Convenção n. 87 é completada pela Convenção n. 98 (Convenção sobre os Direitos de Sindicalização e Negociação Coletiva). Ressalta *Arnaldo Süssekind* (2004) que enquanto a Convenção n. 87 objetiva garantir a liberdade sindical em relação aos poderes públicos, a de n. 98 tem por finalidade proteger os direitos sindicais dos trabalhadores perante os empregadores e suas organizações, garantir a independência das associações de trabalhadores em face das de empregadores, e vice-versa, e, bem assim, fomentar a negociação coletiva.

A Convenção n. 87 assegura a liberdade sindical nos planos coletivos, individual e institucional, conferindo aos empregadores e empregados, salvo aos membros das forças armadas e da polícia, conforme o art. 9º, o direito de constituir, sem autorização prévia, organizações de sua escolha, assim como o de filiar-se a elas, sob a condição única de observarem os seus estatutos consoante reza o art. 2º. Já a Convenção n. 98 tem por finalidade proteger o trabalhador contra todo ato de discriminação tendente a restringir a liberdade sindical em relação ao seu emprego. Acrescentamos, ainda, a Convenção n. 154 (Convenção de Fomento à Negociação), de 1958, no tocante ao fomento da negociação coletiva, pois suas disposições superam a Convenção n. 98.

Registra-se que a Convenção n. 154, de 19 de junho de 1981, trata do fomento à negociação coletiva, aplicável a todos os ramos de atividade econômica, e preceitua que o Estado adote medidas compatíveis com as circunstâncias nacionais visando a promover esse mecanismo peculiar ao Direito Laboral.

Por fim, a Convenção n. 87 da OIT, que entrou em vigor em 4 de julho de 1950, dispõe sobre a liberdade sindical e a proteção do direito sindical. Em linhas gerais, a Convenção estabelece que: a) trabalhadores e empregadores, sem distinção de qualquer espécie, terão o direito de constituir, sem prévia autorização, organizações de sua própria escolha sob a única condição de observar seus estatutos, e a elas se filiarem; b) as autoridades públicas abster-se-ão de qualquer intervenção que possa limitar o direito de organização das entidades ou cercear seu exercício legal; c) as organizações não poderão ser dissolvidas por autoridade administrativa; d) as organizações terão direito de constituir federações e confederações; e e) a aquisição de personalidade jurídica pela organização não estará sujeita a condições que restrinjam a liberdade.

Diz, também, *Vólia Bomfim Cassar* (2007) que a Convenção n. 87 da OIT, não ratificada pelo Brasil, informa que esta liberdade consiste no direito dos empregadores e trabalhadores, sem distinção e intervenção estatal, de constituírem as organizações que consideram convenientes, assim como de se filiarem a essas organizações ou delas se desligarem.

Três são os sistemas relativos à Liberdade Sindical:

1 — O *sistema intervencionista* é aquele no qual o Estado ordena as relações relativas à entidade sindical (sindicato). Sistema destacado nos países que adotavam o regime corporativo, como a Itália, no tempo de Mussolini; na Espanha, no governo de Franco; em Portugal, na administração de Salazar, e até hoje no Estado brasileiro, por força da Carta Constitucional e sua Consolidação das Leis do Trabalho — CLT.

2 — O *sistema desregulado ou desregulamentado*, em que o Estado se abstém de regular a atividade sindical, como no Uruguai, em que não há lei sindical, tendo o país, inclusive, ratificado a Convenção n. 87 da OIT.

3 — O *sistema intervencionista socialista*, em que o Estado ordena e regula a atividade do sindicato, segundo as metas estabelecidas pelo primeiro, como exemplo, podemos citar Cuba.

Em regra, a Liberdade Sindical expressa na Convenção n. 87/OIT, implica a desnecessidade de o Estado ser consultado para que os cidadãos trabalhadores e empregadores possam constituir sindicatos.

Relata, *Arnaldo Süssekind* (2004), que tal como os demais integrantes da comissão elaborada do projeto da CLT, "já defendemos o monopólio de representação sindical, à época imposto pela Carta Política de 1937, justificando que Getúlio Vargas o tenha adotado visando a evitar o fracionamento dos sindicatos e o conseqüente enfraquecimento das respectivas representações, numa época em que a falta de espírito sindical dificultava a formação de organismos sindicais e a filiação de trabalhadores aos mesmos. Afinal, esse espírito resulta das concentrações operárias, que dependem do desenvolvimento industrial. Daí por que, hoje, defendemos a liberdade de constituição de sindicatos, embora reconhecendo que o ideal seja a unicidade de representação decorrente da conscientização dos grupos de trabalhadores ou de empresários interligados por uma atividade comum. Outrossim, as centrais sindicais brasileiras, de diferentes matizes filosóficos, criaram uma realidade, que não pode ser desprezada, justificadora da pluralidade sindical".

Atrelado ao Princípio da Liberdade Sindical, *Francisco Ferreira Jorge Neto* e *Jouberto de Quadros Pessoa Cavalcante* (2004), fazem referência ao *Princípio da Autonomia Sindical*, que representa a garantia de autogestão da entidade sindical, sem interferência de outras entidades ou do Estado, não podendo haver limitações na estrutura interna, atuação externa, sustentação econômico-financeira ou controle administrativo estatal ou de outra entidade sindical.

Entende *Irineu Ramos Filho* (2005) que na *Interferência do Estado*: em que pese a vasta retórica em prol da autonomia sindical, o texto da reforma apresenta[4] um retrocesso que avilta a evolução político-constitucional da nação brasileira. A proposta confere poderes ao Ministério do Trabalho e Emprego para "reconhecer a representatividade" das entidades sindicais e afirma que a definição dos ramos de atividades será "procedida por ato do MTE".

Cláusulas de Sindicalização Forçada:

Em alguns ordenamentos há sistemáticas de incentivos à sindicalização como as denominadas cláusulas de segurança sindical ou de sindicalização forçada. São controvertidas no que tange à sua compatibilidade com o princípio da *liberdade sindical*.

Para *Mauricio Godinho Delgado* (2007), são exemplos das cláusulas negociais coletivas as denominadas *closed shop, union shop, preferencial shop* e, por fim, *maintenance of membership*.

Pela *closed shop* (empresa fechada), o empregador se obriga perante o sindicato obreiro a somente contratar trabalhadores a este filiados.

Pela *union shop* (empresa sindicalizada), o empregador se compromete a manter apenas empregados que, após prazo razoável de sua admissão, se filiem ao respectivo sindicato operário. Não se obstrui o ingresso de trabalhador não-sindicalizado, mas inviabiliza-se sua continuidade no emprego caso não proceda, em certo período, à sua filiação sindical.

A cláusula *preferencial shop* (empresa preferencial) favorece a contratação de obreiros filiados ao respectivo sindicato.

Destaca-se, ainda, a cláusula *maintenance of membership* (manutenção de filiação), pela qual o empregado inscrito em certo sindicato deve preservar sua filiação durante o prazo de vigência da respectiva convenção coletiva, sob pena de perda do emprego.

Em síntese, para o autor, tais dispositivos de sindicalização forçada em confronto com o princípio da liberdade individual obreira de filiação e/ou desfiliação e reforço da organização coletiva dos próprios trabalhadores — em suma, liberdade individual *versus* fortalecimento sindical.

---

(4) Proposta de Emenda Constitucional n. 369/05.

Com a *yellow dog contract*, o trabalhador assume um compromisso contratual com o empregador de não-filiação ao sindicato, sob pena de rescisão contratual por justa causa. Com a *company unions,* também chamado de "sindicatos-fantasmas", um grupo de empregados assume o compromisso de constituir um sindicato paralelo (o que nem sempre é possível no direito nacional, haja vista as limitações territoriais e unicidade categorial).

3.1. CONVENÇÃO N. 87 DA OIT

A Convenção da Organização Internacional do Trabalho de n. 87, não foi ratificada pelo Brasil, pois imporá limites ao Estado.

Pontos principais da Convenção n. 87 da OIT:

1. Faz distinção entre liberdade sindical no âmbito individual e no âmbito coletivo.

    ✓ No plano individual — os trabalhadores podem se organizar, podendo se filiar ou não, com o objetivo de promover e defender os direitos dos envolvidos.

    ✓ No plano coletivo — essas organizações podem livremente eleger seus dirigentes, aprovar seus estatutos e seus planos. Não pode haver interferência do Estado:

    1) Interna — da organização sindical (liberdade de eleger representantes, de aprovar estatutos, de imprimir programa de ação), ou seja, regulamentação, representação e gestão.

    2) Externa — unicidade e pluralidade (o grupo é quem decide).

    ✓ Parte para o âmbito coletivo — organizações podem eleger livremente seus representantes, aprovar seus estatutos e ter seu programa e ação.

    ✓ O Estado tem que se abster (as autoridades públicas devem abster-se de qualquer intervenção).

Pontos genéricos:

✓ As organizações não poderão ser dissolvidas ou suspensas pela Administração Pública (Poder Executivo) = dissolução via administrativa.

✓ Possibilidade de contribuição das federações e confederações livremente (estatutos, eleição, programa de ação, filiação ...)

✓ Aquisição da personalidade jurídica — não sujeitará a condições restritivas (cumprimento de requisitos); inexistência de autorização prévia pelo Estado. Os sindicatos estão obrigados a respeitar as leis (legalidade). Têm autonomia e não independência, esta seria a soberania. Têm capacidade de se auto-organizar.

Convenção sobre a Liberdade Sindical e a Proteção do Direito Sindical[5]

A Conferência Geral da Organização Internacional do Trabalho, convocada em S. Francisco pelo conselho de administração do Secretariado Internacional do Trabalho, onde reuniu, em 17 de junho de 1948, na sua trigésima primeira sessão;

Após ter decidido adotar, sob a forma de convenção, diversas propostas relativas à liberdade sindical e à proteção do direito sindical, questão que constitui o sétimo ponto na ordem do dia da sessão;

Considerando que o preâmbulo da Constituição da Organização Internacional do Trabalho enuncia, entre os meios susceptíveis de melhorarem a condição dos trabalhadores de assegurarem a paz, "a afirmação do princípio da liberdade sindical";

Considerando que a Declaração de Filadélfia proclamou de novo que a liberdade de expressão e de associação é uma condição indispensável a um progresso constante";

Considerando que a Conferência Internacional do Trabalho, na sua trigésima sessão, adotou, por unanimidade, os princípios que devem estar na base da regulamentação internacional;

Considerando que a Assembléia Geral das Nações Unidas, na sua segunda sessão, fez seus esses princípios e convidou a Organização Internacional do Trabalho a envidar todos os seus esforços para que seja possível adotar uma ou várias convenções internacionais;

Adota, neste nono dia de julho de mil novecentos e quarenta e oito, a convenção seguinte, que será denominada Convenção sobre a Liberdade Sindical e a Proteção do Direito Sindical, 1948.

PARTE I
Liberdade Sindical

Art. 1º

Os Membros da Organização Internacional do Trabalho para os quais a presente Convenção esteja em vigor comprometem-se a pôr em prática as disposições seguintes.

---

(5) De 17 de junho de 1948, com entrada em vigor em 4 de julho de 1950.

Art. 2º

Os trabalhadores e as entidades patronais, sem distinção de qualquer espécie, têm o direito, sem autorização prévia, de constituírem organizações da sua escolha, assim como o de se filiarem nessas organizações, com a única condição de se conformarem com os estatutos destas últimas.

Art. 3º

1. As organizações de trabalhadores e de entidades patronais têm o direito de elaborar os seus estatutos e regulamentos administrativos, de eleger livremente os seus representantes, organizar a sua gestão e a sua atividade e formular o seu programa de ação.

2. As autoridades públicas devem abster-se de qualquer intervenção susceptível de limitar esse direito ou de entravar o seu exercício legal.

Art. 4º

As organizações de trabalhadores e de entidades patronais não estão sujeitas à dissolução ou à suspensão por via administrativa.

Art. 5º

As organizações de trabalhadores e de entidades patronais têm o direito de constituírem federações e confederações, assim como o de nelas se filiarem; e as organizações, federações ou confederações têm o direito de se filiarem em organizações internacionais de trabalhadores e de entidades patronais.

Art. 6º

As disposições dos arts. 2º, 3º e 4º da presente Convenção aplicam-se às federações e confederações das organizações de trabalhadores e patronais.

Art. 7º

A aquisição de personalidade jurídica pelas organizações de trabalhadores e de entidades patronais, suas federações e confederações não pode estar subordinada a condições susceptíveis de pôr em causa a aplicação das disposições dos arts. 2º, 3º e 4º da presente Convenção.

Art. 8º

1. No exercício dos direitos que lhe são reconhecidos pela presente Convenção, os trabalhadores, entidades patronais e respectivas organizações são obrigados, à semelhança das outras pessoas ou coletividades organizadas, a respeitar a legalidade.

2. A legislação nacional não deverá prejudicar — nem ser aplicada de modo a prejudicar — as garantias previstas pela presente Convenção.

Art. 9º

1. A legislação nacional determinará o âmbito de aplicação às forças armadas e à polícia das garantias previstas na presente Convenção.

2. De acordo com os princípios estabelecidos pelo § 8º do art. 19 da Constituição da Organização Internacional do Trabalho, a ratificação desta Convenção por um Membro não deverá ser considerada como afetando qualquer lei, decisão, costumes ou acordos já existentes que concedam aos membros das forças armadas e da polícia garantias previstas na presente Convenção.

Art. 10

Na presente Convenção o termo "organização" significa toda e qualquer organização de trabalhadores ou de entidades patronais que tenha por fim promover e defender os interesses dos trabalhadores ou do patronato.

PARTE II
Proteção do Direito Sindical

Art. 11

Os Membros da Organização Internacional do Trabalho para os quais a presente Convenção esteja em vigor comprometem-se a tomar todas as medidas necessárias e apropriadas a assegurar aos trabalhadores e às entidades patronais o livre exercício do direito sindical.

PARTE III
Medidas Diversas

Art. 12

1. No que respeita aos territórios mencionados no art. 35 da Constituição da Organização Internacional do Trabalho, tal como foi emendada pelo Instrumento de Emenda à Constituição da Organização Internacional do Trabalho de 1946, excetuando os territórios visados pelos §§ 4º e 5º do referido artigo assim emendado, todos os Membros da Organização que ratificarem a presente Convenção devem comunicar ao diretor-geral do Secretariado Internacional do Trabalho, ao mesmo tempo que a sua ratificação ou dentro do mais breve prazo possível após a sua ratificação, uma declaração que dê a conhecer:

a) Os territórios em relação aos quais se comprometem a que as disposições da Convenção sejam aplicadas sem notificações;

b) Os territórios em relação aos quais se comprometem a que as disposições da Convenção sejam aplicadas com modificações, e em que consistem essas notificações;

c) Os territórios aos quais a Convenção é Aplicável e, nesses casos, as razões pelas quais ela é inaplicável;

d) Os territórios em relação aos quais reservam a sua decisão.

2. Os compromissos mencionados nas alíneas *a* e *b* do § 1º do presente artigo serão considerados como parte integrante da ratificação e produzirão efeitos idênticos.

3. Todos os membros poderão renunciar por uma nova declaração a todas ou parte das reservas contidas na sua declaração anterior, em virtude das alíneas *b*, *c* e *d* do § 1º do presente artigo.

4. Todos os membros poderão, durante os períodos em que a presente Convenção pode ser denunciada, de acordo com as disposições do art. 16, comunicar ao diretor-geral uma nova declaração que modifique em qualquer aspecto os termos de qualquer declaração anterior e que dê a conhecer a situação em determinados territórios.

Art. 13

1. Quando as questões tratadas pela presente Convenção entrarem no âmbito da competência própria das autoridades de um território não metropolitano, o Membro responsável pelas relações internacionais desse território, de acordo com o Governo do dito território, poderá comunicar ao diretor-geral do Secretariado Internacional do Trabalho uma declaração de aceitação, em nome desse território, das obrigações da presente Convenção.

2. Uma declaração de aceitação das obrigações da presente Convenção pode ser comunicada ao diretor-geral do Secretariado Internacional do Trabalho:

a) Por dois ou vários Membros da organização para um território colocado sob a sua autoridade conjunta;

b) Por qualquer autoridade internacional responsável pela administração de um território em virtude das disposições da Carta das Nações Unidas ou de quaisquer outras disposições em vigor em relação a esse território.

3. As declarações comunicadas ao diretor-geral do Secretariado Internacional do Trabalho, em conformidade com as disposições dos parágrafos anteriores do presente artigo, devem indicar se as disposições da Convenção serão aplicadas no território com ou sem modificações; quando a declaração indicar que as disposições da Convenção se aplicam sob reserva de modificações, deve especificar em que consistem essas modificações.

4. O Membro ou os Membros ou a autoridade internacional interessados poderão renunciar, total ou parcialmente, por declaração ulterior, ao direito de invocar uma modificação em declaração anterior.

5. O Membro ou os Membros ou a autoridade internacional poderão, durante os períodos em que a Convenção pode ser denunciada, de acordo com as disposições do art. 16, comunicar ao diretor-geral do Secretariado Internacional do Trabalho uma nova declaração que modifique em qualquer aspecto os termos de qualquer declaração anterior e que dê a conhecer a situação no tocante à aplicação desta Convenção.

PARTE IV
Disposições Finais
Art. 14

As ratificações formais da presente Convenção serão comunicadas ao diretor-geral do Secretariado Internacional do Trabalho e por ele registradas.

Art. 15

1. A presente Convenção obrigará apenas os membros da Organização Internacional do Trabalho cuja ratificação tiver sido registrada pelo diretor-geral.

2. Entrará em vigor doze meses depois de as ratificações de dois membros terem sido registradas pelo diretor-geral.

3. Em seguida, esta Convenção entrará em vigor para cada membro doze meses depois da data em que tiver sido registrada a sua ratificação.

Art. 16

1. Qualquer membro que tenha ratificado a presente Convenção pode denunciá-la decorrido um período de dez anos, a contar da data da entrada em vigor inicial da Convenção, mediante uma comunicação enviada ao diretor-geral do Secretariado Internacional do Trabalho e por ele registrada. A denúncia só produzirá efeitos um ano depois de ter sido registrada.

2. Qualquer membro que tiver ratificado a presente Convenção e que, dentro do prazo de um ano após o termo do período de dez anos mencionado no parágrafo anterior, não fizer uso da faculdade de denúncia prevista pelo presente artigo ficará obrigado por um novo período de dez anos, podendo em seguida denunciar a presente Convenção no termo de cada período de dez anos, nas condições previstas no presente artigo.

Art. 17

1. O diretor-geral do Secretariado Internacional do Trabalho comunicará a todos os membros da Organização Internacional do Trabalho o registro de todas as ratificações, declarações e denúncias que lhe forem comunicadas pelos membros da Organização.

2. Ao comunicar aos membros da Organização o registro da segunda ratificação que lhe tiver sido comunicada, o diretor-geral chamará a atenção dos membros da Organização para a data em que a presente Convenção entrar em vigor.

Art. 18

O diretor-geral do Secretariado Internacional do Trabalho comunicará ao Secretário-Geral das Nações Unidas, para efeito de registro, de acordo com o art. 102 da Carta das Nações Unidas, informações completas acerca de todas as ratificações, declarações e atos de denúncia que tiver registrado em conformidade com os artigos anteriores.

Art. 19

No termo de cada período de dez anos, contados da data de entrada em vigor da presente Convenção, o conselho de administração do Secretariado

Internacional do Trabalho apresentará à Conferência Geral um relatório sobre a aplicação da presente Convenção e decidirá se há motivo para inscrever na ordem do dia da Conferência a questão da sua revisão total ou parcial.

Art. 20

1. No caso de a Conferência adotar uma nova convenção que implique a revisão total ou parcial da presente Convenção, e a não ser que a nova convenção disponha de outro modo:

a) A ratificação, por um Membro, da nova convenção que efetuar a revisão envolverá de pleno direito, não obstante o disposto no art. 16, a denúncia imediata da presente Convenção, desde que a nova convenção tenha entrado em vigor;

b) A partir da data da entrada em vigor da nova convenção que efetuar a revisão, a presente Convenção deixará de ser susceptível de ratificação pelos Membros.

2. A presente Convenção manter-se-á, todavia, em vigor na sua forma e conteúdo para os Membros que a tiverem ratificado e que não tenham ratificado a convenção que efetuar a revisão.

Art. 21

As versões francesa e inglesa do texto da presente Convenção são igualmente autênticas.

Pelo Presidente da Assembléia da República, o Vice-Presidente, António Duarte Arnaut.

3.1.1. Convenção n. 98 da OIT

Convenção relativa à aplicação dos princípios do direito de organização e de negociação coletiva

A Conferência Geral da Organização Internacional do Trabalho, Convocada em Genebra pelo Conselho de Administração da Repartição Internacional do Trabalho, tendo-se reunido em oito de junho de 1949, em sua Trigésima Segunda Sessão, Após ter decidido adotar diversas proposições relativas à aplicação dos princípios do direito de organização e de negociação coletiva, questão que constitui o quarto ponto na ordem do dia da sessão.

Após ter decidido que essas proposições tomariam a forma de uma convenção internacional, adota, em primeiro de julho de mil novecentos e quarenta e nove, a convenção seguinte, que será denominada *Convenção relativa ao Direito de Organização e de Negociação Coletiva, 1949*[6]:

---

(6) Adotada na 32ª Sessão da Conferência, em Genebra (1949), foi aprovada pelo Decreto Legislativo n. 49, de 27 de agosto de 1952, republicado no DOU, de 1º de setembro de 1952, efetuado o depósito do instrumento de ratificação no BIT em 18 de novembro de 1952, e promulgada pelo Decreto n. 33.196, de 29 de junho de 1953.

Art. 1º

1. Os trabalhadores deverão gozar de proteção adequada contra quaisquer atos atentatórios à liberdade sindical em matéria de emprego.

2. Tal proteção deverá, particularmente, aplicar-se a atos destinados a:

a) subordinar o emprego de um trabalhador à condição de não se filiar a um sindicato ou de deixar de fazer parte de um sindicato;

b) dispensar um trabalhador ou prejudicá-lo, por qualquer modo, em virtude de sua filiação a um sindicato ou de sua participação em atividades sindicais, fora das horas de trabalho ou, com o consentimento do empregador, durante as mesmas horas.

Art. 2º

1. As organizações de trabalhadores e de empregadores deverão gozar de proteção adequada contra quaisquer atos de ingerência de umas em outras, quer diretamente, quer por meio de seus agentes ou membros, em formação, funcionamento e administração.

2. Serão particularmente identificados a atos de ingerência, nos termos do presente artigo, medidas destinadas a provocar a criação de organizações de trabalhadores dominadas por um empregador ou uma organização de empregados, ou a manter organizações de trabalhadores por meios financeiros ou outros, com o fim de colocar essas organizações sob o controle de um empregador ou de uma organização de empregadores.

Art. 3º

Organismos apropriados às condições nacionais deverão, se necessário, ser estabelecidos para assegurar o respeito do direito de organização definido nos artigos precedentes.

Art. 4º

Deverão ser tomadas, se necessário for, medidas apropriadas às condições nacionais para fomentar e promover o pleno desenvolvimento e utilização voluntária entre empregadores ou organizações de empregadores e organizações de trabalhadores, com o objetivo de regular, por meio de convenções coletivas, os termos e condições de emprego.

Art. 5º

1. A medida segundo a qual as garantias previstas pela presente Convenção se aplicarão às forças armadas e à polícia será determinada pela legislação nacional.

2. Nos termos dos princípios estabelecidos no § 8º do art. 19 da Constituição da Organização Internacional do Trabalho, a ratificação desta Convenção, por parte de um Membro, não deverá ser considerada como devendo afetar qualquer lei, sentença, costume ou acordo já existentes, que concedam aos membros das forças armadas e da polícia garantias previstas pela presente Convenção.

Art. 6º

A presente Convenção não trata da situação dos servidores públicos e não poderá ser interpretada como devendo prejudicar seus direitos ou seu estatuto.

Art. 7º

As ratificações formais da presente Convenção serão transmitidas ao Diretor Geral da Repartição Internacional do Trabalho e por ele registradas.

Art. 8º

1. A presente Convenção obrigará somente os Membros da Organização Internacional do Trabalho cujas ratificações tenham sido registradas pelo Diretor Geral.

2. Entrará em vigor doze meses após serem registradas, pelo Diretor Geral, as ratificações por parte de dois Membros.

3. Posteriormente, esta Convenção entrará em vigor, para cada Membro, doze meses após a data registro de sua ratificação.

Art. 9º

1. As declarações transmitidas ao Diretor Geral da Repartição Internacional do Trabalho, de acordo com o § 2º do art. 35 da Constituição da Organização Internacional do Trabalho, deverão estabelecer:

a) os territórios aos quais se compromete a aplicar disposições da Convenção, sem modificação;

b) os territórios aos quais se compromete a aplicar as disposições da Convenção com modificações, e em que consistem tais modificações;

c) os territórios aos quais a Convenção é inaplicável e, nesse caso, as razões pelas quais é ela inaplicável;

d) os territórios para os quais reserva sua decisão, à espera de exame mais profundo da situação com respeito aos mencionados territórios.

2. Os compromissos mencionados nas alíneas *a* e *b* do § 1º do presente artigo serão considerados partes integrantes da ratificação e produzirão idênticos efeitos.

3. Qualquer membro poderá, por nova declaração, retirar, no todo ou em parte, as reservas contidas na sua declaração anterior em virtude das alíneas *b, c* e *d* do § 1º do presente artigo.

4. Qualquer Membro poderá, nos períodos durante os quais a presente Convenção pode ser denunciada de acordo com as disposições do art. 11, transmitir ao Diretor Geral uma nova declaração que modifique em qualquer outro sentido os termos de qualquer declaração anterior e estabeleça a situação relativamente a determinados territórios.

Art. 10

1. As declarações transmitidas ao Diretor-Geral da Repartição Internacional do Trabalho de acordo com os §§ 4º e 5º do art. 35 da Constituição da Organização Internacional do Trabalho deverão indicar se as disposições da Convenção serão aplicadas no território, com ou sem modificações; quando a declaração indicar que as disposições da Convenção se aplicam sob reserva de modificações, ela deverá especificar em que consistem tais modificações.

2. O Membro ou os Membros ou a autoridade internacional interessados poderão, por uma declaração posterior, renunciar inteira ou parcial ao direito de invocar uma modificação indicada numa declaração anterior.

3. O Membro ou os Membros ou a autoridade internacional interessados poderão, nos períodos durante os quais a presente Convenção pode ser denunciada de acordo com as disposições do art. 11, transmitir ao Diretor Geral da Repartição Internacional do Trabalho uma nova declaração que modifique em qualquer outro sentido os termos de qualquer declaração anterior e estabeleça a situação no que se refere à aplicação desta Convenção.

Art. 11

1. Todo Membro que tenha ratificado a presente Convenção poderá denunciá-la ao expirar o prazo de dez anos, contado da data inicial da vigência da Convenção, por meio de um ato transmitido ao Diretor Geral da Repartição Internacional do Trabalho e por ele registrado. A denúncia somente se tornará efetiva um ano após haver sido registrada.

2. Todo Membro que tenha ratificado a presente Convenção e que, no prazo de um ano após o termo do período de dez anos mencionado no parágrafo precedente, não houver feito uso da faculdade de denúncia prevista pelo presente artigo, ficará obrigado por um novo período de dez anos e, posteriormente, poderá denunciar a presente Convenção ao termo de cada período de dez anos, nas condições previstas no presente artigo.

Art. 12

1. O Diretor Geral da Repartição Internacional do Trabalho notificará a todos os Membros da Organização Internacional do Trabalho o registro de todas as ratificações, declarações e denúncias que lhe forem transmitidas pelos Membros da Organização.

2. Ao notificar aos Membros da Organização o registro da segunda ratificação que lhe tenha sido transmitida, o Diretor Geral chamará a atenção da Organização para a data na qual a presente Convenção entrará em vigor.

Art. 13

O Diretor da Repartição Internacional do Trabalho transmitirá ao Secretário Geral das Nações Unidas, para fins de registro, de acordo com o art. 102 da carta das Nações Unidas, informações completas a respeito de todas as ratificações e denúncias que lhe forem transmitidas pelos Membros de acordo com os artigos precedentes.

Art. 14

Ao termo de cada período de dez anos, contados da entrada em vigor da presente Convenção, o Conselho de Administração da Repartição Internacional do Trabalho deverá apresentar à Conferência Geral um relatório sobre a aplicação da presente Convenção e decidirá da conveniência de ser inscrita na ordem do dia da Conferência a questão de sua revisão total ou parcial.

Art. 15

1. No caso de adotar a Conferência uma nova convenção que reveja total ou parcialmente esta Convenção, a menos que a nova convenção disponha de outro modo:

a) a ratificação, por um País-Membro, da nova convenção revista implicará *ipso jure*, a partir do momento em que entrar em vigor a convenção revista, a denúncia imediata desta Convenção, não obstante as disposições do art. 11 desta Convenção;

b) esta Convenção deixará de estar sujeita a ratificação pelos Países-Membros a partir da data de entrada em vigor da convenção revista.

2. Esta Convenção continuará a vigorar, na sua forma e conteúdo, nos Países-Membros que a ratificaram mas não ratificarem a convenção revista.

Art. 16

As versões francesa e inglesa do texto da presente Convenção são igualmente autênticas.

O texto que precede é o texto autêntico da Convenção devidamente adotada pela Conferência Geral da Organização Internacional do Trabalho em sua trigésima segunda Sessão realizada em Genebra e declarada encerrada a 2 de julho de 1949.

Em fé do que apuseram suas assinaturas, a dezoito de agosto de 1949.

O Presidente da Conferência, Guildhaume Myrddin-Evans.

O Diretor Geral da Repartição Internacional do Trabalho, David A. Morse.

A presente é a tradução oficial, em idioma português, do texto original da Convenção (n. 98) relativa à aplicação dos princípios do direito de organização e de negociação coletiva, adotada por ocasião da 32ª Sessão da Conferência Geral da Organização Internacional do Trabalho, realizada em Genebra, em 1949.

Secretaria de Estado das Relações Exteriores — Rio de Janeiro, DF, em 14 de maio de 1953. — L. De Vincenzi, chefe da Divisão de Atos, Congresso e Conferências Internacionais.

3.2. ORGANIZAÇÃO SINDICAL

O vocábulo sindicato vem do francês *syndicat*. Sua origem está na palavra síndico, que era usada no Direito Romano para indicar as pessoas que eram encarregadas de representar uma coletividade, e no Direito Grego — *sundike*.

Ensina-nos *Vólia Bomfim Cassar* (2007) que os sindicatos nasceram com a finalidade de obter, por meios conflituosos, a melhoria das condições de trabalho e, por via de conseqüência, de vida. As conquistas dos trabalhadores são conseguidas através de negociações coletivas intermediadas ou deflagradas pelos respectivos sindicatos.

O Direito Coletivo ou Sindical está consolidado nos diversos ordenamentos jurídicos. São 4 (quatro) as partes que o compõem segundo doutrina dominante: a) a *Organização Sindical*; b) a ação e funções dos entes sindicais, dentre elas a negociação coletiva e os contratos coletivos de trabalho; c) os Conflitos Coletivos de Trabalho e suas formas de composição; d) a Representação não-sindical ou mista dos trabalhadores na empresa.

Leciona *Amauri Mascaro Nascimento* (2005) que Organização Sindical é a parte estrutural do direito sindical. É o estudo dos tipos de entes sindicais existentes no ordenamento jurídico. Analisa a macroorganização sindical.

Organização Sindical pode ainda ser o estudo da base geográfica ou do âmbito pessoal do sindicato.

Na CLT, sindicato é a denominação usada para as associações de primeiro grau (art. 561).

**Organização e Ação Sindical —
Estruturas, Funções e Entidades de Grau Superior**

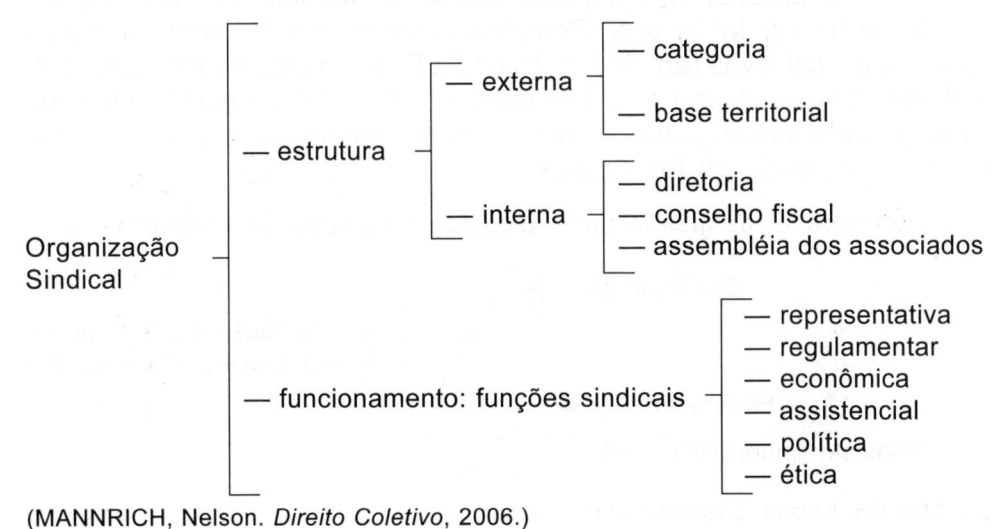

Organização Sindical
- estrutura
  - externa
    - categoria
    - base territorial
  - interna
    - diretoria
    - conselho fiscal
    - assembléia dos associados
- funcionamento: funções sindicais
  - representativa
  - regulamentar
  - econômica
  - assistencial
  - política
  - ética

(MANNRICH, Nelson. *Direito Coletivo*, 2006.)

A Constituição Federal de 1988 conferiu autonomia aos trabalhadores e empregadores para a criação dos sindicatos, dispondo que a lei não poderá exigir autorização do Estado para a fundação de sindicato, ressalvado o registro no órgão competente, vedadas ao Poder Público a interferência e a intervenção na organização sindical, conforme prescreve o art. 8º, I.

Já o registro no cartório confere personalidade jurídica à entidade sindical. Também é obrigatório o registro realizado junto ao Ministério do Trabalho e Emprego para o controle da Unicidade Sindical, consoante Súmula n. 677 do Supremo Tribunal Federal. O registro no MTE confere atribuições ao sindicato.

Súmula n. 677 — STF — 24.9.03
Até que lei venha a dispor a respeito, incumbe ao Ministério do Trabalho proceder ao registro das entidades sindicais e zelar pela observância do princípio da unicidade.

As Federações Sindicais são entidades de grau superior organizadas nos Estados-membros, representantes de categoria profissional ou econômica, reunindo número não inferior a cinco sindicatos. Nestes termos, podem os sindicatos de uma categoria profissional ou econômica agrupar-se para melhor defender seus interesses regionais. Excepcionalmente, admite-se que a federação tenha representatividade interestadual ou nacional. Podendo celebrar, em algumas situações convenções coletivas (art. 611, § 2º, da CLT), acordos coletivos (art. 617, § 1º, da CLT) e instaurar dissídios coletivos (art. 857, parágrafo único, da CLT), quando as categorias profissionais não forem organizadas em sindicatos.

As confederações são entidades sindicais de grau superior, representantes de categorias profissionais ou econômicas, de âmbito e representação nacional. São constituídas de, no mínimo, três federações, com sede na capital federal. Podendo celebrar, em algumas situações convenções coletivas (art. 611, § 2º, da CLT), acordos coletivos (art. 617, § 1º, da CLT) e instaurar dissídios coletivos (art. 857, parágrafo único, da CLT), quando as categorias profissionais não forem organizadas em sindicatos, tampouco em federações.

Entidades de grau superior: modelo configurativo (piramidal):

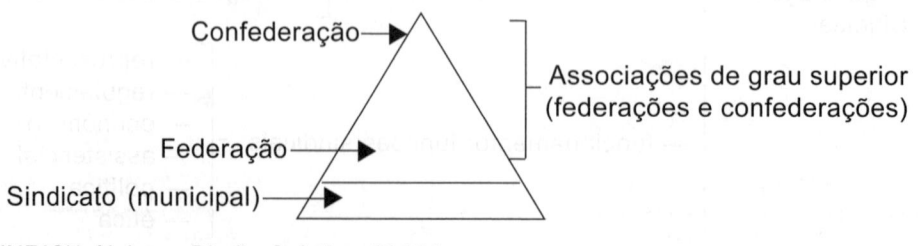

Confederação ⟶
Federação ⟶
Sindicato (municipal) ⟶

Associações de grau superior (federações e confederações)

(MANNRICH, Nelson. *Direito Coletivo*, 2006.)

3.2.1. Modelo Sindical Brasileiro

O modelo de organização sindical consagrado no art. 8º da *Lex Legum* brasileira prevê a liberdade de associação; veda a interferência e a intervenção do Poder Público na organização sindical; não exige autorização do Estado para a fundação de organização, ressalvado o registro no órgão competente; estabelece a unicidade sindical (representação por um único sindicato) por categoria profissional e econômica simétricas; e prevê contribuição de natureza compulsória (Contribuição Sindical).

Neste diapasão, a liberdade está consagrada na Constituição Federal de 1988, especificamente no inciso I, que enuncia que "é livre a associação profissional ou sindical". Desta forma, se problemas existem, eles aparecem na regulação do princípio constitucional. Estão equivocados aqueles que tratam a pluralidade sindical como sinônimo de liberdade; e a unicidade sindical como imposta. Na pluralidade sindical cabe aos filiados ou associados a liberdade de opção pela unicidade sindical.

A definição de sindicato, segundo *Mauricio Godinho Delgado* (2007), inicialmente se faz levando-se em consideração os sindicatos obreiros, entretanto, na medida em que surgiram os sindicatos empresariais, sua definição tornou-se mais ampla, abrangendo os dois pólos trabalhistas (capital e trabalho).

Funções do sindicato:

➢ **Função de representação**

A função de representação é assegurada na alínea *a* do art. 513 da CLT, em que se verifica a prerrogativa do sindicato de representar, perante as autoridades administrativas e judiciárias, os interesses da categoria ou os interesses individuais dos associados relativos à atividade ou profissão exercida. Uma das funções precípuas do sindicato é a de representar a categoria. Assim, elevou-se a dispositivo constitucional a regra retromencionada, que se encontra no inciso III do art. 8º da *Lex Fundamentalis*.

➢ **Função negocial**

A função negocial do sindicato é a que se observa na prática das convenções e acordos coletivos de trabalho. O sindicato participa das negociações coletivas que irão culminar com a concretização de normas coletivas (acordos ou convenções coletivas de trabalho), a serem aplicadas à categoria.

A Constituição Federal de 1988 em seu art. 7º, XXVI prestigia a função negocial do sindicato ao *reconhecer as convenções e acordos coletivos de trabalho.*

> **Função econômica**

O art. 564 da CLT proíbe, entretanto, ao sindicato, direta ou indiretamente, o exercício de atividade econômica. Entendemos que o referido artigo permanece em vigor com a Constituição de 1988, pois é vedada a interferência do Poder Executivo no sindicato, e não da lei, ao impedir o exercício de atividade econômica, que não é a finalidade do sindicato, mas representar a categoria, negociar para que sejam feitas normas coletivas etc.

> **Função política**

O sindicato não deveria fazer política partidária nem se dedicar à política, visto que esta é prerrogativa dos partidos políticos. O art. 521, *d*, da CLT mostra a proibição de o sindicato exercer qualquer das atividades não compreendidas nas finalidades elencadas no art. 511 da CLT, especialmente as de caráter político-partidário.

Essa orientação permanece em vigor em face da Carta Magna de 1988, pois não é finalidade do sindicato exercer função política, nem há interferência do Poder Executivo no sindicato.

> **Função assistencial**

A alínea *b* do art. 514 da Consolidação das Leis do Trabalho mostra que é dever do sindicato manter assistência judiciária aos associados, independentemente do salário que percebam.

A alínea *d* do art. 514 do texto consolidado especifica que, sempre que possível, e de acordo com suas possibilidades, deverá o sindicato manter em seu quadro de pessoal, em convênio com entidades assistenciais ou por conta própria, um assistente social com as atribuições específicas de promover a cooperação operacional na empresa e a integração profissional na classe.

A assistência nas rescisões dos empregados com mais de um ano de emprego (art. 477 da CLT) e dos empregados estáveis demissionários (art. 500 da CLT) é prestada pelo sindicato.

O art. 592 da Consolidação Laboral revela que a receita da contribuição sindical será aplicada em assistência técnica, jurídica, médica, dentária, hospitalar, farmacêutica, em maternidades, em creches, colônias de férias, educação, formação profissional etc.

Na mesma linha de pensamento, o professor *Nelson Mannrich* (2006) destaca as seguintes funções das entidades sindicais na sociedade:

— *Representativa:* o sindicato detém a representação de seus próprios associados e de todos os membros da respectiva categoria na base territorial que foi fundado. Sendo certo que essa representação restringe-se aos fins sociais e econômicos ligados aos interesses profissionais do grupo.

Segundo o inciso III, do art. 8º, da CF, "ao sindicato cade a *defesa* dos direitos e interesses coletivos ou individuais da *categoria*, inclusive em questões judiciais ou administrativas". Apesar de toda a evidência exsurgente da expressão *defesa* dos direitos e interesses coletivos e individuais da categoria e de toda veemência da doutrina, a jurisprudência do Colendo Tribunal Superior do Trabalho insiste em não reconhecer aos sindicatos o direito de substituição processual ampla dos integrantes da respectiva categoria. Se o sindicato *defende* a categoria, ele pode defeder em nome próprio os direitos e interesses dos seus integrantes, independentemente de autorização ou procuração, via substituição processual.

— *Regulamentar ou Normativa:* princípio da autonomia privada coletiva. O grupo tem o poder de regulamentar seus interesses por meio da negociação coletiva.

— *Econômica:* arrecadação de recursos para ter condições de atuar nos interesses da categoria.

— *Assistencial (social):* controle social, aliado à função de colaboração.

— *Política:* intermediação entre trabalhador e empregador e Estado.

— *Ética:* para coibir práticas desleais de trabalho.

— *Preservação do equilíbrio dos custos sociais.*

O Estado atribuiu aos sindicatos funções de colaboração com o Poder Público, plubicizou as concepções do sindicato para que, sob seu controle, não se atirassem, em lutas, o capital e o trabalho. Criou o Ministério do Trabalho atribuindo-lhe funções de administração e organização do proletariado como força de cooperação com o Estado, e passou a regulamentar, através de decretos, direitos específicos de algumas profissões.

3.3. CATEGORIAS: CONCEITO

Além de impor o monopólio da representação sindical, o art. 8º, inciso II, da *Lex Fundamentalis* determinou que a organização, em qualquer grau, seja representativa de categoria profissional ou econômica. Se tivesse referido apenas categoria, poder-se-ia entender que cogitava, indeterminadamente, de qualquer grupo de trabalhadores ou de empresários; mas a verdade é que alude a "categoria profissional" e "categoria econômica" — expressões que correspondem a conceitos sociológicos transplantados para o direito positivo brasileiro. E as normas legais pertinentes são não somente compatíveis com o Estatuto Fundamental, mas necessárias ao funcionamento do sistema sindical por ele adotado (Arnaldo Süssekind, 2004).

As normas da Consolidação das Leis do Trabalho — CLT — envolvidas neste caso encontram-se nos arts. 511 *usque* 570.

Cabe aqui registrar que nossa legislação, quando trata de categoria, usa as expressões categoria econômica e categoria profissional. A categoria econômica é a que ocorre quando há solidariedade de interesses econômicos dos que empreendem *atividades idênticas*[7], *similares ou conexas*, constituindo vínculo social básico entre essas pessoas (§ 1º do art. 511 da CLT). É também chamada de categoria dos empregadores.

Similares são as atividades que se assemelham, como as que numa categoria pudessem ser agrupadas por empresas que não são do mesmo ramo, mas de ramos que se parecem, como hotéis e restaurantes. Há, assim, certa analogia entre essas atividades.

Conexas são as atividades que, não sendo semelhantes, complementam-se, como as várias atividades existentes na construção civil, por exemplo: alvenaria, hidráulica, esquadrias, pastilhas, pintura, parte elétrica etc. *Aqui existem fatores que concorrem para o mesmo fim: a construção de um prédio, de uma casa.* São observados os fatos da vida real, entre pessoas que concorrem para um mesmo fim.

Quanto aos profissionais liberais, depois da vigência da Lei n. 7.316, de 28.5.85, que deu aos correspondentes sindicatos a legitimidade processual para representar os que trabalham com relação de emprego, eles devem ser considerados como integrantes de categoria profissional diferenciada.

Assim, consignamos que os sindicatos no ordenamento brasileiro representam uma categoria em determinada base territorial, categoria que poderá ser econômica (empregadores) ou profissional (trabalhadores), visando de forma ampla a defesa dos interesses coletivos e individuais de seus associados.

Asseveram *Vicente Paulo, Marcelo Alexandrino e Gláucia Barreto* (2006) que a *categoria é o conjunto de pessoas que exercem a sua atividade num determinado setor de atividade econômica*, tais como os empregados dos bancos, que formam a categoria dos bancários, e as empresas bancárias, que constituem a correspondente categoria econômica.

Categoria profissional e profissão são institutos distintos. Profissão é o conjunto de atividades lícitas e habituais que uma pessoa exerce para prover a sua subsistência. Categoria é o setor no qual essa pessoa exerce a sua profissão. Como o advogado tem por profissão, em qualquer local que exerça, a advocacia. Porém, se for empregado, trabalhando em departamento jurídico de empresa do comércio, a sua categoria profissional será comerciário. Se esse advogado trabalhar para um banco, a sua profissão será igualmente a de advogado e a sua categoria profissional será bancário.

---

(7) Idêntico. Adj. 1. Perfeitamente igual. 2. Análogo, semelhante. ("Dic. Michaelis" — UOL)

3.3.1. Categoria profissional diferenciada

Conforme *Luiz Alberto Matos dos Santos* (2001), na aplicação de normas coletivas de trabalho deve-se ter em conta as seguintes situações:

Numa empresa com mais de uma atividade aplica-se o critério da atividade preponderante, ressalvando-se a categoria diferenciada. Ex. Pedreiro que trabalha numa escola, não pertence à categoria da construção civil, mas a dos auxiliares de ensino, que ali prepondera.

Os Profissionais Liberais quando vinculados a uma empresa por contrato de trabalho perdem a sua condição de profissionais liberais, passando, na condição de empregados, a serem representados pelo sindicato da categoria preponderante da empresa.

As pessoas que exercem a mesma profissão podem criar o seu sindicato, hipótese em que teremos o denominado *Sindicato de Categoria Profissional Diferenciada*.

O ordenamento pátrio, através do art. 511, § 3º, da CLT permite essa figura. Nestes termos, os médicos[8] podem formar um sindicato por profissão, reunindo os profissionais da área médica (médicos somente), de uma base territorial, por exemplo os médicos do Município de Vitória que optarem pela filiação, não importando o setor da atividade econômica em que a empresa na qual estão empregados atue. Nesse caso, o critério decisivo de agrupamento será a profissão, independentemente da categoria em que a medicina é exercida.

> Art. 511, § 3º, da CLT — *Categoria profissional diferenciada é a que se forma dos empregados que exercem profissões ou funções diferenciadas por força de estatuto profissional especial ou em conseqüência de condições de vida singulares.*

Na categoria diferenciada, o que ocorre é a formação de um sindicato por profissão[9], segundo leciona *Amauri Mascaro Nascimento* (1991),

---

(8) Cumpre registrar que, para *Luiz Alberto Matos dos Santos* (2001), a categoria diferenciada é assim reconhecida por força de um estatuto profissional especial ou por condições de vida singulares, e estão relacionadas taxativamente na CLT. É diferenciada, sobretudo, pelos requisitos especiais a serem observados na elaboração e na execução de seu contrato de trabalho, sendo-lhe facultado demandar, coletivamente, ou chamar à negociação qualquer categoria econômica, já que a mesma não é enquadrada pela atividade preponderante da empresa. Note-se, no entanto, que o vigilante, **o médico**, o engenheiro etc., **têm todos os requisitos para serem considerados diferenciados e não o são, pelo fato de a lei que os regulamentou ou do ato que os reconheceu, à época, não os haver distinguido assim, e, em conseqüência, não figurarem expressamente no quadro anexo ao art. 577 da CLT.** (negritamos)

(9) Súmula n. 117 do TST — BANCÁRIO. CATEGORIA DIFERENCIADA. Não se beneficiam do regime legal relativo aos bancários os empregados de estabelecimentos de crédito pertencentes a categorias profissionais diferenciadas.

citado por *Sérgio Pinto Martins* (2006), que evidentemente só poderá ser de empregados e não de empregadores. Temos como exemplo de categorias diferenciadas, de acordo com o quadro anexo mencionado pelo art. 577 da CLT, a dos condutores de veículos rodoviários (motoristas); cabineiros de elevadores (ascensoristas); secretárias, etc.

Persiste, ainda, a categoria diferenciada após a Carta Constitucional de 1988, pois os incisos II, III e IV do art. 8º mencionam que a organização sindical brasileira continua sendo feita sob o sistema de categorias, nada impedindo, portanto, a existência de categorias diferenciadas.

Também esclarece a Súmula n. 374[10] do TST que o empregado integrante de categoria profissional diferenciada não tem o direito de obter de seu empregador vantagens previstas em instrumento coletivo no qual a empresa não foi representada por órgão de classe de sua categoria.

Conclui *Luiz Alberto Matos dos Santos* (2001) que a aplicação de normas coletivas estão restritas às partes pactuantes, a quem delas participou. Sendo o Direito do Trabalho ramo específico que se originou do Direito Civil, dele herdou princípios, dentre os quais os dos contratos, que só produzem efeitos entre as partes contratantes, não aproveitando nem prejudicando terceiros. O art. 611, do diploma consolidado, determina que a convenção seja aplicada no âmbito das representações dos empregadores e dos empregados. Desta forma, resta equivocada a posição de alguns Auditores Fiscais do Trabalho, quando, sob o manto da diferenciação de categoria, utilizam-se de convenção coletiva firmada, por exemplo, entre sindicatos de motoristas e o das empresas de transporte, para determinar ao empregador do comércio o pagamento de piso salarial, que não se obrigou. Não é outro o entendimento jurisprudencial da Corte Máxima Trabalhista:

CATEGORIA DIFERENCIADA. ABRANGÊNCIA DE INSTRUMENTO COLETIVO. O instituto da categoria diferenciada existe para que seus integrantes possam organizar-se da forma prevista no art. 611 consolidado. Por conseguinte, é facultado aos pertencentes a uma categoria assim considerada demandar, coletivamente, ou chamar a negociação qualquer categoria econômica, independentemente da atividade preponderante exercida. Isto não significa, porém, que possam, individualmente ou não, invocar a seu favor a norma assim produzida contra empregadores que não hajam, diretamente ou por sindicato próprio, participado do processo respectivo, tenha sido este autônomo ou heterônomo. A abrangência da sentença normativa é restrita aos suscitantes e suscitados no dissídio coletivo em que prolata-

---

(10) Súmula n. 374 — TST — Res. n. 129/05 — DJ 20.4.05 — Conversão da Orientação Jurisprudencial n. 55 da SDI-1. Empregado integrante de categoria profissional diferenciada não tem o direito de haver de seu empregador vantagens previstas em instrumento coletivo no qual a empresa não foi representada por órgão de classe de sua categoria. (ex-OJ n. 55 — Inserida em 25.11.96)

da. De igual modo, Acordos e Convenções Coletivas somente estabelecem obrigações para as partes que subscrevem (TST/RR n. 214.750/95.2, Armando de Brito, Ac. 5ª Turma 907/97).

MOTORISTA — CATEGORIA DIFERENCIADA. O fato de o empregado integrar categoria diferenciada não assegura a exigibilidade, perante a sua empregadora, de condições ou reajustes decorrentes de convenção ou sentença normativa. Isto porque tais fontes formais de direito não têm a mesma eficácia erga omnes da lei, visto que se limitam aos participantes da relação coletiva negocial ou processual. Embargos acolhidos (Ac. da SBDI-1 do TST, ERR n. 62.515, 15ª R. Rel. Min. Afonso Celso, DJU 12.2.96, p. 1.020).

3.3.2. Dissociação de categorias

Para *Amauri Mascaro Nascimento* (2005), quanto ao número de sindicatos da mesma categoria na mesma base territorial, não poderá haver mais de um. Assim, dispõem a Consolidação das Leis do Trabalho em seu art. 516[11] e a Carta Magna no art. 8º, II que não será reconhecido mais de um sindicato representativo da mesma categoria em dada base territorial. É o princípio do sindicato único. A unidade da representação é imposta pela lei. Há países nos quais a unidade resulta da autodeterminação dos trabalhadores e não de imperativo legal. Em outros países, há o princípio da pluralidade sindical, segundo o qual na mesma base territorial serão criados tantos sindicatos quantos os trabalhadores de uma categoria quiserem. Na mesma categoria pode haver mais de um sindicato. É o que ocorre na França. A crítica que se faz desse sistema é que os sindicatos tendem a ser ideológicos.

O art. 571 da CLT, que condiciona a dissociação de categorias em sindicatos diversos a juízo da Comissão do Enquadramento Sindical, não foi recepcionado pela Constituição da República. O art. 8º, inciso I, da Constituição da República de 1988 estabelece vedação à interferência do Estado na organização sindical.

Art. 571. Qualquer das atividades ou profissões concentradas na forma do parágrafo único do artigo anterior poderá dissociar-se do Sindicato principal, formando um Sindicato específico, desde que o novo Sindicato, a juízo da Comissão do Enquadramento Sindical, ofereça possibilidade de vida associativa regular e de ação sindical eficiente.

O sistema de sindicato único é flexibilizado pela lei, não só com a possibilidade de criação de categorias diferenciadas, como pela dissociação ou desdobramento de categorias ecléticas — integrada por atividades principais, conexas ou similares para que estas, destacando-se,

---

(11) Art. 516. Não será reconhecido mais de um sindicato representativo da mesma categoria econômica ou profissional, profissão liberal, em uma dada base territorial.

passem a ser categoria específica — como pela descentralização de bases territoriais, por exemplo, um sindicato municipal onde antes havia um estadual (Amauri Mascaro Nascimento, 2005).

Conforme *Alice Monteiro de Barros* (2007), cumpre salientar que a colocação de um empregado, empregador ou trabalhador autônomo no quadro da respectiva categoria constitui o que denominamos enquadramento sindical, e se processava nos termos do art. 577 da CLT. As dúvidas a respeito, antes da Constituição da República de 1988, eram solucionadas pela Comissão de Enquadramento Sindical (Órgão do Ministério do Trabalho). Com a proibição de intervenção do poder público na organização sindical (art. 8º, I e II) cessaram as atribuições da Comissão de Enquadramento Sindical, competindo, agora, às confederações a coordenação das atividades do sistema, podendo, inclusive, solucionar controvérsias, garantindo-se sempre o recurso ao Judiciário, na hipótese de inconformismo de uma das partes (art. 114, III, da Constituição vigente).

3.4. MEMBROS DE CATEGORIA E SÓCIOS DO SINDICATO

O inciso XX do art. 5º da Constituição da República de 1988 dispõe que *ninguém poderá ser compelido a associar-se ou a permanecer associado.*

Analisa o professor *Amauri Mascaro Nascimento* (2005) que quanto à liberdade de se associar a um sindicato, a CLT, em seu art. 544, dispõe que é livre a sindicalização, com o que há diferença entre ser membro de uma categoria, situação automática que resulta do simples exercício de um emprego, e ser sócio do sindicato único da categoria, situação que resulta de ato de vontade do trabalhador.

Art. 8º da Constituição Federal — é livre a associação profissional ou sindical, observado o seguinte:

(...)

V — ninguém será obrigado a filiar-se ou a manter-se filiado a sindicato.

Filiação:

O princípio trazido no inciso V do art. 8º da Carta Constitucional, e que significa liberdade sindical de filiação e desligamento de uma entidade sindical, constitui idéia já presente entre nós, como se vê dos arts. 540 e 544 da Consolidação das Leis do Trabalho, por exemplo. Ganha, contudo, tal princípio maior importância, à medida que passa a ser constitucionalmente assegurado (Pedro Paulo Teixeira Manus, 2005).

O art. 540 do diploma consolidado especifica que a toda empresa ou indivíduo que exerçam respectivamente atividade ou profissão, desde que satisfaçam as exigências desta lei, assiste o direito de ser admitido no sindicato da respectiva categoria, salvo caso de falta de idoneidade, devidamente comprovada, *com recurso para o Ministério do Trabalho* (nos termos do art. 114, III, da CF, compete à Justiça do Trabalho processar e julgar, revogando, assim, a parte final do mencionado artigo).

Também como a pessoa pode livremente filiar-se ou associar-se ao sindicato, pode dele retirar-se. O sindicato poderá expulsar o associado de seus quadros, de acordo com seus Estatutos, tendo aquele direito de recurso ao Judiciário Trabalhista, e não mais ao Ministério do Trabalho, como mencionava o art. 542 da CLT.

> *Art. 542. De todo ato lesivo de direitos ou contrário a esta Lei, emanado da Diretoria, do Conselho ou da Assembléia Geral da entidade sindical, poderá qualquer exercente de atividade ou profissão recorrer, dentro de 30 (trinta) dias, para a autoridade competente do Ministério do Trabalho.*

Aposentado:

Ainda conforme *Pedro Paulo Teixeira Manus* (2005), o inciso VII do art. 8º da Constituição da República Federativa do Brasil afirma que o aposentado, desde que filiado ao sindicato, tem direito a votar e ser votado, o que consagra idéia já aceita pela coletividade e evita a existência de um tipo de associado com parte apenas dos direitos dos demais. De certa forma este inciso também acentua a importância da vida sindical, embora de forma impositiva, tratando de questão que poderia ficar para ser decidida pelas assembléias e estatutos. Não obstante isso, temos como princípio que prestigia a atividade e a vida sindical.

4. ENTIDADES SINDICAIS: CONCEITO, NATUREZA JURÍDICA, ESTRUTURA, FUNÇÕES, REQUISITOS DE EXISTÊNCIA E ATUAÇÃO

Leciona *Edson Braz da Silva* (2006) que alguns autores citam as corporações de ofício da Idade Média como originadoras do sindicalismo atual. Contudo, estudos mais aprofundados de autores como *Elson Gottschalk* e *Ruprecht* discordam desse posicionamento.

As Corporações regulavam a produção e as condições de trabalho, investidas de um rigoroso monopólio na fabricação, venda e regulamentação dos produtos e do mercado. Eram integradas pelos mestres, companheiros e aprendizes. Os mestres consubstanciavam o grau mais elevado na escala hierárquica. Os aprendizes eram admitidos e assumiam o compromisso de obediência total ao mestre, que em troca lhes dava cama e comida, ensinando-lhes o ofício e pagando-lhes uma pequena retribuição fixada nos estatutos. Os companheiros eram os aprendizes que terminavam a etapa de aprendizagem e, não adquirindo a qualidade de mestre, permaneciam na oficina como assalariados.

Era um sindicalismo patronal obrigatoriamente dirigido pelos mestres, eleitos pelos seus pares. A defesa do grupo era dirigida contra o consumidor e não contra a outra parte na relação de emprego. Portanto, não se pode deduzir que as corporações são antecessoras imediatas dos sindicatos atuais.

Nossa legislação infraconstitucional (CLT) em seus art. 561 e 562 prescreve:

> Art. 561. A denominação "sindicato" é privada das associações profissionais de primeiro grau, reconhecidas na forma desta Lei.
>
> Art. 562. As expressões "federação" e "confederação", seguidas da designação de uma atividade econômica ou profissional, constituem denominações privadas das entidades sindicais de grau superior.

Conceito de Sindicato:

A Consolidação das Leis do Trabalho não define o que vem a ser sindicato, apenas esclarece que *"é lícita a associação para fins de estudo, defesa e coordenação dos seus interesses econômicos ou profissionais, de todos os que, como empregadores, empregados, agentes ou trabalhadores autônomos ou profissionais liberais, exerçam, respectivamente, a mesma atividade ou profissão ou atividades ou profissões similares ou conexas"* (art. 511).

O sindicato é uma forma de associação instituída para proteger os interesses profissionais dos que a integram (Maranhão e Carvalho, 1993).

Pode ser conceituado como uma *forma de associação profissional ou econômica devidamente reconhecida pelo Estado como representante legal da categoria*[1].

Constitui-se o sindicato, nas palavras de *Laski apud Maranhão* e *Carvalho* (1993), num elemento necessário ao processo, em desenvolvimento, da vida democrática.

Conceito sintético: Sindicato "é uma associação livre de empregados ou de empregadores ou de trabalhadores autônomos para a defesa dos interesses profissionais respectivos[2]."

Conceito analítico: "Sindicato é o agrupamento estável de várias pessoas de uma profissão, que convencionam colocar, por meio de uma organização interna, suas atividades e parte de seus recursos em comum para assegurar a defesa e a representação da respectiva profissão, com vistas a melhorar suas condições de vida e trabalho[3]".

Conceito legal: É "a associação para fins de estudo, defesa e coordenação dos interesses econômicos ou profissionais de todos os que, como empregadores, empregados, agentes ou trabalhadores autônomos, ou profissionais liberais, exerçam, respectivamente, a mesma atividade ou profissão ou atividades ou profissões similares ou conexas." (art. 511 CLT).

Natureza jurídica dos Sindicatos:

O diploma consolidado (CLT) de 1943 definiu as bases da organização sindical, inspirada na doutrina italiana da *Carta del Lavoro*. Essa doutrina serviu aos propósitos de controle da organização sindical desejado por Getúlio Vargas. Esse regime organizou a vida socioeconômica

---

(1) Distingue-se o sindicato das ordens profissionais (CRA, OAB, CRM, etc.), como a dos advogados, dos médicos, dos dentistas ou a dos músicos, que têm por objetivo a fiscalização da profissão e são pessoas jurídicas de direito público, na modalidade de autarquias especiais. O sindicato não disciplina a classe, defende-a. No sindicato, a filiação é facultativa, no órgão de fiscalização profissional é obrigatória, para o fim do exercício da profissão.

(2) Para GOMES, Orlando e GOTTSCHALK, Elson. *Curso de direito do trabalho*. 14ª ed. Rio de Janeiro: Forense, 1998.

(3) *Idem, ibidem.*

do país *por meio das corporações*, como ficou bem claro no art. 140[(4)] da Carta de 1937. No entanto, corrigindo a distorção que conferia ao sindicato a personalidade de pessoa jurídica de direito público, a Constituição Federal de 1988 desatrelou o sindicato da estrutura estatal, conferindo-lhe o tratamento de entidade de direito privado.

Nos termos da lei civil brasileira, o sindicato é uma pessoa jurídica capaz de direitos e deveres na ordem civil[(5)].

Délio Maranhão e *Luiz Inácio B. Carvalho* (1993) divergem ao serem questionados se o sindicato é uma pessoa jurídica de direito público ou de direito privado. A personalidade de Direito Público pressupõe que participe a entidade da essência da atividade do Estado e disponha de parcela de poder de império. Afirmam nos países totalitários[(6)] é evidente a natureza de pessoa de direito público do sindicato. Integra o aparelho estatal de tipo corporativo. Mas, num regime democrático, o caráter de pessoa de direito privado é decorrência do próprio princípio de liberdade sindical.

Nos regimes totalitários, atribui-se ao Sindicato a fisionomia de Direito Público, transformando-se em órgão de colaboração com o Estado, enquanto nos países de tradição democrática prevalece a natureza de Direito Privado, afastando-se o Sindicato da influência estatal.

Assim, os Sindicatos são frutos da vontade dos indivíduos que compõem grupos, cujos interesses são iguais, similares ou conexos, congregando determinada categoria econômica, profissional, de trabalhadores autônomos ou profissionais liberais, daí sua natureza jurídica de Direito Privado.

Para *Julpiano Chaves Cortez* (2004), a natureza jurídica do sindicato já foi objeto de muita discussão, e atualmente é tranquilo o entendimento de que se trata de pessoa jurídica de Direito Privado.

---

(4) Art. 140 — CF 1937 — A economia da produção será organizada em corporações, e estas, como entidades representativas das forças do trabalho nacional, colocadas sob a assistência e a proteção do Estado, são órgãos deste e exercem funções delegadas de poder público.

(5) Art. 44 do CC — São pessoas jurídicas de direito privado:

I — as associações;

II — as sociedades;

III — as fundações.

(6) No regime sindical inspirado na doutrina corporativa, o sindicato tem personalidade jurídica de direito público, sendo a política sindical pressuposto desta doutrina, pois propicia ao Estado a coordenação das atividades das categorias representadas pelos sindicatos e a subordinação do sindicato ao Estado. O Estado corporativo coloca-se acima das classes sociais. Ele organiza, regula e atua como moderador das relações sociais (Edson Braz da Silva, 2006).

Estrutura Sindical:

Estrutura Externa: a estrutura sindical no ordenamento brasileiro tem o formato piramidal, que se compõe do *Sindicato*, em seu piso, da *Federação*, em seu meio, e da *Confederação*, em sua cúpula. As Centrais Sindicais não compõem o modelo corporativista.

Desse modo, existe na base do sistema um sindicato único, *organizado por categoria profissional ou diferenciado*, em se tratando de trabalhadores, ou por *categoria econômica*, em se tratando de empregadores.

As *Federações* resultam da conjugação de, pelo menos, 5 *(cinco) sindicatos* da mesma categoria profissional, diferenciada ou econômica (art. 534 da CLT).

Já as *Confederações* resultam da conjugação de, pelo menos, 3 *(três) federações*, respeitadas as respectivas categorias, tendo sede em Brasília (art. 535 da CLT).

Estrutura Interna: a administração do sindicato será exercida por uma diretoria constituída, no máximo, de 7 (sete) e, no mínimo, de 3 (três) membros e de um conselho fiscal composto de 3 (três) membros (art. 522 da CLT).

Atuação Sindical:

Os métodos de atuação das associações sindicais, nas palavras de *Arnaldo Süssekind* (2004) correspondem às suas diretrizes doutrinárias:

a) *Sindicalismo Revolucionário*, que considera o sindicato o instrumento necessário da evolução proletária emancipadora. *A greve e a violência são métodos pelos quais os sindicatos podem realizar os seus fins revolucionários.* Obtidos estes, instaurado o novo sistema, o sindicato passará a instrumento administrativo. No Brasil, por influência de imigrantes italianos e espanhóis, foram criadas uniões operárias que defendiam o anarcossindicalismo;

b) *Sindicalismo reformista*, que objetiva a melhoria das condições de trabalho e o bem-estar social da família operária, *mediante ação reivindicatória que despreza os meios violentos.* Não tem por alvo a modificação do regime político-econômico, mas a gradativa transformação das relações entre as empresas e seus empregados. Faz da negociação coletiva, com ou sem greve, o instrumento para a consecução dos seus fins;

c) *Sindicalismo Cristão,* esteado na doutrina social da Igreja Católica, tal como revelada na *Rerum Novarum*, do Papa Leão XIII, e nas demais encíclicas que, posteriormente, abordaram o tema. *Despreza também os meios violentos para obter melhores condições de trabalho e de vida*, tendo por meta a dignificação do trabalhador;

d) Sindicalismo Pragmático, ou de resultados, que é derivante do sindicalismo reformista e tem na organização sindical norte-americana o seu mais eloqüente exemplo. Raramente recorrem às greves e não defendem nenhuma ideologia; mas indicam aos seus associados alguns candidatos a mandatos eleitorais;

e) Sindicalismo de Estado, que pode conviver tanto com a organização corporativa quanto com a comunista. Caracteriza-se por enquadrar as associações sindicais como entes sujeitos à orientação e ao controle do Governo central, com delegação de certos encargos estatais. Por vezes, são beneficiários de recursos financeiros de natureza pública. O monopólio de representação é sempre imposto aos sindicatos (unicidade sindical compulsória), com organização hierarquizada, de forma a que a entidade (ou entidades) de cúpula comande as de nível médio e as de base. (destacamos)

4.1. FONTES DE RECURSOS DAS ENTIDADES SINDICAIS

As entidades sindicais têm como receitas:

a) *Contribuição Confederativa* (art. 8º, IV, da CF);

b) *Contribuição Sindical* (arts. 8º, IV, *in fine,* e 149 da CF, combinado com os arts. 578 a 610 da CLT);

c) *Contribuição Assistencial* (art. 513, e, da CLT);

d) *Contribuição Associativa* (Mensalidade Sindical dos Sócios) (art. 548, b, da CLT);

e) Outras receitas, tais como os bens e valores adquiridos e as rendas por ele produzidas, as doações e os legados e as multas e outras rendas eventuais (art. 548 da CLT).

— *Contribuição Sindical:* compulsória que se destina ao financiamento das atividades sociais. As empresas e os profissionais liberais pagam. O valor recolhido da contribuição sindical é repartido obedecendo-se aos seguintes percentuais[7]:

a) 5% para a confederação correspondente;

b) 15% para a federação correspondente;

c) 60% para o sindicato respectivo;

d) 20% para o Ministério do Trabalho e Emprego, à Conta Especial de Emprego e Salário.

---

(7) Art. 589. Da importância da arrecadação da contribuição sindical serão feitos os seguintes créditos pela Caixa Econômica Federal, na forma das instruções que forem expedidas pelo Ministro do Trabalho:

I — 5% (cinco por cento) para a Confederação correspondente;

II — 15% (quinze por cento) para Federação;

III — 60% (sessenta por cento) para o sindicato respectivo;

IV — 20% (vinte por cento) para "Conta Especial Emprego e Salário".

— *Contribuição assistencial* (art. 545): por ocasião da negociação da categoria com as empresas. Somente para associados. Se não é sócio, a contribuição é facultativa (art. 545, CLT) — fixada quando da negociação coletiva (dissídio). É *facultativa* — este artigo faculta ao empregado autorizar o desconto em folha. Os trabalhadores que concordam têm desconto em folha e a empresa tem 10 dias para entregar ao sindicato. Há entendimentos de que há abuso dos sindicatos[8], porque o empregado pode recusar e, por isso, tem cinco dias para declinar. O Sindicato mal comunica seu endereço e condições para denegar ("armadilha"). Essa contribuição também não tem natureza tributária e, portanto, não obriga os trabalhadores não-sindicalizados, que poderão se opor à cobrança.

— *Contribuição Confederativa:* É uma obrigação para a manutenção do sistema confederativo sindical, devida por todas as pessoas jurídicas, autônomos, profissionais liberais e empregados, aos respectivos sindicatos da categoria a que se enquadrem, nos termos estabelecidos pela Constituição Federal.

A contribuição confederativa é estabelecida pela assembléia geral, podendo figurar no estatuto da entidade ou em acordos ou convenções coletivas do trabalho. Em todos os casos, porém, obriga apenas os filiados ao sindicato, consoante reiterada jurisprudência trabalhista, consolidada no Precedente Normativo n. 119 do Tribunal Superior do Trabalho, bem como a jurisprudência do Supremo Tribunal Federal.[9]

— *Contribuição Associativa:* Também facultativa. É devida pelo associado ao sindicato. Está prevista no Estatuto de cada entidade sindical e é paga apenas pelos associados ao sindicato, pois só estes se beneficiam dos serviços por ele prestados. É legítima a exigência conforme estabeleça o Estatuto da entidade sindical, pois sendo a filiação ao sindicato uma faculdade, só os trabalhadores interessados contribuirão.

Contribuição Sindical — Natureza Jurídica:

O projeto de lei que visa a regularização das alterações do custeio das entidades sindicais prevê em sua justificativa a *"extinção de qualquer recurso de natureza parafiscal para custeio de entidades sindicais e a criação de contribuição de negociação coletiva".*

---

(8) Precedente Normativo TST n. 119 — Contribuições sindicais. Inobservância de preceitos constitucionais. (positivo). (Nova redação — Res. n. 82/98, DJ 20.8.98)

A Constituição da República, em seus arts. 5º, XX, e 8º, V, assegura o direito de livre associação e sindicalização. É ofensiva a essa modalidade de liberdade cláusula constante de acordo, convenção coletiva ou sentença normativa estabelecendo contribuição em favor de entidade sindical a título de taxa para custeio do sistema confederativo, assistencial, revigoramento ou fortalecimento sindical e outras da mesma espécie, obrigando trabalhadores não sindicalizados. Sendo nulas as estipulações que inobservem tal restrição, tornam-se passíveis de devolução os valores irregularmente descontados.

(9) Súmula n. 666 — STF — 24.9.03. A contribuição confederativa de que trata o art. 8º, IV, da Constituição, só é exigível dos filiados ao sindicato respectivo.

A Contribuição Sindical vigente tem natureza jurídica tributária[10], pois se encaixa na orientação do art. 149[11] da Carta Constitucional, como uma contribuição de interesse das categorias econômicas e profissionais, além do que, é a mesma prevista em lei (CLT), mencionada ainda na parte final do inciso IV do art. 8º da Lei Maior.

Nos termos do art. 4º, do Código Tributário Nacional, a sua hipótese de incidência é pertencer à categoria econômica ou profissional.

Sindicato: Contribuição Sindical de categoria — Recepção. A recepção pela ordem constitucional vigente da contribuição sindical compulsória, prevista no art. 578 da CLT, é exigível de todos os integrantes da categoria, independentemente de sua filiação ao sindicato, o que resulta do art. 8º, IV, in fine, da Constituição; não obsta à recepção a proclamação, no caput do art. 8º, do princípio da liberdade sindical, que há de ser compreendido a partir dos termos em que a Lei Fundamental a positivou, nos quais a unicidade sindical (art. 8º, II) e a própria contribuição sindical de natureza tributária (art. 8º, IV) — marcas características do modelo corporativista resistente —, dão a medida de sua relatividade (cf. MI n. 144, Pertence, RTJ 147/868, 874); nem impede a recepção questionada a falta da lei complementar prevista no art. 146, III, CF, à qual alude o art. 149, à vista do disposto no art. 34, §§ 3º e 4º, das Disposições Transitórias (RE n. 180.745/ SP, Ministro Sepúlveda Pertence).

Após a aprovação da respectiva reforma, em que será instituída a Contribuição de Negociação Coletiva, prevista no art. 45[12] do projeto de lei, entendemos não ser possível a continuidade da fiscalização deste tributo pela autoridade fiscal (Auditor Fiscal do Trabalho) tendo em vista a mesma perder a sua característica parafiscal ou tributária. Ademais, a parcela atual depositada na Conta Especial Emprego e Salário (FAT), cujo resultado de sua arrecadação é que mantém as Delegacias Regionais do Trabalho com recursos financeiros para o seu funcionamento, deixará de existir.

---

(10) De acordo com *Flávia Moreira Pessoa* (2005), para os que defendem o caráter não tributário das contribuições, o art. 145 da Constituição Federal é expresso ao prever as espécies de tributos: impostos, taxas e contribuições de melhoria, não havendo possibilidade de inserção das contribuições no gênero. Afirmam ainda que, muito embora o art. 149 da Constituição, que trata das contribuições, esteja inserido no capítulo do Sistema Tributário Nacional, isto não significa que somente por esse motivo a natureza jurídica das contribuições se altere, já que não é o lugar onde está inserido o dispositivo legal que determina, necessariamente, a natureza do instituto.

(11) Art. 149. Compete exclusivamente à União instituir contribuições sociais, de intervenção no domínio econômico e *de interesse das categorias profissionais ou econômicas, como instrumento de sua atuação nas respectivas áreas*, observado o disposto nos arts. 146, III, e 150, I e III, e sem prejuízo do previsto no art. 195, § 6º, relativamente às contribuições a que alude o dispositivo. (grifos nossos)

(12) Art. 45. A contribuição de negociação coletiva é o valor devido em favor das entidades sindicais, com periodicidade anual, fundada na participação na negociação coletiva ou no efeito geral do seu resultado, ainda que por meio de sentença (...).

§ 2º Observadas as exigências desta Lei, a cobrança da contribuição de negociação coletiva aprovada em assembléia geral não comportará oposição.

Para o professor *Sérgio Pinto Martins* (2005), a atual contribuição sindical é o antigo imposto sindical, e como imposto tinha natureza tributária, como espécie do gênero tributo. Complementa o autor que a contribuição sindical também se encaixa na definição de tributo contida no art. 3º do CTN — Código Tributário Nacional. É uma prestação pecuniária, exigida em moeda. É compulsória, pois independe da vontade da pessoa em contribuir. O art. 545 da CLT mostra que o desconto da contribuição sindical pelo empregador independe da vontade do empregado. Não se constitui em sanção de ato ilícito. É instituída em lei (arts. 578 a 610 da CLT) e cobrada mediante atividade administrativa plenamente vinculada que é o lançamento, realizado pelo auditor fiscal do trabalho (art. 606 e seu § 1º da CLT); logo, sua natureza é tributária.

Lecionam *Vicente Paulo* e *Marcelo Alexandrino* (2005) que a contribuição sindical tem natureza jurídica de tributo, sendo instituída por lei, portanto, compulsória para todos os trabalhadores, independentemente da vontade destes. Em decorrência de sua natureza tributária, estão obrigados ao seu pagamento todos os trabalhadores pertencentes à categoria, independentemente de serem sindicalizados. Para o desconto dessa contribuição em folha de pagamento não há necessidade de autorização dos trabalhadores.

No nosso entendimento, a contribuição de negociação coletiva que irá substituir a contribuição sindical não deverá ter natureza jurídica tributária nem deverá ser fiscalizada e cobrada pela atividade administrativa exercida pela auditoria fiscal do trabalho, porque a Liberdade Sindical[13] plena impõe, ou melhor, veda a interferência e a intervenção na organização sindical, nos termos do art. 2º da Convenção n. 87 da Organização Internacional do Trabalho.

4.1.1. Prerrogativas e limitações

Os princípios da liberdade associativa e da autonomia sindical determinam a franca prerrogativa de criação, estruturação e desenvolvimento das entidades sindicais, para que se tornem efetivos sujeitos de Direito Coletivo do Trabalho.

No Estado brasileiro, uma das principais prerrogativas sindicais é a *garantia provisória de emprego* outorgada ao dirigente da instituição sindical, e que trata da vedação à dispensa do empregado sindicalizado a partir do registro da candidatura até um ano após o término do mandado (ou, imediatamente, no caso de insucesso eleitoral) (art. 8º, VIII, CF/88). Trata-se, portanto, de uma garantia de clara índole coletiva, limitada, no entanto, ao eventual cometimento de falta grave do dirigente sindical.

---

(13) De acordo com *Sérgio Pinto Martins* (2005), Liberdade Sindical é o direito de os trabalhadores e empregadores se organizarem e constituírem as agremiações que desejarem, no número por eles idealizado, sem que sofram qualquer interferência ou intervenção do Estado, nem uns em relação aos outros, visando à promoção de seus interesses ou dos grupos que irão representar.

O Dirigente Sindical e de associação profissional não pode ser dispensado do emprego, desde a comunicação da candidatura até um ano após o término de seu mandato, salvo mediante inquérito para apuração de falta grave (§ 3º do art. 543 da CLT). Assim também, dispõe o inciso VIII do art. 8º da Carta Constitucional de 1988: *"é vedada a dispensa do empregado sindicalizado a partir do registro da candidatura a cargo de direção ou representação sindical e, se eleito, ainda que suplente, até um ano após o final do mandato, salvo se cometer falta grave nos termos da lei".*

Para *Jorge Neto* e *Cavalcante* (2004), a estabilidade não abrange o dirigente da associação profissional. Não existe mais a possibilidade de uma associação profissional ter a representatividade dos empregados nas mesmas condições que os sindicatos. A partir da Constituição Federal de 1988, a lei não poderá exigir autorização do Estado para a fundação da entidade sindical, portanto, não há sentido para que os dirigentes de uma associação profissional gozem de estabilidade. Em função dessa assertiva, o Tribunal Superior do Trabalho cancelou a Súmula n. 222[14].

No mesmo sentido leciona *Carmen Camino* (2004), para quem não restou recepcionada a parte do art. 543, § 3º, da CLT, em que contemplava a estabilidade ao dirigente de associação profissional, eis que tal direito emergia de situação de fato (defesa de interesses profissionais da categoria, em estágio de organização antecedente ao surgimento do sindicato) hoje inexistente e totalmente incompatível com o inciso I do art. 8º da CF/88. A incompatibilidade também se dá em relação ao inciso VI do art. 8º, onde dita ser obrigatória a participação dos sindicatos nas negociações coletivas de trabalho. Assim, as associações profissionais sequer podem participar da negociação coletiva, eis que apenas os sindicatos estão legitimados a tanto.

Além da impossibilidade de desligamento unilateral, o dirigente sindical goza de *inamovibilidade*, com respaldo no art. 543 da norma consolidada, garantia pela qual o impede que seja removido para funções incompatíveis com a atuação sindical ou alteração (transferência) da base territorial.

Trata-se igualmente de prerrogativa destinada à proteção da categoria, uma vez que tendo sido eleito para representação daquele determinado grupo de empregados e naquela localidade, a empresa não poderia utilizar o artifício de transferir o dirigente sindical para um outro local, objetivando enfraquecer a sua influência e limitar a atuação do sindicato.

---

(14) TST Enunciado n. 222 — Res. n. 14/85, DJ 19.9.85 — *Cancelado* — Res. n. 84/98, DJ 20.8.98. N. 222. DIRIGENTES DE ASSOCIAÇÕES PROFISSIONAIS. ESTABILIDADE PROVISÓRIA. Os dirigentes de associações profissionais, legalmente registrados, gozam de estabilidade provisória no emprego.

Para garantir a prerrogativa de *inamovibilidade* e *garantia provisória de emprego*[15], a legislação ordinária permite, inclusive, a utilização de medidas liminares para a reintegração ao trabalho e/ou anulação de transferência indevida, aplicadas em face de dirigente sindical, com fundamento nos arts. 543[16], § 3º, 659, X, 522 e 543, § 4º, até como uma forma de garantir o pleno exercício das atividades sindicais e conseqüentemente as suas prerrogativas funcionais.

As prerrogativas e deveres dos sindicatos encontram-se elencadas nos arts. 513 e 514 da Consolidação das Leis do Trabalho — CLT:

Art. 513. São prerrogativas dos sindicatos:

a) representar, perante as autoridades administrativas e judiciárias, os interesses gerais da respectiva categoria ou profissional liberal ou interesses individuais dos associados relativos à atividade ou profissão exercida;

b) celebrar convenções coletivas de trabalho;

c) eleger ou designar os representantes da respectiva categoria ou profissão liberal;

d) colaborar com o Estado, como órgãos técnicos e consultivos, no estudo e solução dos problemas que se relacionam com a respectiva categoria ou profissão liberal;

e) impor contribuição a todos aqueles que participam das categorias econômicas ou profissionais ou das profissões liberais representadas.

---

(15) Súmula n. 379 — TST — Res. n. 129/05 — DJ 20.4.05 — Conversão da Orientação Jurisprudencial n. 114 da SDI-1. O dirigente sindical somente poderá ser dispensado por falta grave mediante a apuração em inquérito judicial. Inteligência dos arts. 494 e 543, § 3º, da CLT. (ex-OJ n. 114 — Inserida em 20.11.97)

(16) Art. 543. O empregado eleito para cargo de administração sindical ou representação profissional, inclusive junto a órgão de deliberação coletiva, não poderá ser impedido do exercício de suas funções, nem transferido para lugar impossível o desempenho das suas atribuições sindicais.

§ 1º O empregado perderá o mandato se a transferência for por ele solicitada ou voluntariamente aceita.

§ 2º Considera-se de licença não remunerada, salvo assentimento da empresa ou cláusula contratual, o tempo em que o empregado se ausentar do trabalho no desempenho das funções a que se refere este artigo.

§ 3º Fica vedada a dispensa do empregado sindicalizado ou associado, a partir do momento do registro de sua candidatura a cargo de direção ou representação de entidade sindical ou de associação profissional, até 1 (um) ano após o final do seu mandato, caso seja eleito, inclusive como suplente, salvo se cometer falta grave devidamente apurada nos termos desta Consolidação.

§ 4º Considera-se cargo de direção ou representação sindical aquele cujo exercício ou indicação decorre de eleição prevista em lei.

§ 5º Para os fins deste artigo, a entidade sindical comunicará por escrito à empresa, dentro de 24 (vinte e quatro) horas, o dia e a hora do registro da candidatura do seu empregado e, em igual prazo, sua eleição e posse, fornecendo, outrossim, a este, comprovante no mesmo sentido. O Ministério do Trabalho fará no mesmo prazo a comunicação no caso da designação referida no final do § 4º.

§ 6º A empresa que, por qualquer modo, procurar impedir que o empregado se associe a sindicato, organize associação profissional ou sindical ou exerça os direitos inerentes à condição de sindicalizado, fica sujeita à penalidade prevista na letra *a* do art. 553, sem prejuízo da reparação a que tiver direito o empregado.

Parágrafo único. Os sindicatos de empregados terão, outrossim, a prerrogativa de fundar e manter agência de colocação.

Art. 514. São deveres dos sindicatos:

a) colaborar com os poderes públicos no desenvolvimento da solidariedade social;

b) manter serviços de assistência judiciária para os associados;

c) promover a conciliação dos dissídios de trabalho;

d) sempre que possível, e de acordo com as suas possibilidades, manter no quadro de pessoal convênio com entidades assistenciais ou por conta própria, um assistente social com as atribuições específicas de promover a cooperação operacional na empresa e a integração profissional na classe.

Parágrafo único. Os sindicatos de empregados terão, outrossim, o dever de:

a) promover a fundação de cooperativas de consumo e de crédito;

b) fundar e manter escolas de alfabetização e pré-vocacionais.

Nossa legislação, em alguns momentos, atribui ao sindicato a função de representante e em outros, de substituto processual; na primeira hipótese, o sindicato necessita de autorização dos representados, e, na segunda, age em nome próprio, em favor de terceiro, independentemente de outorga de poderes dos substituídos. Contudo, fica patente que quando o sindicato atua nas hipóteses previstas nos arts. 195, § 2º, e 872, parágrafo único da Consolidação das Leis do Trabalho — CLT, age como *substituto processual;* já na hipótese prevista no art. 843, § 2º, do mesmo diploma consolidado, atua como *representante*.

A Lei de Falências (Lei n. 11.101, de 9 de fevereiro de 2005) incluiu outra prerrogativa do sindicato de trabalhadores, que consiste em poder *representar, perante a assembléia-geral dos credores, os seus associados, titulares de créditos derivados da legislação do trabalho e de acidente do trabalho* que não puderem comparecer pessoalmente ou por procurador. Para o exercício dessa prerrogativa, o sindicato deverá apresentar ao administrador judicial, até 10 (dez) dias antes da assembléia, a relação dos associados que pretende representar, e o trabalhador que conste da relação de mais de um sindicato deverá esclarecer, até 24 (vinte e quatro) horas antes da assembléia, qual sindicato o representa, sob pena de não ser representado em assembléia por nenhum deles.

Art. 37. A assembléia será presidida pelo administrador judicial, que designará 1 (um) secretário dentre os credores presentes.

(...)

§ 5º Os sindicatos de trabalhadores poderão representar seus associados titulares de créditos derivados da legislação do trabalho ou decorrentes de acidente de trabalho que não comparecerem, pessoalmente ou por procurador, à assembléia.

§ 6º Para exercer a prerrogativa prevista no § 5º deste artigo, o sindicato deverá:

I — apresentar ao administrador judicial, até 10 (dez) dias antes da assembléia, a relação dos associados que pretende representar, e o trabalhador que conste da relação de mais de um sindicato deverá esclarecer, até 24 (vinte e quatro) horas antes da assembléia, qual sindicato o representa, sob pena de não ser representado em assembléia por nenhum deles.

No que pertine à função política, é desejável que a mesma não ocorra. A legislação brasileira, em seu art. 521, d e e do diploma Consolidado, veda a atividade político-partidária dos sindicatos.

Art. 521. São condições para o funcionamento do Sindicato:

a) proibição de qualquer propaganda de doutrinas incompatíveis com as instituições e os interesses da Nação, bem como de candidaturas a cargos eletivos estranhos ao Sindicato;

b) proibição de exercício de cargo eletivo cumulativamente com o de emprego remunerado pelo Sindicato ou por entidade sindical de grau superior;

c) gratuidade do exercício dos cargos eletivos;

d) proibição de quaisquer atividades não compreendidas nas finalidades mencionadas no art. 511, inclusive as de caráter político-partidário;

e) proibição de cessão gratuita ou remunerada da respectiva sede a entidade de índole político-partidária.

Por fim, não bastassem as prerrogativas tratadas pela legislação nacional, é relevante citar as *Garantias Oriundas de Normas Internacionais fixadas pela Organização Internacional do Trabalho* (OIT). As Convenções ns. 98 e 135 condenam atos que possam prejudicar o trabalhador, por qualquer forma, tendo em vista a sua participação em atividades sindicais. Portanto, o Brasil é signatário dos referidos diplomas internacionais e que passaram a integram o acervo normativo nacional, objetivando a proteção aos princípios de livre exercício da atividade sindical.

Algumas das *limitações*[17] impostas pelo sistema de relações de trabalho no Brasil foram sendo eliminadas no decorrer da década de 80, nos anos em que o país viveu um processo de redemocratização, quando se encerra um longo período de ditadura militar. As modificações introdu-

---

(17) Disponível em http://www.cgt.org.br/themas/sindi/index.htm, acesso em 24.2.06.

zidas resultaram de um processo combinado de iniciativas sindicais, legislativas e de medidas administrativas adotadas pelo Governo Federal. Esse processo, que culminou com a promulgação da Constituição Federal de 1988, teve como principais medidas:

- fim da autorização do Estado para a criação, reconhecimento e funcionamento de entidades sindicais (carta sindical);
- fim do estatuto-padrão;
- fim da possibilidade de intervenção administrativa do Estado nas entidades sindicais;
- reconhecimento dos sindicatos como entidades de direito privado;
- reconhecimento das centrais sindicais;
- fim da proibição de reuniões intersindicais;
- possibilidade de associação a entidades sindicais internacionais;
- fim do controle oficial sobre aplicação das verbas sindicais;
- autonomia dos sindicatos para definirem estatutos e processo eleitoral;
- extensão aos servidores públicos do direito de sindicalização;
- criação de algumas representações por local de trabalho;
- ampliação do direito constitucional de greve.

4.2. GARANTIAS SINDICAIS

Observa *Mauricio Godinho Delgado* (2007) que os princípios da liberdade associativa e da autonomia sindical determinam a franca prerrogativa de criação, estruturação e desenvolvimento das entidades sindicais, para que se tornem efetivos sujeitos do Direito Coletivo de Trabalho. São os princípios, como se sabe, comandos jurídicos instigadores e não meros receituários idealísticos e programáticos. Para o autor, esses dois princípios determinam ao ordenamento jurídico que confira consistência ao conteúdo e objetivo normativos neles enunciados, ou seja, que a ordem jurídica estipule garantias mínimas à estruturação, desenvolvimento e atuação dos sindicatos, sob pena de estes não poderem cumprir seu papel de real expressão da vontade coletiva dos respectivos trabalhadores.

O art. 2º da Convenção n. 87 da OIT prescreve: *os trabalhadores e as entidades patronais, sem distinção de qualquer espécie, têm o direito, sem autorização prévia, de constituírem organizações da sua escolha, assim como o de se filiarem nessas organizações, com a única condição de se conformarem com os estatutos destas últimas.*

Também, o art. 11 do mesmo Tratado expressa: *os Membros da Organização Internacional do Trabalho para os quais a presente Convenção esteja em vigor comprometem-se a tomar todas as medidas necessárias e apropriadas a assegurar aos trabalhadores e às entidades patronais o livre exercício do direito sindical.*

As garantias sindicais são de três ordens:

➢ Garantia provisória no emprego;
➢ Inamovibilidade do Dirigente Sindical;
➢ Garantias oriundas de normas internacionais — OIT.

A *Estabilidade Especial* é a principal garantia sindical, pois veda a dispensa do empregado sindicalizado a partir do registro da candidatura a cargo de direção ou representação sindical e, se eleito, ainda que suplente, até um ano após o final do mandato, salvo se cometer falta grave nos termos da lei, é o que reza o art. 8º, VIII, da Constituição Federal de 1988. Esta garantia tem sido também denominada de *Estabilidade Sindical*[18].

Porém, em se tratando de dirigente sindical de categoria diferenciada, a proteção estaria restrita aos casos em que o sindicalista exercesse em emprego (local de trabalho) atividade relacionada à sua específica categoria.

Mauricio Godinho Delgado (2007) enfatiza que a estabilidade provisória do dirigente sindical elimina o poder resilitório do contrato do trabalho por parte do empregador. A restrição é significativa, pois somente por falta grave do obreiro (resolução contratual), apurada em ação judicial de inquérito, é que poderá consumar-se a extinção contratual do sindicalista.

A Jurisprudência:

Súmula n. 197 — STF
O empregado com representação sindical só pode ser despedido mediante inquérito em que se apure falta grave.

Súmula n. 379 — TST — Res. n. 129/05 — DJ 20.4.05 — Conversão da Orientação Jurisprudencial n. 114 da SDI-1
O dirigente sindical somente poderá ser dispensado por falta grave mediante a apuração em inquérito judicial. Inteligência dos arts. 494 e 543, § 3º, da CLT. (ex-OJ n. 114 — Inserida em 20.11.1997)

---

(18) O entendimento predominante é de que o número de membros da diretoria e do conselho fiscal poderá ser ampliado, de acordo com a necessidade de cada entidade sindical, sendo que no máximo 7 membros da diretoria e 3 membros do conselho fiscal (CLT, art. 522) gozam da estabilidade provisória, em atenção ao princípio da razoabilidade e à repulsa ao abuso do direito (Julpiano Chaves Cortez, 2004).

Súmula n. 369 — TST — Res. n. 129/05 — DJ 20.4.05 — Conversão das Orientações Jurisprudenciais ns. 34, 35, 86, 145 e 266 da SDI-1

I — É indispensável a comunicação, pela entidade sindical, ao empregador, na forma do § 5º do art. 543 da CLT. (ex-OJ n. 34 — Inserida em 29.4.94)

II — O art. 522 da CLT, que limita a sete o número de dirigentes sindicais, foi recepcionado pela Constituição Federal de 1988. (ex-OJ n. 266 — Inserida em 27.9.02)

III — O empregado de categoria diferenciada eleito dirigente sindical só goza de estabilidade se exercer na empresa atividade pertinente à categoria profissional do sindicato para o qual foi eleito dirigente. (ex-OJ n. 145 — Inserida em 27.11.98)[19]

IV — Havendo extinção da atividade empresarial no âmbito da base territorial do sindicato, não há razão para subsistir a estabilidade. (ex-OJ n. 86 — Inserida em 28.4.97)

V — O registro da candidatura do empregado a cargo de dirigente sindical durante o período de aviso prévio, ainda que indenizado, não lhe assegura a estabilidade, visto que inaplicável a regra do § 3º do art. 543 da Consolidação das Leis do Trabalho. (ex-OJ n. 35 — Inserida em 14.3.94)

Súmula n. 396 — TST — Res. n. 129/05 — DJ 20.4.05 — Conversão das Orientações Jurisprudenciais ns. 106 e 116 da SDI-1

I — Exaurido o período de estabilidade, são devidos ao empregado apenas os salários do período compreendido entre a data da despedida e o final do período de estabilidade, não lhe sendo assegurada a reintegração no emprego. (ex-OJ n. 116 — Inserida em 1º.10.97)

II — Não há nulidade por julgamento extra petita da decisão que deferir salário quando o pedido for de reintegração, dados os termos do art. 496 da CLT. (ex-OJ n. 106 — Inserida em 20.11.1997)

Súmula n. 77 — TST — Punição (RA 69/1978, DJ 26.9.78)

Nula é a punição de empregado se não precedida de inquérito ou sindicância internos a que se obrigou a empresa por norma regulamentar.

A *Inamovibilidade do Dirigente Sindical* deriva da lógica da garantia no emprego do sindicalista, pois a proibição de sua remoção para funções incompatíveis com a atuação sindical ou para fora da base territorial do respectivo sindicato representa aplicação do princípio da liberdade sindical. É que tais mudanças poderiam inviabilizar, ou restringir significativamente, o razoável exercício de suas funções sindicais específicas.

---

(19) Conforme *Alice Monteiro de Barros* (2005) também não desfruta de estabilidade provisória o empregado eleito dirigente de sindicato representativo de categoria que não guarda qualquer correspondência com a função por ele exercida na empresa, pois não haverá motivo para ser vítima de insatisfação do empregador, já que nessa empresa não terá a tarefa de reivindicar e defender os interesses da categoria.

Elucida *Mauricio Godinho Delgado* (2007) que tal garantia conexa está, de todo modo, lançada expressamente no texto da lei. De fato, a CLT dispõe que *o dirigente sindical não poderá ser impedido do exercício de sua funções, nem transferido para lugar ou mister que lhe dificulte ou torne impossível o desempenho das suas atribuições sindicais* (art. 543, *caput, in fine*). Complementa, em coerência, estabelece a lei que o dirigente que solicitar ou aquiescer com tais mudanças perderá o correspondente mandato sindical (art. 543, § 1º, da CLT). Trata-se de inferência também estritamente lógica: mesmo contando com amplas garantias de ordem jurídica, o trabalhador acolhe a modificação contratual incompatível (ou, até mesmo, a solicita), seu gesto, ou sua omissão, traduzem ato tácito de renúncia ao exercício de suas funções sindicais.

As garantias oriundas de Normas Internacionais — OIT estão expressamente consignadas em tratados normativos construídos ao longo da existência da Organização Internacional do Trabalho, como as Convenções de ns. 11, 87, 98, 135, 141 e 151, dentre outras.

Podemos, assim, destacar a Convenção n. 98, que trata do Direito de Sindicalização e de Negociação Coletiva, vigorando no Ordenamento brasileiro por força do Decreto Legislativo n. 49, de 1952. Nela encontramos os seguintes postulados objetivando garantias sindicais:

Art. 1º

1. Os trabalhadores deverão gozar de proteção adequada contra quaisquer atos atentatórios à liberdade sindical em matéria de emprego.

2. Tal proteção deverá, particularmente, aplicar-se a atos destinados a:

a) subordinar o emprego de um trabalhador à condição de não se filiar a um sindicato ou de deixar de fazer parte de um sindicato;

b) dispensar um trabalhador ou prejudicá-lo, por qualquer modo, em virtude de sua filiação a um sindicato ou de sua participação em atividades sindicais, fora das horas de trabalho ou, com o consentimento do empregador, durante as mesmas horas.

Art. 2º

1. As organizações de trabalhadores e de empregadores deverão gozar de proteção adequada contra quaisquer atos de ingerência de umas em outras, quer diretamente, quer por meio de seus agentes ou membros, em formação, funcionamento e administração.

2. Serão particularmente identificados a atos de ingerência, nos termos do presente artigo, medidas destinadas a provocar a criação de organizações de trabalhadores dominadas por um empregador ou uma organização de empregados, ou a manter organizações de trabalhadores por meios financeiros ou outros, com o fim de colocar essas organizações sob o controle de um empregador ou de uma organização de empregadores.

A Convenção n. 135 da Organização Internacional do Trabalho, que trata da Proteção de Representantes de Trabalhadores, estipula a presente garantia:

Art. 1º

Os representantes dos trabalhadores, em suas atribuições, devem gozar de efetiva proteção contra qualquer ato que os prejudique, inclusive ato demissional em virtude de seu *status* ou atividades enquanto representantes dos trabalhadores ou membros de sindicatos ou participação em atividades sindicais, desde que hajam em conformidade com a legislação vigente ou normas coletivas ou outros acordos.

4.2.1. Representação de trabalhadores na empresa

A intervenção dos trabalhadores na empresa tem consagração constitucional, também, no art. 54, da Constituição da República Portuguesa. *Verbis*:

Art. 54
(Comissões de trabalhadores)

1. É direito dos trabalhadores criarem comissões de trabalhadores para defesa dos seus interesses e intervenção democrática na vida da empresa.

2. Os trabalhadores deliberam a constituição, aprovam os estatutos e elegem, por voto directo e secreto, os membros das comissões de trabalhadores.

3. Podem ser criadas comissões coordenadoras para melhor intervenção na reestruturação económica e por forma a garantir os interesses dos trabalhadores.

4. Os membros das comissões gozam da protecção legal reconhecida aos delegados sindicais.

5. Constituem direitos das comissões de trabalhadores:

a) Receber todas as informações necessárias ao exercício da sua actividade;

b) Exercer o controlo de gestão nas empresas;

c) Participar nos processos de reestruturação da empresa, especialmente no tocante a acções de formação ou quando ocorra alteração das condições de trabalho;

d) Participar na elaboração da legislação do trabalho e dos planos económico-sociais que contemplem o respectivo sector;

e) Gerir ou participar na gestão das obras sociais da empresa;

f) Promover a eleição de representantes dos trabalhadores para os órgãos sociais de empresas pertencentes ao Estado ou a outras entidades públicas, nos termos da lei.

Para o prof. *Pedro Romano Martinez* (2005), esta intervenção democrática na vida da empresa teve início nos meses subseqüentes à Revolução de 1974 e estava imbuída de uma certa conotação política. Tratava-se de uma intervenção de base, exercida em paralelo àquela que era feita pelos sindicatos. Surgia, assim, um contra-poder dentro da própria empresa, para intervir na atuação desta, com vista à defesa dos interesses dos trabalhadores, independentemente de se encontrarem sindicalizados. Como o número de trabalhadores sindicalizados era relativamente pequeno, por via das comissões de trabalhadores obtinha-se uma intervenção alargada nas empresas, mesmo daqueles trabalhadores que não estivessem sindicalizados.

Ainda para o jurista português, a intervenção das comissões de trabalhadores na vida da empresa funciona como partilha do poder relativamente a aspectos que digam, direta ou indiretamente, respeito às relações laborais, como forma de se conciliarem interesses, tendencialmente contrapostos.

O art. 11[20] da Carta Constitucional de 1988 assegurou nas empresas com mais de 200 empregados a eleição de um representante desses com a finalidade exclusiva de promover-lhes o entendimento direto com os empregadores. Entendemos ser a norma auto-aplicável. Porém, esse representante não se confunde com o representante sindical. Aquele visa promover o entendimento direto com o empregador, e não a representar os interesses abstratos do grupo.

Entendemos que a natureza jurídica da representação dos trabalhadores na empresa prescrita no art. 11 da CF poderia envolver a representação de vontades e a representação de interesses. Porém, não há representação de vontades, mas representação de interesses coletivos dos trabalhadores. Sendo, portanto, enquadrado no Direito Coletivo do Trabalho.

A matéria vem tratada pela Convenção n. 135 da OIT sobre Representantes dos Trabalhadores de 23.6.71, e destaca em seu art. 1º:

Os representantes dos trabalhadores na empresa devem ser beneficiados com uma proteção eficiente contra quaisquer medidas que poderiam vir a prejudicá-los, inclusive a demissão, e que seriam motivadas por sua qualidade ou suas atividades como representantes dos trabalhadores, sua filiação sindical, ou participação em atividades sindicais, conquanto ajam de acordo com as leis ou convenções coletivas ou outros arranjos convencionais existentes.

---

(20) Art. 11. Nas empresas de mais de duzentos empregados, é assegurada a eleição de um representante destes com a finalidade exclusiva de promover-lhes o entendimento direto com os empregadores.

Segundo *José Francisco Siqueira Neto* (2006), o sistema de representação dos trabalhadores nos locais de trabalho *é aquele instituído por lei, com representação geral, autônoma e independente dos sindicatos, mas com respeito à atividade sindical nos moldes do direito internacional, com competência para todos os assuntos ligados direta ou indiretamente aos interesses dos trabalhadores nos locais de trabalho, composto unicamente por trabalhadores na proporção da força de trabalho, eleitos pelo voto direto dos representados, com atuação singular ou colegiada conforme o tamanho da empresa, com funções e atribuições de informação, de consulta e de negociação coletiva nos limites estabelecidos pela lei e pela contratação coletiva de categoria, com mecanismos internos à disposição dos trabalhadores e dos sindicatos mais representativos, de controle da instituição e da eleição dos organismos, assim como do mandato dos representantes*[21].

Representação de trabalhadores na empresa é o conjunto de meios destinados a promover entendimento direto entre trabalhadores e empregadores sobre condições de trabalho no ambiente laboral.

A Proposta de Emenda Constitucional — PEC n. 369/05, sugere a alteração do art. 11 da Constituição Federal nos seguintes termos:

> Art. 11. *Nas empresas de mais de duzentos empregados, é assegurada a eleição de um representante destes com a finalidade exclusiva de promover-lhes o entendimento direto com os empregadores.* (Texto atual)
>
> Art. 11. *É assegurada a representação dos trabalhadores nos locais de trabalho, na forma da lei.* (Proposta de alteração)

Análise da Proposta:

A nova redação assegura a representação dos trabalhadores nos locais de trabalho na forma da Lei.

Há quatro inovações positivas:

- ao suprimir a referência "nas empresas", amplia-se a representação para "nos locais de trabalho";
- ao determinar que a representação seja dos "trabalhadores" e não apenas dos empregados — que é apenas uma das várias modalidades de contratação do trabalho;

---

(21) Disponível em http://www.fes.org.br/media/publicacoes/mundo_do_trabalho/liberdade_ sindical _e_representacao_dos_trabalhadores_nos_locais_de_trabalho_nos_paises_do_mercosul_e_ chile_2000.pdf, arquivo consultado em 5.3.06.

- a idéia de "representação" e não apenas de "eleição" permite, na forma da lei, que vigore a representação sindical por local de trabalho e não uma delegação "extra-sindical"; e
- suprimiu-se a referência "de finalidade exclusiva de promover" entendimento do empregado com o empregador. Embora não integre o corpo da Constituição, essa limitação às organizações por local de trabalho continua presente na proposta de regulamentação da reforma.

A regulamentação se dará na forma da lei que poderá assegurar a representação em empresas com até menos de 200 empregados.

Auto-aplicabilidade:

De acordo com o prof. *Sérgio Pinto Martins* (2006), o instituto é auto-aplicável, pois o art. 11 da CF não faz referência à necessidade de a lei regular a representação dos trabalhadores na empresa. Ao contrário de outros comandos constitucionais, o mencionado artigo não dispõe que a representação dos trabalhadores na empresa será feita "na forma da lei". Entretanto, apesar de o mandamento constitucional ser norma de eficácia plena, necessita ser complementado no que diz respeito, por exemplo, à duração do mandato, à estabilidade, às facilidades para cumprimento em empresas que tenham muitos empregados, à possibilidade de reeleição. Critica, ainda, que a situação deveria ser tratada em lei ordinário, pois não deveria estar incluído no bojo da Lei Maior, uma vez que a Lei Magna não regula inteiramente a matéria..

4.2.2. Convenção n. 135 da OIT[22]

Convenção sobre Representantes dos Trabalhadores (1971)

Adotada pela Conferência Geral da Organização Internacional do Trabalho (OIT), em sua 56ª Sessão, em 23.6.71.

A Conferência Geral da Organização Internacional do Trabalho, convocada em Genebra pelo Conselho de Administração de Repartição Internacional do Trabalho, e tendo-se reunido, naquela cidade, em 2 de junho de 1971, em sua qüinquagésima sexta sessão;

Registrando as disposições da Convenção sobre o Direito de Organização e de Negociação Coletiva, 1949, que protege os trabalhadores contra quaisquer atos de discriminação que tendam a tingir a liberdade sindical em matéria de emprego;

---

(22) Aprovada pela Conferência Geral da OIT em sua LVI reunião, realizada em Genebra, em 2 de junho de 1971.

Considerando que é desejável que sejam adotadas disposições complementares no que se refere aos representantes dos trabalhadores;

Após ter resolvido adotar diversas propostas relativas à proteção dos representantes dos trabalhadores na empresa e às facilidades a lhe serem concedidas, questão essa que constitui o quinto ponto da ordem do dia da sessão:

Após haver resolvido que essas propostas tomariam a forma de convenção internacional,

Adota, neste vigésimo terceiro dia do mês de junho do ano de mil novecentos e setenta e um, a Convenção abaixo que será denominada Convenção sobre Representantes dos Trabalhadores, 1971:

Art. 1º

Os representantes dos trabalhadores na empresa devem ser beneficiados com uma proteção eficiente contra quaisquer medidas que poderiam vir a prejudicá-los, inclusive a demissão, e que seriam motivadas por sua qualidade ou suas atividades como representantes dos trabalhadores, sua filiação sindical, ou participação em atividades sindicais, conquanto ajam de acordo com as leis ou convenções coletivas ou outros arranjos convencionais existentes.

Art. 2º

1. Facilidades devem ser concedidas, na empresa, aos representantes dos trabalhadores, de modo a possibilitar-lhes o cumprimento rápido e eficiente de suas funções.

2. Em relação a esse ponto, devem ser levadas em consideração as características do sistema de relações profissionais que prevaleçam no país, bem como das necessidades, importância e possibilidades da empresa interessada.

3. A concessão dessas facilidades não deve entravar o funcionamento eficiente da empresa interessada.

Art. 3º

Para os fins da presente Convenção, os termos "representantes dos trabalhadores" designam pessoas reconhecidas como tais pela legislação ou prática nacionais, quer sejam:

a) representantes sindicais, a saber, representantes nomeados ou eleitos por sindicatos ou pelos membros de sindicatos; ou

b) representantes eleitos, a saber, representantes livremente eleitos pelos trabalhadores da empresa, conforme as disposições da legislação nacional ou de convenções coletivas, e cujas funções não incluam atividades que sejam reconhecidas, nos países interessados, como prerrogativas exclusivas dos sindicatos.

Art. 4º

A legislação nacional, as convenções coletivas, as sentenças arbitrais ou as decisões judiciárias poderão determinar o tipo ou os tipos de representantes dos trabalhadores que devam ter direito à proteção ou às facilidades visadas pela presente Convenção.

Art. 5º

Quando uma empresa contar ao mesmo tempo com representantes sindicais e representantes eleitos, medidas adequadas deverão ser tomadas, cada vez que for necessário, para garantir que a presença de representantes eleitos não venha a ser utilizada para o enfraquecimento da situação dos sindicatos interessados ou de seus representantes e para incentivar a cooperação, relativa a todas as questões pertinentes, entre os representantes, por outra parte.

Art. 6º

A aplicação das disposições da Convenção poderá ser assegurada mediante a legislação nacional, convenções coletivas e todo outro modo que seria conforme à prática.

Art. 7º

As ratificações formais da presente Convenção serão comunicadas ao Diretor-Geral da Repartição Internacional do Trabalho e por esse registradas.

Art. 8º

1. Serão vinculados por esta Convenção apenas os membros da Organização Internacional do Trabalho cuja ratificação tiver sido registrada pelo Diretor-Geral.
2. Ela vigorará doze meses após os registros, pelo Diretor-Geral, das ratificações de dois membros.
3. Posteriormente, esta Convenção entrará em vigor para cada membro, dois meses após a data em que tiver sido registrada sua ratificação.

Art. 9º

1. Todo membro que tenha ratificado a presente Convenção pode renunciá-la no término de um período de dez anos da data da entrada em vigor da Convenção, mediante um ato comunicado ao Diretor-Geral da Repartição Internacional do Trabalho e por ele registrado. A denúncia tomará efeito somente um ano após ter sido registrada.
2. Todo membro que tenha ratificado a presente convenção e que, no prazo de um ano após o término do período de dez anos mencionado no parágrafo anterior, não fizer uso da faculdade de denúncia prevista pelo presente artigo, ficará vinculado por novo período de dez anos e, posteriormente, poderá denunciar a presente convenção no término de cada período de dez anos nas condições previstas no presente artigo.

Art. 10

1. O Diretor-Geral da Repartição Internacional do Trabalho notificará a todos os membros da Organização Internacional do Trabalho o registro de todas as ratificações e denúncias que lhe serão comunicadas pelos membros da Organização.

2. Ao notificar aos membros da Organização o registro da segunda ratificação que lhe tiver sido comunicada, o Diretor-Geral chamará a atenção dos membros da Organização para a data em que a presente Convenção entrará em vigor.

Art. 11

O Diretor-Geral da Repartição Internacional do Trabalho comunicará ao Secretário-Geral das Nações Unidas, para fins de registro, de acordo com o art. 103 da Carta das Nações Unidas, informações completas relativas a todas as ratificações e atos de denúncia que tiverem sido registrados nos termos dos artigos anteriores.

Art. 12

Cada vez que o julgar necessário, o Conselho de Administração da Repartição Internacional do Trabalho apresentará a Conferência Geral um relatório sobre a aplicação da presente Convenção e examinará se é caso para que se inclua, na agenda da Conferência, a questão de sua revisão total ou parcial.

Art. 13

1. Caso a Conferência adote a nova Convenção sobre a revisão total ou parcial da presente Convenção, e a menos que a nova Convenção disponha de outra maneira:

a) a ratificação por um membro da nova Convenção sobre a revisão acarretaria, de pleno direito, não obstante o art. 9º acima, denúncia imediata da presente convenção, ressalvando que a nova Convenção sobre a revisão tenha entrado em vigor;

b) a partir da data de entrada em vigor da nova Convenção sobre a revisão, a presente Convenção deixará de ser aberta à ratificação dos membros.

2. A presente Convenção permaneceria, em todo caso, em vigor em sua forma e teor para os membros que a tivessem ratificado e não ratificassem a Convenção sobre a revisão.

Art. 14

As versões francesa e inglesa do texto da presente Convenção fazem igualmente fé.

4.3. SISTEMAS SINDICAIS: MODALIDADES E CRITÉRIOS DE ESTRUTURA SINDICAL; O PROBLEMA NO BRASIL

Para uma análise do tema acima, necessário se faz uma breve exposição da estrutura sindical vigente em nosso País.

Neste diapasão, a Carta Constitucional de 1988 preserva o sistema confederativo de organização sindical, mantendo a sua estrutura básica, adotada desde 1930, com a permissão legal de criação de entidades sindicais cujas formas são fixadas pelo legislador, e que são três: *Sindicatos, Federações e Confederações*, hierarquicamente dispostas. Sendo os sindicatos associações de base ou de primeiro grau e as federações e confederações associações de cúpula ou de segundo grau[23].

Registra-se que esse sistema já fora previsto pelo Decreto n. 19.770, de 1931, que dispunha que três sindicatos podiam formar uma federação, e cinco federações tinham o direito de criar uma confederação na respectiva categoria. Surgindo, assim, as pirâmides sindicais por categoria sob a forma de uma hierarquia, tendo suporte nos sindicatos, acima dos quais as federações e sobre estas, por sua vez, as confederações, articulando-se entre si, esses órgãos, mas cabendo precipuamente aos sindicatos, pela sua proximidade direta com os trabalhadores, o papel mais atuante.

Assim, as federações, atuam, via de regra, no território de um Estado membro ou Federado da República, podendo haver federações de âmbito nacional[24]. As confederações situam-se no terceiro degrau da organização sindical e são, na categoria, o órgão superior[25]. A sua esfera de atuação é nacional, e as funções básicas são de coordenação das federações e sindicatos de seu setor ou categorias.

---

(23) Art. 533. Constituem associações sindicais de grau superior as federações e confederações organizadas nos termos desta lei.

(24) Art. 534. É facultado aos sindicatos, quando em número não inferior a 5 (cinco), desde que representem a maioria absoluta de um grupo de atividades ou profissões idênticas, similares ou conexas, organizarem-se em federação.

§ 1º Se já existir federação no grupo de atividades ou profissões em que deva ser constituída a nova entidade, a criação desta não poderá reduzir a menos de 5 (cinco) o número de sindicatos que àquela devam continuar filiados.

§ 2º As federações serão constituídas por Estados, podendo o Ministro do Trabalho autorizar a constituição de federações interestaduais ou nacionais.

(25) Art. 535. As confederações organizar-se-ão com o mínimo de três federações e terão sede na Capital da República.

§ 1º As confederações formadas por federações de sindicatos de empregadores denominar-se-ão: Confederação Nacional da Indústria, Confederação Nacional do Comércio, Confederação Nacional de Transportes Marítimos, Fluviais e Aéreos, Confederação Nacional de Transportes Terrestres, Confederação Nacional de Comunicação e Publicidade, Confederação Nacional de Empresas de Crédito e Confederação Nacional de Educação e Cultura.

§ 2º As confederações formadas por federações de sindicatos de empregados terão a denominação de: Confederação Nacional dos Trabalhadores da Indústria, Confederação Nacional dos Trabalhadores no

Acrescente-se que a Carta Política de 1988 manteve, ainda, a unicidade sindical (art. 8º, II) e representação dos trabalhadores e empregadores agrupados em categorias, conforme se verifica nos incisos II, III e IV do art. 8º. Cabe aqui conceituar — Unicidade, Unidade e Pluralidade Sindical:

Unicidade Sindical (ou monismo sindical) — consiste no reconhecimento pelo Estado de uma única entidade sindical, de qualquer grau, para determinada categoria econômica ou profissional, na mesma base territorial.

Origem da unicidade sindical[26]: Uma confusão feita por alguns defensores do pluralismo utópico é associar o princípio da unicidade sindical ao fascismo; entretanto, é indispensável esclarecer que, embora alguns países com regime autoritário tenham adotado o Sindicato Único como modelo, esse princípio de organização sindical já existia muito antes da implantação do fascismo na Itália.

Poucos dias antes da derrocada do fascismo e da morte de Mussolini, todos os partidos integrantes da Resistência Italiana (comunistas, socialistas, democrata-cristãos, etc.) reuniram-se em Roma e, dentre outras decisões, decidiram que a unicidade sindical deveria continuar vigorando na Itália após a vitória final, porque era melhor para os trabalhadores.

Dessa forma, a unicidade sindical foi legitimada pelas forças democráticas vitoriosas na Itália, sendo falsa e oportunista a tentativa, agora, de taxar esta forma de organização sindical como de natureza autoritária.

Unidade Sindical — traduz-se na união espontânea em torno de um único sindicato, à semelhança do que ocorre na unicidade, porém não em decorrência de imposição legal, mas como uma opção, como manifestação espontânea dos seus integrantes.

Diferenças entre unicidade e unidade:

- ✓ *Unicidade Sindical* — um único sindicato por categoria e por base territorial (modelo brasileiro), decidido (imposto) pelo Estado.

- ✓ *Unidade Sindical* — trabalhadores decidem ter um único sindicato. A unidade sindical não é garantia da ação conjunta, porque

---

Comércio, Confederação Nacional dos Trabalhadores em Transportes Marítimos, Fluviais e Aéreos, Confederação Nacional dos Trabalhadores em Transportes Terrestres, Confederação Nacional dos Trabalhadores em Comunicação e Publicidade, Confederação Nacional dos Trabalhadores nas Empresas de Crédito e Confederação Nacional dos Trabalhadores em Estabelecimentos de Educação e Cultura.

§ 3º Denominar-se-á Confederação Nacional das Profissões Liberais a reunião das respectivas federações.

§ 4º As associações sindicais de grau superior da Agricultura e Pecuária serão organizadas na conformidade do que dispuser a lei que regular a sindicalização dessas atividades ou profissões.

(26) Disponível em http://www.fne.org.br/org%20sind.htm, acesso em 28.2.06.

o fracionamento pode dividir os sindicatos, até mesmo em múltiplas negociações na mesma empresa, como nos casos de sindicatos por categorias profissionais diferenciadas negociando isoladamente com o empregador.

Por derradeiro, a *Pluralidade Sindical* consiste na possibilidade de se criar mais de uma entidade sindical, de qualquer grau, dentro da mesma base territorial, para uma mesma categoria.

Origem da pluralidade sindical[27]: A pluralidade sindical tem origem liberal e, desde o seu início, tendo sido fortemente apoiada pelo Vaticano. Como se sabe, o liberalismo, no passado, e o neoliberalismo, na atualidade, nunca se pautaram pela defesa dos interesses dos trabalhadores.

No Brasil, a Constituição Federal de 1934 adotou a pluralidade sindical, o que levou à multiplicação de sindicatos fantasmas, que serviram aos mais diversos interesses, exceto aqueles dos trabalhadores.

O Sistema Sindical Brasileiro configura a seguinte estruturação hierárquica sindical:

a) cada categoria formada por atividades econômicas (empresas) ou profissionais (trabalhadores) específicas é representada, em determinada base territorial, por um sindicato. Excepcionalmente o sindicato pode aglutinar atividades similares ou conexas;

b) cada grupo de atividades idênticas, similares ou conexas, numa área geográfica, em regra, estadual, pode formar a respectiva federação sindical;

c) cada ramo de economia nacional (indústria, comércio, agricultura, etc.) no plano dos empresários e no dos trabalhadores, pode constituir a correspondente confederação sindical.

4.4. AS CENTRAIS SINDICAIS

As Centrais Sindicais, conforme *Vicente Paulo* e *Marcelo Alexandrino* (2005), são entidades situadas acima das categorias profissionais e econômicas, agrupando as outras formas de organização coletiva, ou seja, as centrais podem ser constituídas pela reunião de sindicatos, federações ou de confederações. São entidades que existem na prática, mas não há regulamentação legal que trate de sua organização, de sua competência e do âmbito de sua atuação. Entretanto, a lei, indiretamente, tem admitido a existência de centrais sindicais, pois existem diversos diplomas legais que a elas expressamente se referem, como a Lei n.

---

(27) Disponível em http://www.fne.org.br/org%20sind.htm, acesso em 28.2.06.

8.036, de 11.5.90, do FGTS, que prevê a participação de representantes dos trabalhadores indicados pelas centrais sindicais no Conselho Curador do FGTS (art. 3º, § 3º). Também conforme o art. 3º da Lei n. 8.213/91, fica instituído o Conselho Nacional de Previdência Social — CNPS, órgão superior de deliberação colegiada, que terá como membros: (...)

§ 2º Os representantes dos trabalhadores em atividade, dos aposentados, dos empregadores e seus respectivos suplentes *serão indicados pelas centrais sindicais* e confederações nacionais (grifos nosso).

São exemplos de centrais sindicais, a Confederação Geral dos Trabalhadores — CGT, a União Sindical Independente — USI, a Central Única dos Trabalhadores — CUT e a Força Sindical — FS.

As centrais sindicais, repita-se, não compõem o modelo corporativista. De certo modo, representam até mesmo seu contraponto, a tentativa de sua superação. Porém constituem, do ponto de vista social, político e ideológico, entidades líderes do movimento sindical, que atuam e influem em toda a pirâmide regulada pela ordem jurídica (Maurício Godinho Delgado, 2007).

No mesmo sentido, pondera *Vólia Bomfim Cassar* (2007): "as centrais sindicais não compõem o sistema sindical, isto é, ao modelo corporativista. A lei e a jurisprudência não lhes têm reconhecido os poderes inerentes às entidades sindicais, principalmente a representação jurídica. Por isso, não podem homologar rescisões, deflagrar greves, negociar coletivamente, etc.".

A jurisprudência[28] tem firmado entendimento de que as centrais sindicais são sociedades civis, não tendo portanto poderes de representação sindical.

Portanto, conforme *Daniel Pestana Mota* (2005), no que pertine à determinação de que as Centrais Sindicais elegerão o sindicato repre-

---

(28) ADI N. 271 MC/DF — DISTRITO FEDERAL. MEDIDA CAUTELAR NA AÇÃO DIRETA DE INCONSTITUCIONALIDADE. Relator(a): Min. MOREIRA ALVES. Julgamento: 24.9.92. Órgão Julgador: Tribunal Pleno. Publicação: DJ data 6.9.01, p. 5. Ement vol. 02042-01, p. 127.
EMENTA: Ação direta de inconstitucionalidade. Central Única dos Trabalhadores (CUT). Falta de legitimação ativa. — Sendo que a autora constituída por pessoas jurídicas de natureza vária, e que representam categorias profissionais diversas, não se enquadra ela na expressão — entidade de classe de âmbito nacional, a que alude o art. 103 da Constituição, contrapondo-se às confederações sindicais, porquanto não é uma entidade que congregue os integrantes de uma determinada atividade ou categoria profissional ou econômica, e que, portanto, represente, em âmbito nacional, uma classe. — Por outro lado, não é a autora — e nem ela própria se enquadra nesta qualificação — uma confederação sindical, tipo de associação sindical de grau superior devidamente previsto em lei (CLT arts. 533 e 535), o qual ocupa o cimo da hierarquia de nossa estrutura sindical e ao qual inequivocamente alude a primeira parte do inciso IX do art. 103 da Constituição. Ação direta de inconstitucionalidade que não se conhece por falta de legitimação da autora.

sentativo para fins de negociação coletiva, algumas questões merecem consideração: inicialmente, a PEC acaba por reconhecer, juridicamente, as Centrais Sindicais, entes que atualmente possuem reconhecimento apenas político. Infere-se que, dado o antagonismo que caracteriza as diversas centrais hoje existentes no Brasil, buscou-se uma saída incessantemente negociada com as respectivas lideranças, a fim de que pudesse o texto da PEC[29] atender aos interesses de tais atores sociais. Assim, uma vez que a própria CUT é contra a adoção irrestrita da Convenção n. 87, da OIT, "costurou-se" um acordo político que, salvo melhor juízo, pode piorar ainda mais o já combalido sistema sindical brasileiro.

Enfim, a Reforma Sindical tem como uma de suas premissas que as Centrais Sindicais devem ser reconhecidas, na estrutura sindical, mediante o estabelecimento e a aprovação de critérios de representatividade. Tem como objetivos: fortalecer as Centrais Sindicais e as Confederações de Empregadores como entidades nacionais e órgãos de direção da estrutura sindical de trabalhadores e de empregadores, respectivamente; permitir que as Centrais Sindicais e as Confederações de Empregadores possam constituir suas estruturas organizativas[30].

Para *Evair de Jesus Zago* (1998), embora a Central Única dos Trabalhadores, no art. 2º, de seu Estatuto Social, se autodenomina "organização sindical de massas em nível máximo", a doutrina é unânime em reconhecer que a natureza jurídica dessas centrais é a de associações civis[31].

No mesmo sentido leciona *Gerson Luiz Moreira* (2006): as centrais sindicais não integram o sistema sindical, não possuindo, assim, natureza sindical. Elas são associações civis, previstas nos incisos XVII e XXI, do art. 5º, da Constituição Federal, podendo, inclusive, impetrar mandado de segurança coletivo, nos termos do inciso LXX, alínea *b*, do mesmo dispositivo constitucional. No entanto, "porque não são destinatárias da investidura sindical, não têm legitimidade jurídica para decretar greves, celebrar convenções ou acordos coletivos de trabalho, instituir juízo arbitral ou representar categoria de trabalhadores em dissídio coletivo da competência da Justiça do Trabalho".

---

(29) II — o Estado atribuirá personalidade sindical às entidades que, na forma da lei, atenderem a requisitos de representatividade, de participação democrática dos representados e de agregação que assegurem a compatibilidade de representação em todos os níveis e âmbitos da negociação coletiva (Proposta constante art. 1º da PEC n. 369/05).

(30) Centralização Sindical na cúpula: a proposta ao mesmo tempo em que garante reconhecimento das centrais, dá superpoderes às entidades de nível superior. Num de seus artigos encontramos a pérola jurídica de que a central ou confederação poderá "limitar a matéria a ser negociada" pela entidade de primeiro grau ou de base. É o fim, na prática, da autonomia do sindicato e a soberania das assembléias. (Irineu Ramos Filho, 2005).

(31) De acordo com o Código Civil de 2002, são sociedades em comum as que não têm os seus atos constitutivos inscritos no órgão competente.

5. NEGOCIAÇÃO COLETIVA: FUNÇÕES E NÍVEIS

A negociação coletiva dos contratos coletivos de trabalho é um dos princípios do Direito do Trabalho. No entanto, é somente um dos aspectos da ação sindical. Outro aspecto é a participação conflitiva no poder da empresa. Se a negociação coletiva pode ser considerada uma atividade defensiva, buscando garantir o nível de vida dos trabalhadores, a participação é uma atividade ofensiva em relação ao poder da empresa. Encontramos, no Direito do Trabalho, formas de participação ofensiva, como a co-gestão e a representação dos trabalhadores no local de trabalho (Dorothee Susanne Rüdiger, 1999).

Ainda conforme a autora acima, embora sendo uma atividade defensiva de interesses, a negociação coletiva tem, no âmbito trabalhista, suma importância, pois é um procedimento criativo no sistema do Direito do Trabalho, fonte de elaboração de normas com a finalidade, dentre outras, de suprir a insuficiência do contrato individual de trabalho. *Suas vantagens sobre o procedimento estatal de elaboração de normas são: a maior rapidez, e descentralização e a periodicidade de modificações*[1]. Além disso, por ser um procedimento voluntário coletivo, reflete melhor os interesses das partes e tem, portanto, maior eficácia que a norma estatal.

Consoante *Vicente Greco Filho* (1998), simultaneamente ao nascimento do direito, que tem por fim a solução justa dos conflitos ou convergências de interesses, surgem os mecanismos, previstos pelo próprio direito, de efetivação das soluções por ele dispostas.

Para o autor retromencionado, costuma-se dividir o sistema de efetivação de direitos em três fases distintas: a autotutela, a *autocomposição* e a jurisdição. Na primeira, em virtude da inexistência de um Estado suficientemente forte para superar as vontades individuais, os litígios eram solucionados pelas próprias forças, imperando a lei do mais forte. Na segunda, as partes abririam mão de seu interesse ou de parte dele, de

---

(1) Convenção e legislação aproximam-se num ponto: sua finalidade de estabelecer regras destinadas a compor a ordenação jurídica.

A negociação coletiva é, como procedimento, mais simplificada do que a da lei, além de ser mais rápida. Tem maior possibilidade de atender às peculiaridades de cada setor econômico e profissional ou cada empresa para a qual é instituída. É específica para segmentos menores.

forma que, por meio de concessões recíprocas, seria possível chegar à solução dos conflitos. Na terceira, própria de um estado de direito, o Estado manteria órgãos distintos e independentes, desvinculados e livres da vontade das partes, os quais, imparcialmente, deteriam o poder de dizer o direito e constranger o inconformado a submeter-se à vontade da lei. (grifo nosso)

A negociação coletiva constitui um caminho natural para se chegar à composição dos conflitos. Caracteriza-se, pois, como procedimento genérico e preliminar de autocomposição ou da heterocomposição. É a "mesa-redonda", a "rodada de entendimentos", que irá culminar, no nosso sistema, em uma dessas formas de solução dos conflitos coletivos de trabalho.

Conceito:

É o conjunto de atos e condutas atinentes ao processo de acertamentos, barganhas e concessões tendentes à celebração de um acordo entre as organizações representantes de empregados e empregadores normatizando autonomamente as relações e condições de trabalho no âmbito das categorias representadas. Apesar do direito à greve, os servidores públicos ou mesmo os empregados celetistas da Administração Pública Direta, Autárquica e Fundacional não têm direito à negociação coletiva, pois os benefícios e vantagens a eles afetos somente podem ser concedidos por lei.

Elucida *Aguimar Martins Peixoto* (1999) *que a negociação coletiva pressupõe, dentro da concepção plural da sociedade, uma certa reserva de competência legislativa em favor das partes sociais.* Em outras palavras, no regime pluralista democrático, em que o Estado convive com os grupos espontaneamente formados, no âmbito da sociedade global, permite-lhes que se autodeterminem, regulando interesses próprios.

Leciona *Vólia Bomfim Cassar* (2007) que negociação é a forma primária de um interessado obter daquele que tem interesse contraposto uma solução que atenda aos dois. As partes buscam aproximar seus entendimentos, discutindo e rediscutindo o assunto, sempre com a finalidade de resolver as questões.

Para a autora, os grupos sociais quando entram em negociação coletiva demonstram desenvolvimento e maturidade nas formas de composição de litígios, pois reduz a participação do Estado nas lides. A negociação coletiva é a base de formação do Direito do Trabalho, pois se caracteriza como atividade típica de toda estrutura deste ramo do direito.

Para *Amauri Mascaro Nascimento,* citado por *Peixoto* (1999), a negociação coletiva encontra o seu fundamento na teoria da autonomia privada coletiva, cuja significação se traduz nos poderes de auto-organização e autogovernabilidade dos grupos sociais em geral, como ocorrem com os sindicatos, os grupos religiosos, os partidos políticos, as associações, etc.

Funções da Negociação Coletiva:

A principal função da negociação é *normativa*, assim entendida como a criação de normas que serão aplicadas às relações individuais de trabalho desenvolvidas no âmbito de sua esfera de aplicação[2].

Ao lado da função normativa encontramos a de caráter *obrigacional*, que cria obrigações e direitos entre os próprios sujeitos estipulantes, sem nenhum reflexo sobre as relações individuais de trabalho. Afinal, com essa finalidade, a negociação é usada apenas para estabelecer deveres e faculdades que se restringem às entidades pactuantes, de caráter exclusivamente obrigacional entre elas.

Para *Amauri Mascaro Nascimento* (2005), é possível ainda aduzir outra função da negociação, que é a *compositiva*[3], como forma de superação dos conflitos entre as partes, alinhando-se entre as demais formas compositivas existentes na ordem jurídica, que vão até a solução jurisdicional.

Leciona *Nelson Mannrich* (2006) que a principal é a *compositiva*. Tem por fim harmonizar os interesses contrapostos dos trabalhadores e dos empregadores, evitar a greve e recurso ao órgão jurisdicional. Criam normas que serão aplicadas às relações individuais de trabalho. *Função política*, no caso da luta permanente de classes sociais; dá estabilidade nas relações entre empresas e trabalhadores. *Função econômica. Função de preservação do equilíbrio dos custos sociais*. Possibilita à empresa prever os custos trabalhistas, os cálculos dos gastos com o fator trabalho, a diminuição dos riscos que podem afetar a normalidade da saúde financeira.

É interessante observar que hoje encontra-se absolutamente superada a tese do *monismo jurídico*, representado por *Kelsen*, que entende existir um só ordenamento jurídico, o do Estado, que detém o monopólio

---

(2) O art. 2º II, da Lei n. 10.101/00, prevê a possibilidade, de através da Convenção ou Acordo Coletivo, negociar a participação nos lucros ou resultados da empresa. *In verbis*:

Art. 2º A participação nos lucros ou resultados será objeto de negociação entre a empresa e seus empregados, mediante um dos procedimentos a seguir descritos, escolhidos pelas partes de comum acordo:

II — convenção ou acordo coletivo.

(3) Destaca *Peixoto* (1999) que importante é a *função compositiva* da negociação coletiva, consistente na virtude de superar os conflitos entre as partes, visando o equilíbrio e a paz social entre o capital e o trabalho. Complementa: diríamos, no entanto, que *a principal função da negociação coletiva é a* normativa, entendida como a criação de normas que serão aplicadas às relações individuais de trabalho desenvolvidas no âmbito da sua esfera de aplicação.

da produção do direito. O *pluralismo jurídico*[4] de que é expoente *Santi Romano*, defensor do institucionalismo, para o qual é da essência da instituição ser organizada e possuir, assim, o seu próprio ordenamento jurídico. Nesta questão, a atitude do Estado brasileiro, quanto ao valor do ordenamento jurídico particular, é a da recepção (nem rejeita nem é indiferente), já que acolhe e incorpora a regulamentação de outros ordenamentos. E este princípio foi consagrado pela Carta Constitucional de 1988, no art. 7º, inciso XXVI (reconhecimento das convenções e acordos coletivos de trabalho), como ordenamento jurídico, privado, a ser protegido e respeitado dentro dos seus limites.

Firmamos, assim, entendimento que os ordenamentos jurídicos brasileiros convivem em harmonia, dentro de um sistema de supremacia de normas, em que a autonomia coletiva pressupõe, portanto, uma reserva de competência em favor das partes sociais. Os interesses específicos das categorias, profissional e econômica, devem ser objeto de regulação pela própria autonomia coletiva.

Logo, as Convenções e os Acordos Coletivos de Trabalho são negócios jurídicos e por isso submetidos a todos os mecanismos legais necessários à coexistência, à integração, à hierarquia e à supremacia das normas jurídicas, como exemplo: Tratados internacionais em sentido genérico, Constituição Federal, Emendas à Constituição, Leis Complementares, Leis Ordinárias, Leis Delegadas, Medidas Provisórias.

Níveis de Negociação:

Segundo *Amauri Mascaro Nascimento* (2005), níveis são degraus. São as instâncias em que as negociações coletivas se desenvolvem. Correspondem aos níveis de entidades sindicais. Há sindicatos, federações, confederações e centrais sindicais. São organizações sobrepostas. Formam uma grande pirâmide de associações sindicais.

A Recomendação n. 163[5] da Organização Internacional do Trabalho preceitua que as negociações coletivas devem desenvolver-se em todos

---

(4) Assim, afirmar a existência de uma sociedade plural ou democrática implica em reconhecer a negociação coletiva como um dos aspectos do pluralismo jurídico no campo do Direito do Trabalho (Direito Individual e Coletivo do Trabalho), na medida em que os interlocutores sociais elaboram normas de auto-regulamentação, paralelamente àquelas concebidas pelo Estado, que deixa de ser o detentor único do monopólio da produção do Direito. Resulta do pluralismo dos grupos sociais a elaboração de regras normativas pelos mesmos, cujas vinculações têm características eminentemente privadas, resultantes da iniciativa dos particulares. Toleradas pelo Estado, mas não por ele elaboradas, *como são exemplos a Convenção e o Acordo Coletivos de Trabalho*. Costuma-se dizer, por isso, que os grupos gozam de autonomia na produção normativa própria, enquanto o Estado detém a soberania do processo legislativo (Aguimar Martins Peixoto, 1999).

(5) Recomendação n. 163: declara que o direito de negociação deve ser amplo, assegurado a todas as organizações. Assinala a conveniência da disponibilidade de informações facilitadas entre as partes para que ambas possam negociar conhecendo a situação da outra, e também pelo Estado que dispõe de dados econômicos e sociais globais do país.

os níveis da pirâmide sindical. *Porém, no ordenamento jurídico brasileiro, as negociações restringem-se ao nível dos sindicatos. Estes detêm a exclusividade, o monopólio da negociação coletiva.*

De acordo com *Oris de Oliveira* (2003), a Convenção n. 154 e a Recomendação n. 163, ambas do mesmo ano, 1981, dão diretrizes sobre a negociação coletiva e sobre seus níveis:

a) São coletivas todas as negociações em que há: de um lado um empregador, grupo de empregadores, uma ou mais organizações de empregadores e de outro lado uma organização ou várias organizações de trabalhadores que visam fixar condições de trabalho e emprego, normatizar as relações de empregadores e trabalhadores, e regular as relações entre várias organizações. O termo "negociação coletiva", com a devida adaptação, pode estender-se àquela que se dá com os representantes eleitos pelos trabalhadores.

b) Quando a prática da negociação coletiva não se efetiva por contratos coletivos, laudos arbitrais ou qualquer outro meio, deve ser garantida pela legislação nacional.

c) A negociação coletiva deve estender-se a todos os ramos da atividade econômica de empregadores e trabalhadores e não ser obstaculizada por ausência de regras; os órgãos e procedimentos que se ocupam dos conflitos laborais devem contribuir para fomentar a negociação coletiva.

d) As medidas que visam estimular e fomentar o desenvolvimento da negociação coletiva devem ser objeto de consultas prévias, de acordos das autoridades públicas e das organizações de empregadores e trabalhadores.

Por fim, a Convenção n. 154 e a Recomendação n. 163 distinguem vários níveis de negociação, que podem ser: por estabelecimento; empresa; ramo de atividade; regional e nacional, devendo entre eles haver coordenação. Assim prescreve a Recomendação n. 163 de 1981:

> *4.1 — Se necessário for, deverão ser adotadas medidas adequadas às condições nacionais para que a negociação coletiva possa desenvolver-se em qualquer nível, ou seja, em nível do estabelecimento, da empresa, do ramo de atividade, da indústria e em nível regional ou nacional.*
>
> *4.2 — Nos países em que a negociação coletiva se desenvolva em vários níveis, as partes negociadoras deveriam cuidar para que exista coordenação entre eles*[6].

---

(6) 4.1 — En caso necesario, se deberían adoptar medidas adecuadas a las condiciones nacionales para que la negociación colectiva pueda desarrollarse en cualquier nivel, y en particular a nivel del establecimiento, de la empresa, de la rama de actividad, de la industria y a nivel regional o nacional. 4.2 — En los países en que la negociación colectiva se desarrolle en varios niveles, las partes negociadoras deberían velar por que exista coordinación entre ellos.

5.1. INSTRUMENTOS NORMATIVOS DE NEGOCIAÇÃO: ACT E CCT

Sustenta *Dorothee Susanne Rüdiger* (1999) — há que se fazer um discernimento terminológico entre *Contrato Coletivo, Convenção Coletiva e Acordo Coletivo*. Para tanto, é necessário examinar em que sentido esses termos são empregados no direito brasileiro e no direito comparado.

Para a autora, do ponto de vista histórico do direito do trabalho, há uma distinção entre Convenção Coletiva e Contrato Coletivo de trabalho pelo seu enfoque político-ideológico corporativista. *Dentro da visão corporativista, o contrato tem a conotação de conflito de interesses, ao passo que a Convenção significa convergência de interesses.* Apesar dessas ponderações, vingou, na Consolidação das Leis do Trabalho, até 1967, o termo Contrato Coletivo. A denominação Convenção Coletiva foi dada pelo Decreto-lei n. 229, de 28 de fevereiro de 1967, para distinguir a figura jurídica em questão do acordo normativo de menor abrangência[7]. O *Contrato Coletivo* de trabalho francês passou, a partir de 1936, a ser chamado de *Convenção Coletiva* de trabalho, pois o contrato teria finalidades conflitantes e a convenção um fim único das partes coletivas. Mas a substância da *Convenção Coletiva*, a da oposição de interesses sacrificados, não difere do *Contrato Coletivo*. A distinção, pelo menos hoje, já não faz sentido.

Na visão de *Luiz Carlos Cândido Martins Sotero da Silva* (2000), o contrato coletivo de trabalho dever ser entendido como um ajuste de vontades entre os vários ramos de uma categoria. O próprio contrato coletivo pode servir de parâmetro para eventual negociação, originando daí a convenção ou o acordo. Deve ser, portanto, uma verdadeira codificação harmoniosa de interesses, elaborada pelas partes diretamente envolvidas, tendo alcance nacional, regional ou local, segundo os preceitos contidos no próprio contrato.

Alice Monteiro de Barros (2007) considera a convenção coletiva como uma instituição do Direito Coletivo do Trabalho e traduz um ajuste entre entidades sindicais visando a novas condições de trabalho, cuja eficácia é *erga omnes*.

De acordo com o texto consolidado (art. 611), a convenção coletiva é conceituada como sendo o acordo de caráter normativo, pelo qual dois ou mais sindicatos representativos de categorias econômicas e profissionais estipulam condições de trabalho aplicáveis, no âmbito das respectivas representações, às relações individuais de trabalho.

---

(7) Art. 612. Contrato coletivo, celebrado nos termos do presente capítulo, aplica-se aos associados dos sindicatos convenentes, podendo tornar-se extensivo a todos os membros das respectivas categorias, mediante decisão do Ministro do Trabalho, Indústria e Comércio.

Também o art. 611, em seu § 1º, define o acordo coletivo como sendo o ajuste celebrado entre sindicatos representativos de categorias profissionais com uma ou mais empresas da correspondente categoria econômica estipulando condições de trabalho, aplicáveis no âmbito da empresa ou empresas acordantes. Em conseqüência, seus efeitos são *inter partes*.

Para nós, *Acordo coletivo é o pacto de caráter normativo celebrado entre sindicato representante de categoria profissional com uma ou mais empresas da correspondente categoria econômica, que estipulem condições de trabalho, aplicáveis no âmbito da empresa ou das empresas acordantes às respectivas relações de trabalho.*

Convenção Coletiva é o negócio jurídico de caráter normativo pelo qual dois ou mais sindicatos representativos de categorias econômicas e profissionais estipulam condições de trabalho aplicáveis, no âmbito das respectivas representações, às relações individuais de trabalho.

> *Art. 611. Convenções coletivas de trabalho é o acordo de caráter normativo, pelo qual dois ou mais Sindicatos representativos de categorias econômicas e profissionais estipulam condições de trabalho aplicáveis, no âmbito das respectivas representações, às relações individuais do trabalho.*
>
> *§ 1º É facultado aos Sindicatos representativos de categorias profissionais celebrar Acordos Coletivos com uma ou mais empresas da correspondente categoria econômica, que estipulem condições de trabalho, aplicáveis no âmbito da empresa ou das empresas acordantes às respectivas relações de trabalho.*
>
> *§ 2º As Federações e, na falta desta, as Confederações representativas de categorias econômicas ou profissionais poderão celebrar convenções coletivas de trabalho para reger as relações das categorias a elas vinculadas, organizadas em Sindicatos, no âmbito de suas representações.*

Cesarino Júnior, apud Alice Monteiro de Barros (2005), considera as convenções como contratos coletivos típicos, e os acordos, contratos coletivos atípicos.

Convenção coletiva é a solução, por via de acordo, dos conflitos de interesses coletivos de grupos ou categorias, através do estabelecimento de normas e condições de trabalho reguladoras, durante o prazo da respectiva vigência, das relações individuais entre os integrantes das categorias ou grupos convenentes (Délio Maranhão e Luiz Inácio B. Carvalho, 1993).

Para *Jorge Neto* e *Cavalcante* (2004), as convenções e os acordos coletivos de trabalho são instrumentos de melhoria das condições de trabalho, representando formas autocompositivas quanto à solução dos conflitos coletivos de trabalho.

TST Súmula n. 349 — Res. n. 60/96, DJ 8.7.96
A validade do acordo coletivo ou convenção coletiva de compensação de jornada de trabalho em atividade insalubre prescinde[8] da inspeção prévia da autoridade competente em matéria de higiene do trabalho.

Conteúdo da Convenção Coletiva:

A convenção coletiva é constituída de *cláusulas normativas*, que estabelecem o conteúdo do contrato individual de trabalho, e de *cláusulas obrigacionais*, dispondo sobre direitos e deveres recíprocos entre as partes convenentes.

Octavio Bueno Magano, citado por *Alice Monteiro de Barros* (2007), enumera como *cláusulas normativas* as que instituem benefício individual, como reajuste salarial, férias, jornada, indenização, estabilidade, prêmios, etc.; as que dizem respeito às formalidades que devem ser observadas na celebração da convenção, como, por exemplo, a exigência de forma escrita, a obrigatoriedade de readmissão de trabalhadores dispensados em decorrência de participação em movimento grevista; as normas solidárias, que instituem benefícios para o empregado, como membro da empresa, ou seja, normas sobre higiene e segurança do trabalho; as normas relativas à comissões de arbitragem e conselhos de empresas e as normas referentes a instituições comuns, nas quais se enquadram as que dispõem a respeito de previdência privada.

Já como *cláusulas obrigacionais*, podem ser citadas as chamadas cláusulas de paz, estipulando sobre impossibilidade de se recorrer à greve enquanto vigorar a convenção. Também conforme *Barros* (2007), as penalidades previstas no art. 613, VIII, da CLT, podem ser consideradas como cláusulas obrigacionais.

	Natureza jurídica	Sujeitos	Objeto	Abrangência
Acordo	Pacto jurídico	Empresa(s) + sindicato profissional	Condições de trabalho	Empregados de empresa
Convenção	Negócio jurídico	Sindicato patronal + sindicato profissional	Condições de trabalho	Empregados por categoria profissional

Sujeitos e abrangência:

Acordo Coletivo de Trabalho (empresa(s) + sindicato profissional): celebram condições de trabalho, aplicadas aos empregados da respectiva empresa.

---

(8) Prescindir. Verbo Transitivo indireto 1. Separar mentalmente; abstrair. 2. Dispensar, passar sem, pôr de parte; renunciar. ("Dic. Michaelis" — UOL)

Convenção Coletiva de Trabalho: (sindicato patronal + sindicato profissional) aplicável à categoria. É negócio jurídico também. Negociam condições de trabalho.

- ✓ Convenção — sindicato patronal mais o profissional por empregados de mesma categoria.
- ✓ Acordo — empresa e sindicato profissional celebram condições de trabalho (objeto) aplicáveis aos empregados de empresa (abrangência).

5.1.1. Natureza das normas coletivas

Natureza normativa da convenção coletiva: tem natureza de norma jurídica; aplica-se a todas as empresas e a todos os trabalhadores dos sindicatos estipulantes na base territorial, sócios ou não do sindicato; seus efeitos alcançam todos os membros da categoria.

A convenção e o acordo coletivos de trabalho são produtos da *negociação coletiva* que, no dizer de *Amauri Mascaro Nascimento* (2005), *"é forma de desenvolvimento do poder normativo dos grupos sociais, segundo uma concepção pluralista, que não reduz a formação do direito positivo à elaboração do Estado".*

Assim, e em decorrência do que dispõe o *art. 611 da CLT*, têm *natureza jurídica* de *instrumento normativo resultante da autonomia privada coletiva.*

Salienta *Alice Monteiro de Barros* (2007) que as teorias a respeito da natureza jurídica das convenções coletivas podem ser classificadas em contratualistas, normativas e mistas.

As *teorias contratualistas* são provenientes dos conceitos clássicos do Direito Civil e se assentam na autonomia da vontade. Por essa teoria, a convenção coletiva nasceu no campo do direito privado, ou seja, regulava relações entre particulares, sendo ignorada pelo Estado.

As teorias recentes enfatizam que a convenção coletiva é um *ato jurídico normativo*, já que é um negócio jurídico bilateral quanto ao modo de formação; e o assemelha à norma jurídica em sentido amplo pelo seu conteúdo.

Conforme *Alice Monteiro de Barros* (2005), a *teoria mista* nos parece a mais apropriada para definir a natureza jurídica da convenção. Ela se identifica com o contrato *lato sensu*, na sua formação, pois traduz um ajuste entre entidade sindicais por meio do qual se criam obrigações mútuas. E, no que tange ao conteúdo, a convenção assemelha-se à norma jurídica, pois cria normas trabalhistas objetivas autônomas, que vão constituir o conteúdo dos contratos individuais de trabalho, insuscetíveis de derrogação. Filia-se a essa teoria *Délio Maranhão* e *Luiz Inácio B. de Carvalho* (1993), atribuindo à convenção coletiva a natureza de um contrato-ato-regra[9].

5.2. EFEITOS DAS CLÁUSULAS: CLÁUSULAS OBRIGACIONAIS E CLÁUSULAS NORMATIVAS

A negociação coletiva, em regra, não prioriza salário, mas sim outras condições de melhoria de trabalho (ex: salário *in natura*). *São cláusulas válidas do espaço da autonomia,* isto é, um vasto campo da negociação coletiva. No que se refere ao Estado, depara-se com cláusula nula (ex: supressão da licença-maternidade, descanso semanal remunerado). No espaço "intermediário" localizam-se as "cláusulas duvidosas". Ex.: 1) jornada 12 x 36 — porque na CF reza 40 horas; 2) redução do intervalo de refeição — é matéria de ordem pública; 3) cesta básica não tem natureza salarial — só a lei pode expressar isto. O ideal, nestes casos, é levantar a jurisdição (TST) para balizar a qualificação do que é válido ou não (Nelson Mannrich, 2006).

Natureza jurídica: tem natureza normativa, mas existe uma parte contratual. Quanto à elaboração, a natureza é contratual. Quanto aos feitos, a natureza é normativa (dependendo dos tipos de cláusulas), *Mannrich* (2006) elenca os seguintes tipos de cláusulas:

Cláusula obrigacional: não influencia no contrato de trabalho. É entre a empresa e o dirigente sindical. Somente os sujeitos contratantes. Há produtos de uma negociação que não tem força normativa, embora gere obrigação. Criam direitos e deveres entre os sujeitos estipulantes, destacando-se as garantias para facilitar o exercício da representação sindical no estabelecimento. Não se incorporam nos contratos individuais de trabalho, pois não se referem a eles. São dirigidas às empresas signatárias dos acordos.

Cláusulas constitutivas: autoriza a empresa a praticar atos. Existem atos que a empresa só pode praticar com autorização expressa em contrato sindical. Vinculadas a uma autorização sindical para integrarem a relação (para a empresa praticar certos atos há necessidade de autorização do sindicato).

Cláusula normativa: adendo ao contrato de trabalho. Quando se negocia algo que é inserido na relação, no contrato de trabalho (vantagem a mais). São dirigidas aos empregados e empresas e aos seus respectivos contratos individuais sobre os quais se projetarão. Se aplicam às relações individuais de trabalho, como reguladoras do contrato de trabalho.

---

(9) Juridicamente, é um ato jurídico, próprio do Direito do Trabalho, de natureza, ao mesmo tempo, normativa e contratual: um contrato-ato-regra.

5.2.1. Ultratividade das convenções e acordos coletivos

Adriana Carrera Calvo (2006)[10] selecionou na doutrina três correntes sobre o tema: *uma justificando a incorporação das cláusulas normativas no contrato de trabalho, outra defendendo a não-incorporação e uma terceira entendendo que a não-incorporação é a regra, mas comporta algumas exceções como no caso de vantagem pessoal.*

Assim, dispomos abaixo o brilhante estudo da advogada com as alterações posteriores, principalmente a transformação dos Enunciados em Súmulas:

> **A ultratividade na legislação anterior à Constituição Federal de 1988**

A primeira corrente foi a primeira a ser defendida, influenciada pelas origens do Direito do Trabalho como intervencionista e protecionista. Assim é que as cláusulas da convenção coletiva se desgarravam dela e se agarravam nos contratos individuais, mesmo quando o prazo da convenção transcorria, elas continuavam lá, agarradas. Outros chegavam até a afirmar que a ultratividade era absoluta, ou seja, até os contratos futuros seriam beneficiados, ainda que indiretamente, pela convenção já extinta devido ao costume empresarial.

Os argumentos da primeira corrente eram os seguintes:

— o prazo de vigência fixado pela CLT serviria apenas para limitar o tempo em que a cláusula produzia efeitos normativos. Ou seja, expirado o prazo, ela não incidiria nos contratos firmados a partir de então.

— o conteúdo das convenções coletivas tornava-se direito adquirido dos empregados, uma vez que a cláusula convencional se transformaria em contratual, como se tivesse sido ajustada pelas partes.

— aplicação da teoria da norma mais benéfica, ou seja, as cláusulas não podiam ser suprimidas, e só eram substituíveis para melhor. Assim, cada convenção coletiva servia como um piso para a subseqüente, numa aplicação bem mais ampla do princípio da condição mais benéfica.

— segundo o art. 468 da CLT, novas condições de trabalho não podem vir a prejudicar os empregados.

— vantagens habitualmente concedidas ao empregado não são suscetíveis de supressão, pois os ajustes tácitos, derivados da habitualidade, devem integrar o contrato de trabalho do empregado (analogia da Súmula n. 51 do TST):

---

(10) Monografia apresentada ao professor Dr. *Renato Rua de Almeida*, PUC — São Paulo em 2002.

Súmula n. 51 — Norma Regulamentar. Vantagens e opção pelo novo regulamento. Art. 468 da CLT. (RA 41/73, DJ 14.6.73. Nova redação em decorrência da incorporação da Orientação Jurisprudencial n. 163 da SDI-1 — Res. n. 129/05, DJ 20.4.05)

I — As cláusulas regulamentares, que revoguem ou alterem vantagens deferidas anteriormente, só atingirão os trabalhadores admitidos após a revogação ou alteração do regulamento. (ex-Súmula n. 51 — RA 41/73, DJ 14.6.73)

II — Havendo a coexistência de dois regulamentos da empresa, a opção do empregado por um deles tem efeito jurídico de renúncia às regras do sistema do outro. (ex-OJ n. 163 — Inserida em 26.03.1999)

TST Enunciado n. 51 — RA 41/73, DJ 14.6.73 (alterada)

As cláusulas regulamentares, que revoguem ou alterem vantagens deferidas anteriormente, só atingirão os trabalhadores admitidos após a revogação ou alteração do regulamento.

Contudo, na mesma época, a jurisprudência já se inclinava em sentido contrário à ultratividade, com base na Sumula n. 277 do TST que dispunha:

277 — Sentença normativa. Vigência. Repercussão nos contratos de trabalho (Res. n. 10/88, DJ 1º.3.88)

As condições de trabalho alcançadas por força de sentença normativa vigoram no prazo assinado, não integrando, de forma definitiva, os contratos.

O curioso é que, para o mesmo TST, os regulamentos de empresa se incorporavam de forma definitiva aos contratos de trabalho. Ou seja, a norma criada unilateralmente tinha mais eficácia que a negociada.

Emílio Gonçalves[11] afirma que: "*as cláusulas das convenções coletivas e acordos coletivos de trabalho que assegurem vantagens e benefícios aos empregados continuarão a ter vigência, mesmo após o término do prazo da convenção ou acordo coletivo, em relação aos empregados admitidos durante o prazo de vigência dos mesmos, desde que mais benéficas do que as estabelecidas na nova convenção ou acordo coletivo, salvo se tratando de cláusulas que, por disposição expressa, ou por sua própria natureza, se destinem a ter vigência temporária*".

> **A ultratividade com a promulgação da Constituição Federal de 1988**

Com a Constituição de 1988, os instrumentos normativos alcançaram espaço no elenco dos direitos sociais (CF, art. 7º, XXVI), além de

---

(11) GONÇALVES, Emílio. *Vigência ultratemporal das cláusulas normativas de Convenção coletiva de trabalho.* São Paulo: Revista de Direito do Trabalho — 68, pp. 76 -80.

prestígio extraordinário para a flexibilização de direitos individuais, uma vez que se atribuíram aos sindicatos poderes para dispor da proteção dispensada aos salários e à duração da jornada. (CF, art. 7º, VI, XIII e XIV). Ou seja, salário e jornada, os dois pilares do direito individual do trabalho, constituem direitos fundamentais que, todavia, admitem flexibilização a partir de negociações coletivas promovidas pelo sindicato.

João Régis Teixeira Júnior (1994)[12] afirma que: *"resta-nos questionar qual a amplitude que o legislador constituinte pretendeu dar à matéria, e quais os limites de atuação dos sindicatos".*

O Prof. Dr. Renato Rua de Almeida (2002)[13] afirma que: *"A própria Constituição Federal que é o fundamento de validade maior do direito positivo em relação à convenção coletiva de trabalho prevê a relatividade de seu conteúdo, ao autorizar alterações in pejus".*

E não poderia ser diferente, pois a convenção coletiva é um ajuste, é a emanação de uma vontade coletiva, elevada no nível constitucional, inclusive com a prerrogativa de reduzir salários, conforme prevê o art. 7º, inciso VI, da Constituição Federal.

Por outro lado, os argumentos em favor da ultratividade ganharam novo impulso com a Constituição Federal, cujo art. 144, § 2º, passou a dispor:

> *§ 2º Recusando-se qualquer das partes à negociação coletiva ou à arbitragem, é facultado às mesmas, de comum acordo, ajuizar dissídio coletivo de natureza econômica, podendo a Justiça do Trabalho decidir o conflito, respeitadas as disposições mínimas legais de proteção ao trabalho, bem como as convencionadas anteriormente.*

De fato, se a Justiça do Trabalho: a) só atua quando não há convenção coletiva em vigor; b) tem de respeitar disposições convencionais mínimas; e c) só se pode concluir que as cláusulas convencionais continuam agarradas aos contratos individuais, mesmo depois do prazo da convenção.

> ### A ultratividade na legislação ordinária posterior à Constituição de 1988

A legislação ordinária ocupou-se em parte dos efeitos da cessação das convenções coletivas. A Lei n. 7.788/89 que tratava da política na-

---

(12) TEIXEIRA JÚNIOR, João Régis. *Convenção Coletiva de Trabalho — Não-incorporação aos contratos individuais de trabalho.* São Paulo: LTr, 1994.

(13) ALMEIDA, Renato Rua de. *A denúncia da convenção coletiva de trabalho.* São Paulo: Revista LTr 66, n. 5, maio de 2002.

cional de salários estabelecia no art. 12, parágrafo único, que: *"as vantagens salariais asseguradas aos trabalhadores nas convenções coletivas só poderão ser reduzidas ou suprimidas por convenções ou acordos posteriores"*. Contudo, este dispositivo foi revogado pelo art. 14 da Lei n. 8.030/90, com o seguinte teor:

> *"Art. 14. Ficam revogadas a Lei n. 7.769/89 e a Lei n. 7.788/89, e as demais disposições em contrário".*

Posteriormente o art. 1º, parágrafo único, da Lei n. 8.222/91 que também regulava a matéria foi vetado pelo Presidente da República. Até que sobreveio o *caput* do art. 1º da Lei n. 8.542/92 que estabeleceu que a política nacional de salários tem por fundamento a livre negociação coletiva e dispôs nos seus parágrafos primeiro e segundo:

> *"Art. 1º A política nacional de salários, respeitado o princípio da irredutibilidade, tem por fundamento a livre negociação coletiva e reger-se-á pelas normas estabelecidas nesta lei.*
>
> *§ 1º As cláusulas dos acordos, convenções ou contratos coletivos de trabalho integram os contratos individuais de trabalho e somente poderão ser reduzidas ou suprimidas por posterior acordo, convenção ou contrato coletivo de trabalho.*
>
> *§ 2º As condições de trabalho, bem como as cláusulas salariais, inclusive os aumentos reais, ganhos de produtividade do trabalho e pisos salariais proporcionais à extensão e à complexidade do trabalho, serão fixados em contrato, convenção ou acordo coletivo de trabalho, laudo arbitral ou sentença normativa, observados, dentre outros fatores, a produtividade e a lucratividade do setor ou da empresa".*

É bem possível que o legislador ao criar essa regra estivesse menos preocupado em garantir a ultratividade do que em viabilizar a alteração *em pejus*. Contudo, referida lei teve os §§ 1º e 2º do art. 1º, que previam a integração das cláusulas dos acordos e convenções coletivas nos contratos de trabalho, revogados pelo art. 17 da Medida Provisória n. 1.053/95, com sucessivas reedições, sendo que a última foi a Medida Provisória n. 2.074-73, de 25.1.2001, publicada no DOU de 26.1.2001. Posteriormente, referida medida provisória foi convertida na Lei Ordinária n. 10.192, de 14.2.2001, publicada no DOU de 16.2.2001, constando expressamente no art. 18 da referida lei:

> Art. 18. Revogam-se os §§ 1º e 2º do art. 947 do Código Civil, os §§ 1º e 2º do art. 1º da Lei n. 8.542, de 23 de dezembro de 1992, e o art. 14 da Lei n. 8.177, de 1º de março de 1991.

➤ A ultratividade no cenário atual de flexibilização do direito do trabalho

A segunda corrente sustenta que, diferentemente da lei, que, em geral, não se destina à vigência temporária, a norma coletiva tem prazo certo de vigência, sendo que as condições ajustadas valem para o respectivo prazo de vigência, conforme os arts. 613, II e IV, e o 614, § 3º:

Art. 613. As convenções ou acordos deverão conter obrigatoriamente:

....

II — prazo de vigência;

....

IV — condições ajustadas para reger as relações individuais de trabalho durante a sua vigência.

Art. 614, § 3º Não será possível estipular duração de convenção ou acordo superior a 2 (dois) anos.

O Prof. Dr. *Renato Rua de Almeida*[14] (1996) argumenta que a temporalidade e relatividade do conteúdo dos acordos ou convenções coletivas de trabalho estão claramente reconhecidas pelo Decreto n. 908, de 31 de agosto de 1993, que fixa as diretrizes para as negociações coletivas de trabalho das empresas públicas, sociedades de economia mista e demais empresas sob controle direto ou indireto da União, uma vez que o parágrafo único do art. 2º estabelece que: *"todas as cláusulas do acordo coletivo vigente deverão ser objeto de negociação a cada nova database"* e o art. 4º prevê que: *"o acordo coletivo vigorará por prazo não superior a 12 (doze) meses"*.

O Prof. Dr. *Renato Rua de Almeida*[15] (1996) argumenta ainda que: *"o melhor entendimento sempre foi no sentido da temporalidade das convenções coletivas de trabalho, mesmo em matéria salarial"*.

Tal fato evidencia-se inclusive pelo incentivo à negociação coletiva direta entre os parceiros sociais, em caso de frustração, pelo socorro à mediação, que pode ser feita através do Ministério do Trabalho e Emprego também, como prevê o art. 11 da Medida Provisória n. 1.079/95 (a última Medida Provisória reeditada foi a de n. 2.074-72, que finalmente transformou-se na Lei n. 10.192, de 14.2.2001), conforme abaixo descrito:

---

(14) ALMEIDA, Renato Rua de. *Das cláusulas normativas das convenções coletivas de trabalho: conceito, eficácia e incorporação nos contratos individuais de trabalho*. São Paulo: Revista LTr 60-12/1.602, dezembro de 1996.

(15) Idem, ibidem.

Art. 11. Frustrada a negociação entre as partes, promovidas diretamente ou através de mediador, poderá ser ajuizada a ação de dissídio coletivo.

§ 1º O mediador será designado de comum acordo pelas partes ou, a pedido destas, pelo Ministério do Trabalho e Emprego, na forma da regulamentação de que trata o § 5º deste artigo.

§ 2º A parte que se considerar sem as condições adequadas para, em situação de equilíbrio, participar da negociação direta, poderá, desde logo, solicitar ao Ministério do Trabalho e Emprego a designação de mediador, que convocará a outra parte.

§ 3º O mediador designado terá prazo de até trinta dias para a conclusão do processo de negociação, salvo acordo expresso com as partes interessadas.

§ 4º Não alcançado o entendimento entre as partes, ou recusando-se qualquer delas à mediação, lavrar-se-á ata contendo as causas motivadoras do conflito e as reivindicações de natureza econômica, documento que instruirá a representação para o ajuizamento do dissídio coletivo.

Menciona ainda o referido Mestre como evidência de tal argumento, o Decreto n. 1.572/95 que regulamenta a mediação voluntária na negociação coletiva, inclusive através do Ministério do Trabalho e Emprego, conforme disposto abaixo:

Art. 1º A mediação na negociação coletiva de natureza trabalhista será exercida de acordo com o disposto neste Decreto.

Art. 2º Frustrada a negociação direta, na respectiva data-base anual, as partes poderão escolher, de comum acordo, mediador para composição do conflito.

§ 1º Caso não ocorra a escolha na forma do caput *deste artigo, as partes poderão solicitar, ao Ministério do Trabalho, a designação de mediador.*

A segunda corrente contestava os argumentos elencados acima afirmando que: *o art. 468 da CLT não serve como argumento, pois se refere a direitos individuais, inclusive por ser tratado no capítulo da CLT que versa sobre Direito Individual do Trabalho.*

O Prof. Renato Rua de Almeida (1996) acrescenta afirmando que: "*A convenção coletiva e o contrato individual de trabalho são fontes de natureza jurídica diferentes. A convenção coletiva é um acordo normativo (Recomendação n. 91 da OIT), compreendido dentro de um processo de negociação coletiva (Convenção n. 154 da OIT) sempre aberta às adaptações circunstanciais pela autonomia privada coletiva. Já o contrato individual é um negócio exclusivamente bilateral, de interesses individuais, constituindo obrigações garantidas por lei, que só deixam de existir em caso de extinção contratual. Daí por que não se pode invocar o princípio legal da imodificabilidade das condições contratuais de trabalho previstos no art. 468 da CLT, próprio do contrato individual de trabalho, para analisar a natureza jurídica da convenção coletiva de trabalho*".

Além disso, o citado Mestre apresenta um novo argumento quanto à não-aplicabilidade do art. 468 da CLT: a Lei n. 4.923, de 23.12.65, que trata da hipótese de celebração de acordo coletivo para redução de jornada de trabalho e do salário para evitar a dispensa de empregados e o desemprego face à conjuntura adversa que afeta a vida da empresa, previsto expressamente em seu art. 2º, § 3º:

> *Art. 2º A empresa que, em face de conjuntura econômica, devidamente comprovada, se encontrar em condições que recomendem, transitoriamente, a redução da jornada normal ou do número de dias do trabalho, poderá fazê-lo, mediante prévio acordo com a entidade sindical representativa dos seus empregados, homologado pela Delegacia Regional do Trabalho, por prazo certo, não excedente de 3 (três) meses, prorrogável, nas mesmas condições, se ainda indispensável, e sempre de modo que a redução do salário mensal resultante não seja superior a 25% (vinte e cinco por cento) do salário contratual, respeitado o salário mínimo regional e reduzidas proporcionalmente a remuneração e as gratificações de gerentes e diretores.*
>
> *§ 1º Para o fim de deliberar sobre o acordo, a entidade sindical profissional convocará assembléia geral dos empregados diretamente interessados, sindicalizados ou não, que decidirão por maioria de votos, obedecidas as normas estatutárias.*
>
> *§ 2º Não havendo acordo, poderá a empresa submeter o caso à Justiça do Trabalho, por intermédio da Junta de Conciliação ou, em sua falta, do Juiz de Direito, com jurisdição na localidade. Da decisão de primeira instância caberá recurso ordinário, no prazo de 10 (dez) dias, para o Tribunal Regional do Trabalho da correspondente Região, sem efeito suspensivo.*
>
> *§ 3º A redução de que trata o artigo não é considerada alteração unilateral do contrato individual de trabalho para os efeitos do disposto no art. 468 da CLT.*

— a aplicação analógica da Súmula n. 51 do TST também não é válida, visto que o regulamento, ao contrário da norma coletiva, normalmente não tem prazo de validade. *não se poderia falar em direito adquirido, uma vez que a norma coletiva tem vigência temporária e a Constituição Federal, no art. 5º, trata o direito adquirido em relação à lei.*

A expressão "direito adquirido" utilizada para indicar as vantagens que os empregados acumularam ao longo de diversas negociações coletivas ou por mera liberalidade do empregador, é deslocada e imprópria.

De acordo com *Arion Sayão Romita*[16] (2000): "*se a questão em debate é de natureza contratual, portanto, de Direito Privado, descabe a*

---

(16) ROMITA, Arion Sayão. *A questão da incorporação das cláusulas normativas da convenção ou acordo coletivo de trabalho aos contratos individuais.* São Paulo: Repertório IOB de Jurisprudência, n. 9/2000, caderno 2, 1ª quinzena de maio de 2000, pp. 170-171.

alusão ao direito adquirido, pois este conceito é de garantia no campo individual, de feição negativa, como limitação à interferência estatal na esfera dos direitos de cada um".

O ilustre Professor *Pontes de Miranda* afirma que*: "a irretroatividade defende o povo; a retroatividade expõe-no à prepotência".*

Para *Carlos Maximiliano: "chama-se adquirido o direito que se constituiu regular e definitivamente e a cujo respeito se completaram os requisitos legais e de fato, para se integrar no patrimônio do respectivo titular, quer tenha sido feito valer, quer não, antes de advir norma posterior em contrário".*

Este é um princípio universal: a lei se destina a ser normalmente prospectiva, isto é, suas normas se aplicam ao futuro; o passado não mais lhe pertence. Se a retroatividade da lei fosse admitida, a segurança não existiria.

Mário *Antônio Lobato de Paiva* afirma que: *"A Carta Magna de 88 não inseriu em seu texto o significado de direito adquirido somente fazendo alusão em seu art. 5º, inciso XXXVI, assim encontramos a definição legal na esfera infraconstitucional no art. 6º do Código Civil (Dec.-lei n. 4.657/42)".*

O direito adquirido é derivado de *acquisitus* do verbo latim *acquisere*, este direito entende-se como aquele em que é o estado de direito que uma lei traz a alguém e que pode ser exercido atualmente uma vez que sua força foi tirada do texto passado e que não pode desaparecer diante de leis posteriores que lhe neguem este mesmo direito.

João Régis Teixeira Júnior (1994) entende que: *"quando se fala em direito adquirido em sede de direito coletivo do trabalho, fala-se em direito adquirido dos "grupos contratantes", jamais das pessoas físicas representadas na relação por suas entidades sindicais. Logo, os reflexos das cláusulas convencionadas, embora reflitam nos contratos individuais de trabalho, aos mesmos não se aderem, não sendo o empregado o titular do direito, mas sim, à categoria a que pertencem".*

O próprio STF — Supremo Tribunal Federal — já entendeu neste sentido, inclusive quanto à sentença normativa, como abaixo descrito:

> *"Dissídio coletivo. Qüinqüênios ajustados em anterior convenção coletiva do trabalho e mantidos na nova convenção. Cláusula que exorbita dos lindes do art. 142, parágrafo 1, da Constituição Federal. Direito adquirido inexistente. Recurso extraordinário não conhecido". (Origem: RS — Rio Grande do Sul. Publicação: DJ de 27.8.82, p. 12.979. Ement vol. 01264-02, p. 0055. RTJ Vol. 00104-02, p. 00865. Nome do Relator: Soares Munoz.)*

Cibele Cristiane Schuelter[17] (1997) salienta que: *"a tese do direito adquirido não prevalece no direito coletivo, uma vez que quando se fala em direito adquirido neste campo seguramente não está se referindo ao direito de cada trabalhador individualmente considerado, mas da coletividade, ou seja, do direito adquirido pela categoria". E continua: "O Direito do Trabalho adota o direito adquirido como forma de manter o princípio protecionista que o norteia. Não há que falar em proteção ao trabalhador no Direito Coletivo do Trabalho; a negociação pelas partes de determinadas vantagens não causará prejuízo à categoria laboral, logo, não há que falar em direito adquirido".*

— *a própria Lei Maior prevê a possibilidade de alteração* in pejus *das condições de trabalho, com fulcro na negociação coletiva, principalmente pelo reconhecimento do conteúdo das convenções ou acordos coletivos, prestigiando a autonomia privada coletiva dos convenientes.*

A primeira corrente é que vinha prevalecendo na jurisprudência, no entanto foi editada a Súmula n. 277 do TST mencionado acima. Embora tal Enunciado se referia apenas às sentenças normativas, passou a ser aplicado analogicamente aos acordos e convenções coletivas.

Dessa forma, e segundo a lição de *Campos Batalha*, lembrando *Javillier*, *"é momentânea a substituição das cláusulas dos contratos individuais pelas regras das convenções coletivas apenas durante a vigência destas".*

O Prof. *Amauri Mascaro do Nascimento* (2000) entende que: *"as cláusulas de natureza obrigacional não se incorporam nos contratos individuais de trabalho porque não têm essa finalidade e, dentre as cláusulas normativas, há de se distinguir, em razão do prazo estabelecido e da natureza da cláusula, aqueles que sobrevivem e as que desaparecem".*

Exemplos citados pelo mestre*: "um adicional por tempo de serviço é, por sua natureza, algo que se insere nos contratos individuais de trabalho, se as partes não estipularam condições ou limitações à sua vigência. Um adicional de horas extras é obrigação que, tendo em vista a sua natureza, vigora pelo prazo em que a convenção coletiva perdurou. Desse modo, a resposta depende da verificação, em cada caso concreto, da cláusula em questão".*

Valentin Carrion, outro partidário desta corrente, argumenta que: *"a posição defendida de que todas as vantagens se integram definitivamente ao patrimônio do empregado é verdadeira apenas em parte, pois, tra-*

---

(17) SCHUELTER, Cibele Cristiane. *Exame jurídico da convenção coletiva de trabalho no Brasil.* São Paulo: Revista LTr 61-11/97.

tando-se de norma provisória (a termo) e de alteração promovida pela fonte de direito que a institui e não mero capricho do empregador, o princípio se enfraquece".

Indalécio Gomes Neto afirma que: *"se o salário, que visa atender as necessidades vitais básicas do trabalhador, pode ser reduzido pela via da convenção coletiva, torna-se frágil o argumento de que por essa via não possa ser extinta vantagem anteriormente concedida, sobretudo se em troca é concedido outro benefício".*

> **A exceção à ultratividade da convenção e acordo coletivo — vantagem individual adquirida**

A terceira corrente entende que, na realidade, as cláusulas da convenção coletiva não continuam em vigor após a sua extinção, integrando definitivamente os contratos individuais de trabalho, entretanto, existe uma exceção que é denominada "vantagem individual adquirida".

O Prof. Dr. *Renato Rua de Almeida* (1996) refere-se, com base no direito francês, à vantagem adquirida individualmente pelo empregado a um benefício previsto em norma coletiva. Tal entendimento baseia-se na *Lei Auroux, de 13.11.82, que é o Código de Trabalho francês*, que estabelece: tratando-se de vantagem adquirida por força de aplicação de cláusula normativa, há a incorporação no contrato individual de trabalho.

Se a cláusula se referir a um indivíduo assim considerado e não à coletividade, como, por exemplo, cláusulas que contemplam comissões de representação de empregados, mesmo após a extinção da vigência da convenção coletiva, tal direito integra-se ao contrato de trabalho daquele empregado.

Ensina *Gérard Coutunier* que as vantagens individuais são as que estão diretamente relacionadas ao empregado, distinguindo-se das vantagens coletivas, dirigidas à representação eleita dos trabalhadores na empresa.

Os requisitos para a configuração de tal hipótese são: o empregado deve ter implementado as condições para *obter* vantagem daquele benefício *durante* a vigência da norma coletiva e, além disso, que seja um benefício continuado e não episódico.

O Prof. Dr. *Renato Rua de Almeida* (1996) cita como exemplo de tal tipo de cláusula, a que garanta estabilidade no emprego a empregado acidentado no trabalho, que se torne incapaz para exercer a função anterior, mas que apresente condições de readaptação em outra função.

Com tal cláusula na norma coletiva e sofrendo o empregado acidente, ou doença, que acabem por reduzir-lhe sua capacidade de trabalho, passa o mesmo a ser portador da estabilidade, mesmo após a expiração daquela norma coletiva e mesmo que tal cláusula não seja renovada.

Em notícia divulgada pelo TST — Tribunal Superior do Trabalho — em 30.9.2002, afirmou-se que a vigência limitada de acordo coletivo não impede estabilidade, conforme abaixo:

> "O término da vigência de um acordo ou convenção coletiva que prevê a concessão de estabilidade ao empregado não extingue o direito adquirido pelo trabalhador à época em que a norma estava em vigor. O posicionamento foi firmado, por unanimidade, pela Segunda Turma do TST durante exame de recurso de revista proposto pela Companhia Municipal de Limpeza Urbana do Rio de Janeiro — Comlurb, interessada em afastar a reintegração de um servidor tornado estável por meio de acordo coletivo. Desta forma, a Súmula n. 277 do Tribunal Superior do Trabalho, que não reconhece a possibilidade de norma coletiva já esgotada produzir efeitos futuros, não pode ser aplicada a situações em que o acordo estabelece vantagem contratual como a aquisição da estabilidade aos dez anos de serviço. A Súmula n. 277 não admite efeitos futuros de norma coletiva, cuja vigência já tenha sido esgotada. Situação diversa, porém, é a de vantagem contratual criada por acordo ou convenção coletiva, que, por exemplo, no período de sua vigência, reconhece estabilidade decenal, desde que preenchidos determinados pressupostos", afirmou o relator da questão no TST, o juiz convocado José Pedro de Camargo. O entendimento foi reconhecido pelo TST, para quem a estabilidade estendida ao empregado é válida uma vez preenchidos os pressupostos estabelecidos pelo acordo coletivo. "Se cumpridos estes (pressupostos), essa condição contratual representa situação jurídica perfeita e acabada, inalterada para aquele ou aqueles trabalhadores, e, portanto, com efeitos futuros derivados da natureza do direito consagrado (adquirido)".

Por fim, nosso entendimento é que o *Princípio da Ultratividade*, consagrado no § 2º do art. 114 da CRF/1988, implica que os empregados admitidos após a vigência da norma coletiva, delas (cláusulas) não se beneficiam.

5.3. INCORPORAÇÃO DAS CLÁUSULAS NORMATIVAS AOS CONTRATOS DE TRABALHO

Sabemos que as sentenças normativas não integram definitivamente os contratos de trabalho, não por ser esta uma disposição expressa da lei, mas por assim constar na Súmula n. 277 do TST, *verbis*:

> Súmula n. 277. Sentença Normativa. Vigência. Repercussão nos contratos de trabalho. As condições de trabalho alcançadas por força de sentença normativa *vigoram no prazo assinado, não integrando, de forma definitiva, os contratos.*

Para aprofundamento da temática, contextualizamos os questionamentos de *Alexandre Chedid Rossi* (2006):

"Resta a indagação: *a restrição às sentenças normativas* (que salta aos olhos na leitura desse enunciado), *é proposital, ou, por um lapso, deveria terem sido incluídos o acordo coletivo e a convenção coletiva?*

Em outras palavras: *O acordo coletivo e a convenção coletiva de trabalho, os quais são também instrumentos normativos, considerados fontes formais do direito do trabalho, porém de origem autônoma, INTEGRAM em definitivo os contratos de trabalho, ou seguem a mesma sorte das sentenças normativas,* isto é, suas vantagens vigorarão apenas no prazo estabelecido, cujo limite é de 2 anos? As cláusulas de um instrumento normativo possuem tal ultra-atividade?

São duas as correntes de opiniões sobre o tema: a primeira considera as vantagens alcançadas, insuprimíveis pela caducidade ou perda de vigor do instrumento normativo, e sustenta sua tese na teoria do direito adquirido, lançando como fundamento legal o art. 468 da CLT; a segunda corrente de opiniões segue a Súmula n. 277 supratranscrita, ampliando sua aplicação também aos instrumentos de negociação autônoma, e não apenas às sentenças normativas.

Deixemos claro, de imediato, nosso posicionamento contrário à primeira corrente, respeitados os Doutos que a defendem. Louvável, até certo ponto, a sua manifesta peregrinação pelos campos do protecionismo ao operário, mas sufragar a tese de que um instrumento normativo com prazo delimitado no tempo possa incorporar em definitivo os contratos de trabalho quanto às vantagens através dele auferidas, é litigar contra o bom senso.

Primeiramente, não vislumbramos qualquer possibilidade de sustentação de referida tese, com base no art. 468 da CLT. Esse dispositivo prevê a inalterabilidade *in pejus* das condições de trabalho, e está inserido, no conjunto celetista, dentre os Direitos Individuais do Trabalho, referindo-se expressamente ao conteúdo do contrato de trabalho, vide:

Art. 468. Nos contratos individuais de trabalho só é lícita a alteração das respectivas condições por mútuo consentimento, e ainda assim desde que não resultem, direta ou indiretamente, prejuízos ao empregado, sob pena de nulidade da cláusula infringente desta garantia. (grifamos)

Conclui o autor acima que, atualmente, vige entre nós a regra da não-incorporação das cláusulas normativas nos contratos individuais de trabalho, aplicando-se a Súmula n. 277 não apenas às sentenças normativas, mas também aos instrumentos normativos de autocomposição.

5.3.1. Princípio ou teoria do conglobamento

Conforme a lição do mestre francês *Américo Plá Rodriguez*[18], o intérprete ou aplicador da lei deve pautar-se por princípios orientadores para a verificação da norma mais favorável ao empregado com o fito de aplicá-la *in concreto*. Após essa verificação, indaga-se: *como se estabelece a comparação? Devem ser comparadas as duas normas em seu conjunto ou tomada de cada norma a parte que seja mais favorável ao trabalhador?*

Basicamente, existem duas teorias acerca da aplicação da norma mais favorável: *teoria da incindibilidade ou conglobamento, teoria da acumulação ou atomista*[19].

A *teoria da incindibilidade ou conglobamento* preconiza que as normas devem ser consideradas em seu conjunto, sendo certo que não deve haver a cisão do instrumento que contém as normas aplicáveis. Deverá, portanto, segundo essa teoria, haver a consideração global ou do conjunto das normas aplicáveis[20].

A *teoria da acumulação ou atomista* consubstancia-se na possibilidade de extração em cada norma das disposições mais favoráveis ao trabalhador, ou seja, haveria uma soma das vantagens extraídas de diferentes fontes normativas. Denomina-se *atomista*, pelo fato de que *não toma o todo como um conjunto, mas a cada uma de suas partes como coisas separáveis*[21].

---

(18) RODRIGUEZ, Américo Plá. *Princípios de direito do trabalho*, p. 58.

(19) *Julpiano Chaves Cortez* (2004) observa que em caso de conflito entre normas coletivas do mesmo ordenamento jurídico ou na hipótese de comparação de lei nacional com outra estrangeira, impera o princípio da aplicação da norma mais favorável ao trabalhador. *Para a escolha dessa norma mais benéfica, existem critérios que se fundamentam nas teorias da acumulação, do conglobamento e do conglobamento mitigado* (incindibilidade dos institutos jurídicos). Essas teorias, conforme *Vólia Bomfim Cassar, também são conhecidas pelas denominações: a) atomística, da soma, acumulação ou cumulação; b) conglobamento, em bloco ou do conjunto; c) intermediária, orgânica ou eclética*. Onde as teorias do conglobamento e da acumulação foram criadas em decorrência do estudo da aferição da norma mais favorável. Pela primeira teoria, o hermeneuta, diante de instrumentos jurídicos em conflito, haveria de sopesar qual deles seria o mais benéfico ao empregado, tomando por parâmetro a totalidade de seus dispositivos. A segunda teoria, por sua vez, sustenta que a aferição da norma mais benéfica deve ser feita dispositivo por dispositivo, de sorte que o hermeneuta poderia se valer, concomitantemente, de um dispositivo mais favorável de um sistema legal aliado a outro mais favorável do sistema jurídico conflitante.

Ainda para o autor, cogita-se uma terceira teoria, qual seja a do conglobamento mitigado, pela qual a apreciação da norma mais favorável há de ser feita instituto por instituto. Assim, tomando por exemplo o objeto do presente estudo, o instituto seria o das férias individuais. O intérprete e aplicador da lei, por conseguinte, haveria de optar pela utilização integral ou da Convenção n. 132, ou das normas internas atualmente em vigência.

(20) Neste sentido: GRECO, Paolo. *Il contrato di lavoro;* e BOTIJA, Eugenio Pérez; CHACÓN, Gaspar Bayón. *Derecho del trabajo.* apud RODRIGUEZ, Américo Plá. *Princípios de direito do trabalho*, pp. 58-59.

(21) Neste sentido: PERGOLESI, Ferrucio. *Nozione, sistema e fonti del diritto del lavoro;* e MAZZONI, Giuliano. *Il contrato di lavoro nel sistema del diritto italiano del lavoro,* apud RODRIGUEZ, Américo Plá. *Princípios de direito do trabalho*, p. 58.

Analisemos as teorias ou princípios como se segue:

Como se estabelece a comparação? Devem ser comparadas as duas normas em seu conjunto ou tomada de cada norma a parte que seja mais favorável ao trabalhador? Há dois posicionamentos nesse sentido. O primeiro, baseado na *teoria da acumulação*, sustenta que nos conflitos hierárquicos deve prevalecer a norma mais favorável para o trabalhador; a comparação assim pressuposta deverá ser feita regra a regra, isoladamente, de tal forma que o regime aplicável às situações laborais seja equivalente a um somatório (acumulação) de normas retiradas de diversas fontes e que, em comum, têm apenas serem mais favoráveis para os trabalhadores. Em suma: *o trabalhador gozará de estatuto mais benéfico, ainda que seja preciso fragmentar as suas disposições, retirando-se preceitos de normas diferentes, condições singulares contidas nos diferentes textos.*

Já o segundo posicionamento se estriba na *teoria do conglobamento*. Para essa teoria, a regra mais favorável deveria ser aplicada comparando as fontes em análise, na sua globalidade: *prevalece assim, a que, no conjunto, se revele mais útil para os trabalhadores, ou seja, não haverá fracionamento de disposições nem cisão de conteúdos.* Apenas será mais favorável o estatuto que globalmente for entendido como tal, não o decompondo, ficando assim excluída a possibilidade de aplicação simultânea de regimes diferentes.

A doutrina e a jurisprudência titubeiam na aplicabilidade das teorias, havendo uma certa preponderância da *teoria do conglobamento*[22], já que esta visivelmente prestigia outro princípio de Direito do Trabalho, qual seja, o *princípio da* autodeterminação coletiva.

---

(22) Para *Mário Pinto Rodrigues da Costa Filho* (2006), no Brasil destes novos tempos, apesar dos esforços em contrário, a questão tem sido resolvida com apoio no princípio ou teoria do conglobamento.

Pontos anteriormente conquistados por uma categoria de trabalhadores devem ser considerados no conjunto das regras, não podendo ser pinçados somente os favoráveis de um estatuto para somar-se ao de outra convenção. Por este princípio, conjugando-o com o da autonomia privada coletiva e o da flexibilização, introduzido pela Constituição (art. 7º, VI), os Sindicatos podem reduzir benefícios em troca de garantias que, em dado momento, sejam consideradas mais vantajosas para a totalidade da categoria.

Este princípio, por isto, inviabiliza a análise isolada de uma ou outra cláusula coletivamente pactuada. A classe trabalhadora para obter vantagem deve ter em mente que precisa negociar uma condição em relação às outras e isto não afeta o princípio interpretativo tradicional da norma mais favorável ao trabalhador, uma vez que a norma coletiva deve ser analisada sistemicamente e não particularmente, sob pena de sua descaracterização.

Tampouco permite este princípio do conglobamento que se analise uma única cláusula de acordo coletivo (produto de autocomposição) para entendê-la inválida, sem considerar o conjunto das demais vantagens auferidas pela categoria. O princípio da autonomia da vontade coletiva e o da flexibilização, introduzido pelo art. 7º, inciso VI, da Constituição autorizam o sindicato a reduzir benefícios, em troca de garantias que, em dado momento, sejam consideradas mais vantajosas para a totalidade da categoria.

Neste sentido, acolhendo a *teoria do conglobamento,* o Colendo Tribunal Superior do Trabalho proferiu a seguinte decisão:

Horas *in itinere* — Princípio do conglobamento x princípio da norma mais favorável — Teto máximo para sua concessão fixado em convenção coletiva. *Sendo a convenção coletiva firmada mediante transação entre as partes, há que se ter em mente o princípio do conglobamento onde a classe trabalhadora, para obter certas vantagens, negocia em relação a outras. Isso de modo algum afeta o princípio da norma mais favorável ao trabalhador, uma vez que a norma coletiva deve ser analisada sistemicamente e não particularmente, sob pena de sua descaracterização. Assim, é válida a fixação de teto máximo para a concessão de horas* in itinere *em convenção coletiva.* (TST — RR n. 214.745 — 5ª T — Ac. n. 903/97 — Rel. Min. Armando de Brito — DJU 18.4.97)

5.4. CONVENÇÃO N. 154 DA OIT

Faço saber que o Congresso Nacional aprovou, nos termos do art. 49, inciso I, da Constituição, e eu, Mauro Benevides, Presidente do Senado Federal, promulgo o seguinte

Decreto Legislativo n. 22, de 1992

Aprova o texto da Convenção n. 154, da Organização Internacional do Trabalho (OIT), sobre o incentivo à negociação coletiva, adotado em Genebra, em 1981, durante a 67ª Reunião da Conferência Internacional do Trabalho.

O CONGRESSO NACIONAL decreta:

Art. 1º É aprovado o texto da Convenção n. 154, da Organização Internacional do Trabalho (OIT), sobre o incentivo à negociação coletiva, adotado em Genebra, em 1981, durante a 67ª Reunião da Conferência Internacional do Trabalho.

Art. 2º Este decreto legislativo entra em vigor na data de sua publicação.

Senado Federal, 12 de maio de 1992.

Senador *Mauro Benevides*, Presidente.

Decreto n. 1.256, de 29 de setembro de 1994

Promulga a Convenção n. 154, da Organização Internacional do Trabalho, sobre o Incentivo à Negociação Coletiva, concluída em Genebra, em 19 de junho de 1981.

O PRESIDENTE DA REPÚBLICA, no uso das atribuições que lhe confere o art. 84, inciso VIII, da Constituição, e

Considerando que a Convenção, n. 154, sobre o Incentivo à Negociação Coletiva, foi concluída em Genebra, em 19 de junho de 1981;

Considerando que a Convenção ora promulgada foi oportunamente submetida à apreciação do Congresso Nacional, que a aprovou por meio do Decreto Legislativo n. 22, de 12 de maio de 1992, publicado no *Diário Oficial da União* n. 90, de 13 de maio de 1992;

Considerando que a Convenção em tela entrou em vigor internacional em 11 de agosto de 1983;

Considerando que o Governo brasileiro depositou, em 10 de julho de 1992, a Carta de Ratificação desse instrumento multilateral, que passou a vigorar, para o Brasil, em 10 de julho de 1993, na forma do seu art. 11;

Decreta:

Art. 1º A Convenção n. 154, da Organização Internacional do Trabalho, sobre o Incentivo à Negociação Coletiva, concluída em Genebra, em 19 de junho de 1981, apensa por cópia a este decreto, deverá ser cumprida tão inteiramente como nela se contém.

Art. 2º O presente decreto entra em vigor na data de sua publicação.

Brasília, em 29 de setembro de 1994; 173º da Independência e 106º da República.

Itamar Franco

Roberto Pinto F. Mameri Abdenur

Anexo ao Decreto que promulga a Convenção n. 154, da Organização Internacional do Trabalho, sobre o Incentivo à Negociação Coletiva, adotada em Genebra, em 19 de junho de 1981/MRE

Convenção n. 154
Convenção sobre o Incentivo à Negociação Coletiva
(Adotada em Genebra, em 19 de junho de 1981)

A Conferência Geral da Organização Internacional do Trabalho:

Convocada em Genebra pelo Conselho de Administração da Repartição Internacional do Trabalho, e reunida naquela cidade em 3 de junho de 1981 em sua Sexagésima Sétima Reunião;

Reafirmando a passagem da Declaração da Filadélfia onde reconhece-se "a obrigação solene de a Organização Internacional do Trabalho estimular, entre todas as nações do mundo, programas que permitam (...) alcançar o reconhecimento efetivo do direito de negociação coletiva", e levando em consideração que tal princípio é "plenamente aplicável a todos os povos";

Tendo em conta a importância capital das normas internacionais contidas na Convenção sobre a Liberdade Sindical e a Proteção do Direito de Sindicalização, de 1948; na Convenção sobre a Liberdade Sindical e a Proteção do Direito de Sindicalização, de 1948 na Convenção sobre o Diretório de Sindicalização e de Negociação Coletiva, de 1949; na Recomendação sobre os Tratados Coletivos, de 1951; na Recomendação sobre Conciliação e Arbitragem Voluntárias, de 1951; na Convenção e na Recomendação sobre as relações de trabalho na administração do trabalho, de 1978;

Considerando que deveriam produzir-se maiores esforços para realizar os objetivos de tais normas e especialmente os princípios gerais enunciados no art. 4º da Convenção sobre o Direito de Sindicalização e de Negociação Coletiva, de 1949, e no § 1º da Recomendação sobre os Contratos Coletivos, de 1951;

Considerando, por conseguinte, que essas normas deveriam ser complementadas por medidas apropriadas baseadas nas ditas normas e destinadas a estimular a negociação coletiva e voluntária;

Após ter decidido adotar diversas proposições relativas ao incentivo à negociação coletiva, questão esta que constitui o quarto ponto da ordem do dia da reunião, e depois de ter decidido que tais proposições devem se revestir da forma de uma convenção internacional, adotada, com a data de 19 de junho de 1981, a presente Convenção, que poderá ser citada como a Convenção sobre a Negociação Coletiva, de 1981:

PARTE 1
Campo de Aplicação e Definições

Art. 1º

A presente Convenção aplica-se a todos os ramos da atividade econômica.

A legislação ou a prática nacionais poderão determinar até que ponto as garantias previstas na presente Convenção são aplicáveis às Forças Armadas e à Polícia.

No que se refere à administração pública, a legislação ou a prática nacionais poderão fixar modalidades particulares de aplicação desta Convenção.

Art. 2º

Para efeito da presente Convenção, a expressão "negociação coletiva" compreende todas as negociações que tenham lugar entre, de uma parte, um empregador, um grupo de empregadores ou uma organização ou várias organizações de empregadores, e, de outra parte, uma ou várias organizações de trabalhadores, com o fim de:

— fixar as condições de trabalho e emprego; ou

— regular as relações entre empregadores e trabalhadores; ou

— regular as relações entre os empregadores ou suas organizações e uma ou várias organizações de trabalhadores, ou alcançar todos estes objetivos de uma só vez.

Art. 3º

1. Quando a lei ou a prática nacionais reconhecerem a existência de representantes de trabalhadores que correspondam à definição do anexo b) do art. 3º da Convenção sobre os Representantes dos Trabalhadores, de 1971, a lei ou a prática nacionais poderão determinar até que ponto a expressão "negociação coletiva" pode igualmente se estender, no interesse da presente Convenção, às negociações com tais representantes.

2. Quando, em virtude do que dispõe o § 1º deste artigo, a expressão "negociação coletiva" incluir também as negociações com os representantes dos trabalhadores a que se refere o parágrafo mencionado, deverão ser adotadas, se necessário, medidas apropriadas para garantir que a existência destes representantes não seja utilizada em detrimento da posição das organizações de trabalhadores interessadas.

PARTE II
Métodos de Aplicação

Art. 4º

Na medida em que não se apliquem por meio de contratos coletivos, laudos arbitrais ou qualquer outro meio adequado à prática nacional, as disposições da presente Convenção deverão ser aplicadas por meio da legislação nacional.

a) a negociação coletiva seja possibilitada a todos os empregadores e a todas as categorias de trabalhadores dos ramos de atividade a que se aplique a presente Convenção;

b) a negociação coletiva seja progressivamente estendida a todas as matérias a que se referem os anexos a), b) e c) do art. 2º da presente Convenção;

c) seja estimulado o estabelecimento de normas de procedimento acordadas entre as organizações de empregadores e as organizações de trabalhadores;

— a negociação coletiva não seja impedida devido à inexistência ou ao caráter impróprio de tais normas;

— os órgãos e os procedimentos de resolução dos conflitos trabalhistas sejam concedidos de tal maneira que possam contribuir para o estimulo à negociação coletiva.

Art. 5º

As disposições da presente Convenção não obstruirão o funcionamento de sistemas de relações de trabalho, nos quais a negociação coletiva ocorra em um quadro de mecanismos ou

PARTE III
Estímulo à Negociação Coletiva

Art. 6º

1. Deverão ser adotadas medidas adequadas às condições nacionais no estímulo à negociação coletiva.

2. As medidas a que se refere o § 1º deste artigo devem prover que:

— de instituições de conciliação de arbitragem, ou de ambos, nos quais tomem parte voluntariamente as partes na negociação coletiva.

Art. 7º

As medidas adotadas pelas autoridades públicas para estimular o desenvolvimento da negociação coletiva deverão ser objeto de consultas prévias e, quando possível, de acordos entre as autoridades públicas e as organizações patronais e as de trabalhadores.

Art. 8º

As Medidas previstas com o fito de estimular a negociação coletiva não deverão ser concedidas ou aplicadas de modo a obstruir a liberdade de negociação coletiva.

PARTE IV
Disposições Finais

Art. 9º

A presente Convenção não revê nenhuma Convenção ou Recomendação Internacional de Trabalho existentes.

Art. 10

As ratificações formais da presente Convenção serão comunicadas ao Diretor-Geral da Repartição Internacional do Trabalho, a fim de serem registradas.

Art. 11

1. Esta Convenção obrigará apenas os Membros da Organização Internacional do Trabalho cujas ratificações tenham sido registradas pelo Diretor-Geral.

2. Entrará em vigor 12 (doze) meses após a data em que as ratificações de 2 (dois) Membros tenham sido registradas pelo Diretor-Geral.

A partir do referido momento, esta Convenção entrará em vigor, para cada membro, 12 (doze) meses após a data em que tenha sido registrada sua ratificação.

Art. 12

1. Todo Membro que tenha ratificado esta Convenção poderá denunciá-la ao término de um período de 10 (dez) anos, a partir da data em que tenha entrado em vigor, mediante ata comunicada, para seu registro, ao Diretor-Geral da Secretaria Internacional do Trabalho. A denúncia não surtirá efeitos até 1 (um) ano após a data em que tenha sido registrada.

2. Todo Membro que tenha ratificado esta Convenção e que, no prazo de 1 (um) ano após a expiração do período de 10 (dez) anos mencionado no parágrafo precedente, não faça uso do direito de denúncia previsto neste artigo ficará obrigado durante em novo período de 10 (dez) anos e, futuramente, poderá denunciar esta Convenção por ocasião da expiração de cada período de 10 (dez) anos, nas condições previstas neste artigo.

Art. 13

O Diretor-Geral da Repartição Internacional do Trabalho notificará a todos os Membros da Organização Internacional do Trabalho o registro de quantas ratificações, declarações e denúncias lhe tenham sido comunicadas pelos membros da Organização.

Ao notificar aos Membros da Organização o registro da segunda ratificação que lhe sido comunicada, o Diretor-Geral informará aos Membros da Organização sobre a data em que entrará em vigor a presente Convenção.

Art. 14

O Diretor-Geral da Secretaria Internacional do Trabalho apresentará ao Secretário-Geral das Nações Unidas, de acordo com o registro e de conformidade com o art. 102 da Carta das Nações Unidas, uma informação completa sobre todas as ratificações, declarações e atas de denúncia que, de acordo com os artigos precedentes, tenham sido registradas.

Art. 15

Sempre que julgar necessário, o Conselho de Administração da Secretaria Internacional do Trabalho apresentará a Conferência uma memória sobre a aplicação da Convenção e considerará a conveniência de incluir na ordem do dia da Conferência a questão de sua revisão total ou parcial.

Art. 16

1. Caso a Conferência adote uma nova Convenção que implique uma revisão total ou parcial da presente, e a menos que a nova Convenção contenha disposições contrárias:

a) a ratificação por um Membro da nova Convenção revista implicará, *ipso jure*, a denúncia imediata desta Convenção, não obstante as disposições contidas no art. 12, desde que a nova Convenção revista tenha entrado em vigor;

b) a partir da data em que entre em vigor a nova Convenção revista, a presente Convenção cessará de estar aberta à ratificação pelos Membros.

2. Esta Convenção continuará em vigor em qualquer hipótese, para aqueles Membros que a tenham ratificado, em sua forma e conteúdo atuais, e não tenham ratificado a Convenção revista.

Art. 17

As versões inglesa e francesa desta Convenção são igualmente autênticas.

6. MEDIAÇÃO E ARBITRAGEM NO DIREITO DO TRABALHO

As alterações provocadas pela atual conjuntura econômica oriundas da globalização têm-se marcado pela busca do lucro e, conseqüentemente, da flexibilização ou adaptabilidade das normas de Direito Material e Processual do Trabalho.

Ademais, o princípio protetor, que objetivava equilibrar a desigualdade existente entre os interlocutores capital e trabalho, não tem conseguido o êxito almejado pelos legisladores pátrios, uma vez que as demandas judiciais aumentaram e nossa justiça trabalhista tornou-se impotente para solucionar tamanha quantidade de conflitos. Assim, a Mediação como instituição jurídica surgiu da necessidade de desafogar o Judiciário do volume crescente de ações e principalmente pela solução do conflito em tempo razoável.

Conceito:

Manoel Alonso Garcia (1973) define a Mediação como "*a instituição jurídica destinada à atuação de pretensões — ou à solução de conflitos — ante um órgão designado pelas partes ou instituído oficialmente, chamado a formular uma proposta ou recomendação que carece de valor decisório*".

Guilherme Augusto Caputo Bastos (1999), conceitua: "Mediação é *uma técnica privada*[1] *de solução de conflitos em que as partes interessadas, por meio de um mediador, compõem os seus interesses através de fórmulas pacíficas, independentemente de imposições de sentenças ou de laudos*".

Para *Francisco Ferreira Jorge Neto* e *Jouberto de Quadros Pessoa Cavalcante* (2004), a *mediação é a formulação de propostas para a solução dos conflitos*. O mediador como o árbitro, é um terceiro, tendo a função de ouvir e formular as propostas. As partes não estão obrigadas a aceitar a proposta. Só haverá a composição, de forma concreta, se

---

(1) *Públicas* (por um órgão da administração pública ou um serviço especial do Ministério do Trabalho e Emprego) ou *privadas* (mediador particular escolhido pelas partes).

houver o ajuste de vontade das partes. O mediador não possui o poder de coação sobre as medidas propostas. Atua como um intermediário. O art. 616, § 1º, da CLT dispõe que o delegado regional do trabalho pode atuar como mediador dos conflitos coletivos, tendo poder de convocação das partes para que compareçam a uma mesa redonda, com o intuito da solução do impasse. Referida mediação não é obrigatória para a instauração do dissídio coletivo.

O Ministério do Trabalho e Emprego em seu Manual do Mediador traz a seguinte definição: "*é uma técnica de manter a negociação entre as partes litigantes sob o controle de uma terceira pessoa, neutra e preparada para superar impasses e continuar negociando, mesmo quando tudo parece estar irremediavelmente perdido*".

Expostos os conceitos doutrinários acima mencionados, *acreditamos ser a Mediação uma técnica pública ou privada de equacionar interesses através de um terceiro imparcial à demanda.*

Natureza jurídica:

A Dra. *Lúcia Costa Matoso de Castro*, em seu artigo "Mediação: Uma Alternativa Dramática" relata o entendimento de *Alfredo Ruprecht* "a Mediação é um processo, se bem que com caracteres distintos do processo-instituição, em face do órgão que nele intervém".

Entendemos ser a *Mediação uma seqüência de procedimentos de natureza contratual administrativa ou privada, não-judicial, cujos efeitos dependem da aceitação dos interessados.*

Característica da mediação:

Expõe o renomado autor *Alfredo Ruprecht,* citado por *Jair Teixeira dos Reis* (2004), ser a Mediação: "1º) uma instituição jurídica; 2º) o órgão tem uma função ativa; 3º) o órgão faz uma proposta ou recomendação; 4º) a solução depende do comum acordo das partes".

O serviço de medição também pode ser caracterizado pela *imparcialidade, voluntariedade, orientação técnico-jurídica,* em que os interlocutores sociais poderão apresentar-se desprovidos de procuradores jurídicos.

Diferentemente do árbitro e do juiz, o mediador não tem poderes para decidir o impasse instaurado[2], uma vez que sua atividade limita-se a *recomendar, orientar e sugerir soluções* que poderão ser ou não aceitas pelas partes.

---

(2) O mediador não impõe uma solução e sim sugere a solução; é um facilitador. É um terceiro. Pode ser pública ou privada, facultativa ou obrigatória, etc. No Brasil, as partes podem livremente escolher a mediação. Pode ser executada por qualquer pessoa. No Brasil não é muito utilizada (Nelson Mannrich, 2006).

Assim, as partes comparecem perante um órgão ou uma pessoa, designados por elas ou instituído oficialmente, o qual propõe uma solução, que pode ou não ser por elas acolhida. Não é uma decisão. O mediador não substitui a vontade das partes.

Mediação versus transação:

A transação é ato bilateral com ônus recíprocos, sendo ainda ato jurídico que extingue obrigações litigiosas ou duvidosas, através de concessões recíprocas das partes interessadas.

Na transação, instituto do Direito Civil, são expostas as diferenças para a busca de soluções, tendo como pressuposto a igualdade das partes.

Consoante o Manual de Orientações da Mediação de Conflitos Individuais, a mediação administrativa para conflitos individuais busca, precípua e fundamentalmente, a solução justa, de conformidade com a legislação aplicável, a razoabilidade e a correta aplicação da norma ao caso concreto, aceito pelos litigantes, sem perquirir desistência de diretos irrenunciáveis.

Na transação, os interesses são negociados pelas partes diretamente, enquanto que na mediação um terceiro neutro conduz o processo ativamente na busca de soluções que mais se ajustam aos anseios dos interlocutores.

Arbitragem:

A arbitragem[3] está prevista no texto constitucional, como forma alternativa de solução dos conflitos trabalhistas (art. 114, §§ 1º e 2º, da CF).

> § 1º Frustrada a negociação coletiva, as partes poderão eleger árbitros.
>
> § 2º Recusando-se qualquer das partes à negociação coletiva ou à arbitragem, é facultado às mesmas, de comum acordo, ajuizar dissídio coletivo de natureza econômica, podendo a Justiça do Trabalho decidir o conflito, respeitadas as disposições mínimas legais de proteção ao trabalho, bem como as convencionadas anteriormente.

O art. 83, XI, da Lei n. 75/93 estabelece a possibilidade de arbitragem em dissídios coletivos. *In verbis*:

> Art. 83. Compete ao Ministério Público do Trabalho o exercício das seguintes atribuições junto aos órgãos da Justiça do Trabalho:
>
> (...)
>
> XI — atuar como árbitro, se assim for solicitado pelas partes, nos dissídios de competência da Justiça do Trabalho.

---

(3) A Carta Constitucional só se refere expressamente à arbitragem nas negociações coletivas de trabalho, sendo assim, um procedimento alternativo ao dissídio, após frustrada a negociação coletiva, com o qual não se confunde por seu caráter privado e não jurisdicional.

A *arbitragem* (Lei n. 9.307/96), "é um meio alternativo de solução de conflitos, através do qual as partes elegem uma terceira pessoa, cuja decisão terá o mesmo efeito que a solução jurisdicional, pois é impositiva para as partes" (Morgado, Isabele Jacob, 1998).

Constitui-se a arbitragem num "instituto misto, porque, como leciona *Guido Soares, apud Georgenor de Sousa Franco Filho* (1990*)*, é, a um só tempo, jurisdição e contrato, sendo um procedimento estipulado pelas partes, com rito por elas determinado, ou, na falta, suprido pela lei processual da sede do tribunal arbitral, fundando-se no acordo de vontade das partes que procuram obter a solução de um litígio ou de uma controvérsia".

Vale ainda registrar a conclusão do jurista *Georgenor de Souza Franco Filho* (1990):

> *"Através da solução arbitral dos conflitos trabalhistas poderá se ter condições de encontrar almejada convivência pacífica entre os fatores de produção, a partir de que o capital e trabalho em comum acordo, atribua a um terceiro, privado, independente e isento, a busca dos remédios para sarar seus desentendimentos.* É forma válida para se obter a composição das divergências entre categorias econômica e profissional, e *aperfeiçoar a distribuição da riqueza. Não é mecanismo utópico. Ao contrário, com a sua boa implementação e o conhecimento acurado de suas técnicas, poderá ser a fórmula que se busca para o perfeito entendimento entre os parceiros sociais".*

Pode-se, ainda, conceituar arbitragem como "um processo de solução de conflitos jurídicos pelo qual o terceiro, estranho aos interesses das partes, tenta conciliar e, sucessivamente, decide a controvérsia" (José Augusto Rodrigues Pinto, 1998).

Outro conceito pertinente esclarece que *"a arbitragem é uma forma de composição extrajudicial dos conflitos, por alguns doutrinadores considerada um equivalente jurisdicional"* (Amauri Mascaro Nascimento, 1999).

Para *Augusto César Ramos* (2006), impende ressaltar que a utilização da arbitragem está adstrita a direitos passíveis de serem transacionados, ou seja, direitos de índole patrimonial. Assim, não pode ser utilizada em matéria de Direito de Família, Direito Penal, Falimentar e Previdenciário e, acrescentamos matéria trabalhista em dissídio individual.

A arbitragem é um meio de solução de conflitos intersubjetivos, eleito livremente pelas partes, que afasta a atuação da jurisdição, permitindo que a decisão seja tomada por juízes privados, pelas mesmas escolhidos (João Alberto de Almeida, 2000).

Lecionam *Vicente Paulo, Marcelo Alexandrino* e *Gláucia Barreto* (2005) que a *arbitragem é o procedimento de solução do conflito mediante um órgão ou uma pessoa ao qual as partes são submetidas e que proferirá uma decisão*. Essa pessoa, suprapartes, denomina-se árbitro, e a decisão proferida tem o nome de sentença arbitral.

No âmbito trabalhista, a sentença arbitral vem a ser uma *decisão proferida por um árbitro escolhido pelas partes* num conflito coletivo de trabalho. *Terá efeito de decisão irrevogável, mas sua natureza é não-jurisdicional*, pois é ato promanado de fonte externa ao Poder Judiciário. Complementa, ainda, que a sentença arbitral não se confunde com a sentença judicial, pois o árbitro não é juiz, pode ser particular, não está investido de jurisdição e não decide em nome do Estado. Além disso, os fundamentos da sentença arbitral não são obrigatoriamente jurídicos. As partes apenas se comprometem a acatar a sua decisão, mas esta não é dotada de força executiva, de forma que se uma das partes se recusar a cumpri-la, só restará à outra parte submeter a questão ao Poder Judiciário.

Finalmente, convêm-nos verificar se a Lei n. 9.307, de 23 de dezembro de 1996 pode ser aplicada como critério de solução dos conflitos individuais de trabalho. Já pontificamos acima que o instituto é aplicável a litígios relativos a direitos patrimoniais disponíveis e ao Conflito Coletivo de Trabalho. *Jorge Luiz Souto Maior* (*In* Revista LTr, vol. 61, p. 155) defende a seguinte tese:

> "Bem verdade que se costuma fazer algumas distinções, na doutrina trabalhista, acerca do assunto. Em primeiro lugar, quanto à fonte do direito pronunciado. Tratando-se de norma legal, entender-se-á a irrenunciável (ex. aviso prévio), exceto por autorização expressa de lei. Tratando-se de norma oriunda de trato consensual pode haver a renúncia, desde que não haja proibição legal para tal, vício do consentimento, ou prejuízo para o empregado (art. 468 da CLT). Em segundo lugar, costuma-se diferenciar a renúncia pelo momento de sua realização; antes da formalização do contrato de trabalho; durante o transcurso desse contrato e após a sua cessação. Não se admite a renúncia prévia; aceita-se, como exceção para as regras contratuais e legais, quando expressamente autorizadas, durante a relação; e admite-se-a, com bem menos restrições, após a cessação do vínculo. De qualquer modo, parece não restar dúvidas de que se está quando se analisa o direito do trabalho, diante de um direito que não comporta, em princípio, a faculdade da disponibilidade de direitos por ato voluntário e isolado do empregado. Assim, o Direito do Trabalho não se enquadra, perfeitamente, à previsão do art. 1º da Lei n. 9.307/96, inicialmente referido, inviabilizando a arbitragem como mecanismo de solução dos conflitos individuais de trabalho".

Francisco Ferreira Jorge Neto e *Jouberto de Quadros Pessoa Cavalcante* (2004) concordam com a tese do professor *Souto Maior* nos seguintes termos: A arbitragem não é compatível com o Direito do Trabalho na solução dos conflitos individuais de trabalho. A solução deve partir das próprias partes interessadas, com valorização de mecanismos dentro do seio das categorias econômicas e profissionais, inserindo-se, nos instrumentos negociais, procedimentos como as Comissões de Conciliação Prévia, prevista na Lei n. 9.958/2000.

Lei da Arbitragem:

Lei n. 9.307, de 23 de setembro de 1996

Dispõe sobre a arbitragem.

O PRESIDENTE DA REPÚBLICA

Faço saber que o Congresso Nacional decreta e eu sanciono a seguinte Lei:

Capítulo I
Disposições Gerais

Art. 1º As pessoas capazes de contratar poderão valer-se da arbitragem para dirimir litígios relativos a direitos patrimoniais disponíveis.

Art. 2º A arbitragem poderá ser de direito ou de eqüidade, a critério das partes.

§ 1º Poderão as partes escolher, livremente, as regras de direito que serão aplicadas na arbitragem, desde que não haja violação aos bons costumes e à ordem pública.

§ 2º Poderão, também, as partes convencionar que a arbitragem se realize com base nos princípios gerais de direito, nos usos e costumes e nas regras internacionais de comércio.

Capítulo II
Da Convenção de Arbitragem e seus Efeitos

Art. 3º As partes interessadas podem submeter a solução de seus litígios ao juízo arbitral mediante convenção de arbitragem, assim entendida a cláusula compromissória e o compromisso arbitral.

Art. 4º A cláusula compromissória é a convenção através da qual as partes em um contrato comprometem-se a submeter à arbitragem os litígios que possam vir a surgir, relativamente a tal contrato.

§ 1º A cláusula compromissória deve ser estipulada por escrito, podendo estar inserta no próprio contrato ou em documento apartado que a ele se refira.

§ 2º Nos contratos de adesão, a cláusula compromissória só terá eficácia se o aderente tomar a iniciativa de instituir a arbitragem ou concordar, expressamente, com a sua instituição, desde que por escrito em documento anexo ou em negrito, com a assinatura ou visto especialmente para essa cláusula.

Art. 5º Reportando-se as partes, na cláusula compromissória, às regras de algum órgão arbitral institucional ou entidade especializada, a arbitragem será instituída e processada de acordo com tais regras, podendo, igualmente, as partes estabelecer na própria cláusula, ou em outro documento, a forma convencionada para a instituição da arbitragem.

Art. 6º Não havendo acordo prévio sobre a forma de instituir a arbitragem, a parte interessada manifestará à outra parte sua intenção de dar início à arbitragem, por via postal ou por outro meio qualquer de comunicação, mediante comprovação de recebimento, convocando-a para, em dia, hora e local certos, firmar o compromisso arbitral.

Parágrafo único. Não comparecendo a parte convocada ou, comparecendo, recusar-se a firmar o compromisso arbitral, poderá a outra parte propor a demanda de que trata o art. 7º desta Lei, perante o órgão do Poder Judiciário a que, originariamente, tocaria o julgamento da causa.

Art. 7º Existindo cláusula compromissória e havendo resistência quanto à instituição da arbitragem, poderá a parte interessada requerer a citação da outra parte para comparecer em juízo a fim de lavrar-se o compromisso, designando o juiz audiência especial para tal fim.

§ 1º O autor indicará, com precisão, o objeto da arbitragem, instruindo o pedido com o documento que contiver a cláusula compromissória.

§ 2º Comparecendo as partes à audiência, o juiz tentará, previamente, a conciliação acerca do litígio. Não obtendo sucesso, tentará o juiz conduzir as partes à celebração, de comum acordo, do compromisso arbitral.

§ 3º Não concordando as partes sobre os termos do compromisso, decidirá o juiz, após ouvir o réu, sobre seu conteúdo, na própria audiência ou no prazo de dez dias, respeitadas as disposições da cláusula compromissória e atendendo ao disposto nos arts. 10 e 21, § 2º, desta Lei.

§ 4º Se a cláusula compromissória nada dispuser sobre a nomeação de árbitros, caberá ao juiz, ouvidas as partes, estatuir a respeito, podendo nomear árbitro único para a solução do litígio.

§ 5º A ausência do autor, sem justo motivo, à audiência designada para a lavratura do compromisso arbitral, importará a extinção do processo sem julgamento de mérito.

§ 6º Não comparecendo o réu à audiência, caberá ao juiz, ouvido o autor, estatuir a respeito do conteúdo do compromisso, nomeando árbitro único.

§ 7º A sentença que julgar procedente o pedido valerá como compromisso arbitral.

Art. 8º A cláusula compromissória é autônoma em relação ao contrato em que estiver inserta, de tal sorte que a nulidade deste não implica, necessariamente, a nulidade da cláusula compromissória.

Parágrafo único. Caberá ao árbitro decidir de ofício, ou por provocação das partes, as questões acerca da existência, validade e eficácia da convenção de arbitragem e do contrato que contenha a cláusula compromissória.

Art. 9º O compromisso arbitral é a convenção através da qual as partes submetem um litígio à arbitragem de uma ou mais pessoas, podendo ser judicial ou extrajudicial.

§ 1º O compromisso arbitral judicial celebrar-se-á por termo nos autos, perante o juízo ou tribunal, onde tem curso a demanda.

§ 2º O compromisso arbitral extrajudicial será celebrado por escrito particular, assinado por duas testemunhas, ou por instrumento público.

Art. 10. Constará, obrigatoriamente, do compromisso arbitral:

I — o nome, profissão, estado civil e domicílio das partes;

II — o nome, profissão e domicílio do árbitro, ou dos árbitros, ou, se for o caso, a identificação da entidade à qual as partes delegaram a indicação de árbitros;

III — a matéria que será objeto da arbitragem; e

IV — o lugar em que será proferida a sentença arbitral.

Art. 11. Poderá, ainda, o compromisso arbitral conter:

I — local, ou locais, onde se desenvolverá a arbitragem;

II — a autorização para que o árbitro ou os árbitros julguem por eqüidade, se assim for convencionado pelas partes;

III — o prazo para apresentação da sentença arbitral;

IV — a indicação da lei nacional ou das regras corporativas aplicáveis à arbitragem, quando assim convencionarem as partes;

V — a declaração da responsabilidade pelo pagamento dos honorários e das despesas com a arbitragem; e

VI — a fixação dos honorários do árbitro, ou dos árbitros.

Parágrafo único. Fixando as partes os honorários do árbitro, ou dos árbitros, no compromisso arbitral, este constituirá título executivo extrajudicial; não havendo tal estipulação, o árbitro requererá ao órgão do Poder Judiciário que seria competente para julgar, originariamente, a causa que os fixe por sentença.

Art. 12. Extingue-se o compromisso arbitral:

I — escusando-se qualquer dos árbitros, antes de aceitar a nomeação, desde que as partes tenham declarado, expressamente, não aceitar substituto;

II — falecendo ou ficando impossibilitado de dar seu voto algum dos árbitros, desde que as partes declarem, expressamente, não aceitar substituto; e

III — tendo expirado o prazo a que se refere o art. 11, inciso III, desde que a parte interessada tenha notificado o árbitro, ou o presidente do tribunal arbitral, concedendo-lhe o prazo de dez dias para a prolação e apresentação da sentença arbitral.

Capítulo III
Dos Árbitros

Art. 13. Pode ser árbitro qualquer pessoa capaz e que tenha a confiança das partes.

§ 1º As partes nomearão um ou mais árbitros, sempre em número ímpar, podendo nomear, também, os respectivos suplentes.

§ 2º Quando as partes nomearem árbitros em número par, estes estão autorizados, desde logo, a nomear mais um árbitro. Não havendo acordo, requererão as partes ao órgão do Poder Judiciário a que tocaria, originariamente, o julgamento da causa a nomeação do árbitro, aplicável, no que couber, o procedimento previsto no art. 7º desta Lei.

§ 3º As partes poderão, de comum acordo, estabelecer o processo de escolha dos árbitros, ou adotar as regras de um órgão arbitral institucional ou entidade especializada.

§ 4º Sendo nomeados vários árbitros, estes, por maioria, elegerão o presidente do tribunal arbitral. Não havendo consenso, será designado presidente o mais idoso.

§ 5º O árbitro ou o presidente do tribunal designará, se julgar conveniente, um secretário, que poderá ser um dos árbitros.

§ 6º No desempenho de sua função, o árbitro deverá proceder com imparcialidade, independência, competência, diligência e discrição.

§ 7º Poderá o árbitro ou o tribunal arbitral determinar às partes o adiantamento de verbas para despesas e diligências que julgar necessárias.

Art. 14. Estão impedidos de funcionar como árbitros as pessoas que tenham, com as partes ou com o litígio que lhes for submetido, algumas das relações que caracterizam os casos de impedimento ou suspeição de juízes, aplicando-se-lhes, no que couber, os mesmos deveres e responsabilidades, conforme previsto no Código de Processo Civil.

§ 1º As pessoas indicadas para funcionar como árbitro têm o dever de revelar, antes da aceitação da função, qualquer fato que denote dúvida justificada quanto à sua imparcialidade e independência.

§ 2º O árbitro somente poderá ser recusado por motivo ocorrido após sua nomeação. Poderá, entretanto, ser recusado por motivo anterior à sua nomeação, quando:

a) não for nomeado, diretamente, pela parte; ou

b) o motivo para a recusa do árbitro for conhecido posteriormente à sua nomeação.

Art. 15. A parte interessada em argüir a recusa do árbitro apresentará, nos termos do art. 20, a respectiva exceção, diretamente ao árbitro ou ao presidente do tribunal arbitral, deduzindo suas razões e apresentando as provas pertinentes.

Parágrafo único. Acolhida a exceção, será afastado o árbitro suspeito ou impedido, que será substituído, na forma do art. 16 desta Lei.

Art. 16. Se o árbitro escusar-se antes da aceitação da nomeação, ou, após a aceitação, vier a falecer, tornar-se impossibilitado para o exercício da função, ou for recusado, assumirá seu lugar o substituto indicado no compromisso, se houver.

§ 1º Não havendo substituto indicado para o árbitro, aplicar-se-ão as regras do órgão arbitral institucional ou entidade especializada, se as partes as tiverem invocado na convenção de arbitragem.

§ 2º Nada dispondo a convenção de arbitragem e não chegando as partes a um acordo sobre a nomeação do árbitro a ser substituído, procederá a parte interessada da forma prevista no art. 7º desta Lei, a menos que as partes tenham declarado, expressamente, na convenção de arbitragem, não aceitar substituto.

Art. 17. Os árbitros, quando no exercício de suas funções ou em razão delas, ficam equiparados aos funcionários públicos, para os efeitos da legislação penal.

Art. 18. O árbitro é juiz de fato e de direito, e a sentença que proferir não fica sujeita a recurso ou a homologação pelo Poder Judiciário.

Capítulo IV
Do Procedimento Arbitral

Art. 19. Considera-se instituída a arbitragem quando aceita a nomeação pelo árbitro, se for único, ou por todos, se forem vários.

Parágrafo único. Instituída a arbitragem e entendendo o árbitro ou o tribunal arbitral que há necessidade de explicitar alguma questão disposta na convenção de arbitragem, será elaborado, juntamente com as partes, um adendo, firmado por todos, que passará a fazer parte integrante da convenção de arbitragem.

Art. 20. A parte que pretender argüir questões relativas à competência, suspeição ou impedimento do árbitro ou dos árbitros, bem como nulidade, invalidade ou ineficácia da convenção de arbitragem, deverá fazê-lo na primeira oportunidade que tiver de se manifestar, após a instituição da arbitragem.

§ 1º Acolhida a argüição de suspeição ou impedimento, será o árbitro substituído nos termos do art. 16 desta Lei, reconhecida a incompetência do árbitro ou do tribunal arbitral, bem como a nulidade, invalidade ou ineficácia da convenção de arbitragem, serão as partes remetidas ao órgão do Poder Judiciário competente para julgar a causa.

§ 2º Não sendo acolhida a argüição, terá normal prosseguimento a arbitragem, sem prejuízo de vir a ser examinada a decisão pelo órgão do Poder Judiciário competente, quando da eventual propositura da demanda de que trata o art. 33 desta Lei.

Art. 21. A arbitragem obedecerá ao procedimento estabelecido pelas partes na convenção de arbitragem, que poderá reportar-se às regras de um órgão arbitral institucional ou entidade especializada, facultando-se, ainda, às partes delegar ao próprio árbitro, ou ao tribunal arbitral, regular o procedimento.

§ 1º Não havendo estipulação acerca do procedimento, caberá ao árbitro ou ao tribunal arbitral discipliná-lo.

§ 2º Serão, sempre, respeitados no procedimento arbitral os princípios do contraditório, da igualdade das partes, da imparcialidade do árbitro e de seu livre convencimento.

§ 3º As partes poderão postular por intermédio de advogado, respeitada, sempre, a faculdade de designar quem as represente ou assista no procedimento arbitral.

§ 4º Competirá ao árbitro ou ao tribunal arbitral, no início do procedimento, tentar a conciliação das partes, aplicando-se, no que couber, o art. 28 desta Lei.

Art. 22. Poderá o árbitro ou o tribunal arbitral tomar o depoimento das partes, ouvir testemunhas e determinar a realização de perícias ou outras provas que julgar necessárias, mediante requerimento das partes ou de ofício.

§ 1º O depoimento das partes e das testemunhas será tomado em local, dia e hora previamente comunicados, por escrito, e reduzido a termo, assinado pelo depoente, ou a seu rogo, e pelos árbitros.

§ 2º Em caso de desatendimento, sem justa causa, da convocação para prestar depoimento pessoal, o árbitro ou o tribunal arbitral levará em consideração o comportamento da parte faltosa, ao proferir sua sentença; se a ausência for de testemunha, nas mesmas circunstâncias, poderá o árbitro ou o presidente do tribunal arbitral requerer à autoridade judiciária que conduza a testemunha renitente, comprovando a existência da convenção de arbitragem.

§ 3º A revelia da parte não impedirá que seja proferida a sentença arbitral.

§ 4º Ressalvado o disposto no § 2º, havendo necessidade de medidas coercitivas ou cautelares, os árbitros poderão solicitá-las ao órgão do Poder Judiciário que seria, originariamente, competente para julgar a causa.

§ 5º Se, durante o procedimento arbitral, um árbitro vier a ser substituído fica a critério do substituto repetir as provas já produzidas.

Capítulo V
Da Sentença Arbitral

Art. 23. A sentença arbitral será proferida no prazo estipulado pelas partes. Nada tendo sido convencionado, o prazo para a apresentação da sentença é de seis meses, contado da instituição da arbitragem ou da substituição do árbitro.

Parágrafo único. As partes e os árbitros, de comum acordo, poderão prorrogar o prazo estipulado.

Art. 24. A decisão do árbitro ou dos árbitros será expressa em documento escrito.

§ 1º Quando forem vários os árbitros, a decisão será tomada por maioria. Se não houver acordo majoritário, prevalecerá o voto do presidente do tribunal arbitral.

§ 2º O árbitro que divergir da maioria poderá, querendo, declarar seu voto em separado.

Art. 25. Sobrevindo no curso da arbitragem controvérsia acerca de direitos indisponíveis e verificando-se que de sua existência, ou não, dependerá o julgamento, o árbitro ou o tribunal arbitral remeterá as partes à autoridade competente do Poder Judiciário, suspendendo o procedimento arbitral.

Parágrafo único. Resolvida a questão prejudicial e juntada aos autos a sentença ou acórdão transitados em julgado, terá normal seguimento a arbitragem.

Art. 26. São requisitos obrigatórios da sentença arbitral:

I — o relatório, que conterá os nomes das partes e um resumo do litígio;

II — os fundamentos da decisão, onde serão analisadas as questões de fato e de direito, mencionando-se, expressamente, se os árbitros julgaram por eqüidade;

III — o dispositivo, em que os árbitros resolverão as questões que lhes forem submetidas e estabelecerão o prazo para o cumprimento da decisão, se for o caso; e

IV — a data e o lugar em que foi proferida.

Parágrafo único. A sentença arbitral será assinada pelo árbitro ou por todos os árbitros. Caberá ao presidente do tribunal arbitral, na hipótese de um ou alguns dos árbitros não poder ou não querer assinar a sentença, certificar tal fato.

Art. 27. A sentença arbitral decidirá sobre a responsabilidade das partes acerca das custas e despesas com a arbitragem, bem como sobre verba decorrente de litigância de má-fé, se for o caso, respeitadas as disposições da convenção de arbitragem, se houver.

Art. 28. Se, no decurso da arbitragem, as partes chegarem a acordo quanto ao litígio, o árbitro ou o tribunal arbitral poderá, a pedido das partes, declarar tal fato mediante sentença arbitral, que conterá os requisitos do art. 26 desta Lei.

Art. 29. Proferida a sentença arbitral, dá-se por finda a arbitragem, devendo o árbitro, ou o presidente do tribunal arbitral, enviar cópia da decisão às partes, por via postal ou por outro meio qualquer de comunicação, mediante comprovação de recebimento, ou, ainda, entregando-a diretamente às partes, mediante recibo.

Art. 30. No prazo de cinco dias, a contar do recebimento da notificação ou da ciência pessoal da sentença arbitral, a parte interessada, mediante comunicação à outra parte, poderá solicitar ao árbitro ou ao tribunal arbitral que:

I — corrija qualquer erro material da sentença arbitral;

II — esclareça alguma obscuridade, dúvida ou contradição da sentença arbitral, ou se pronuncie sobre ponto omitido a respeito do qual devia manifestar-se a decisão.

Parágrafo único. O árbitro ou o tribunal arbitral decidirá, no prazo de dez dias, aditando a sentença arbitral e notificando as partes na forma do art. 29.

Art. 31. A sentença arbitral produz, entre as partes e seus sucessores, os mesmos efeitos da sentença proferida pelos órgãos do Poder Judiciário e, sendo condenatória, constitui título executivo.

Art. 32. É nula a sentença arbitral se:

I — for nulo o compromisso;

II — emanou de quem não podia ser árbitro;

III — não contiver os requisitos do art. 26 desta Lei;

IV — for proferida fora dos limites da convenção de arbitragem;

V — não decidir todo o litígio submetido à arbitragem;

VI — comprovado que foi proferida por prevaricação, concussão ou corrupção passiva;

VII — proferida fora do prazo, respeitado o disposto no art. 12, inciso III, desta Lei; e

VIII — forem desrespeitados os princípios de que trata o art. 21, § 2º, desta Lei.

Art. 33. A parte interessada poderá pleitear ao órgão do Poder Judiciário competente a decretação da nulidade da sentença arbitral, nos casos previstos nesta Lei.

§ 1º A demanda para a decretação de nulidade da sentença arbitral seguirá o procedimento comum, previsto no Código de Processo Civil, e deverá ser proposta no prazo de até noventa dias após o recebimento da notificação da sentença arbitral ou de seu aditamento.

§ 2º A sentença que julgar procedente o pedido:

I — decretará a nulidade da sentença arbitral, nos casos do art. 32, incisos I, II, VI, VII e VIII;

II — determinará que o árbitro ou o tribunal arbitral profira novo laudo, nas demais hipóteses.

§ 3º A decretação da nulidade da sentença arbitral também poderá ser argüida mediante ação de embargos do devedor, conforme o art. 741 e seguintes do Código de Processo Civil, se houver execução judicial.

Capítulo VI
Do Reconhecimento e Execução de Sentenças Arbitrais Estrangeiras

Art. 34. A sentença arbitral estrangeira será reconhecida ou executada no Brasil de conformidade com os tratados internacionais com eficácia no ordenamento interno e, na sua ausência, estritamente de acordo com os termos desta Lei.

Parágrafo único. Considera-se sentença arbitral estrangeira a que tenha sido proferida fora do território nacional.

Art. 35. Para ser reconhecida ou executada no Brasil, a sentença arbitral estrangeira está sujeita, unicamente, à homologação do Supremo Tribunal Federal.

Art. 36. Aplica-se à homologação para reconhecimento ou execução de sentença arbitral estrangeira, no que couber, o disposto nos arts. 483 e 484 do Código de Processo Civil.

Art. 37. A homologação de sentença arbitral estrangeira será requerida pela parte interessada, devendo a petição inicial conter as indicações da lei processual, conforme o art. 282 do Código de Processo Civil, e ser instruída, necessariamente, com:

I — o original da sentença arbitral ou uma cópia devidamente certificada, autenticada pelo consulado brasileiro e acompanhada de tradução oficial;

II — o original da convenção de arbitragem ou cópia devidamente certificada, acompanhada de tradução oficial.

Art. 38. Somente poderá ser negada a homologação para o reconhecimento ou execução de sentença arbitral estrangeira, quando o réu demonstrar que:

I — as partes na convenção de arbitragem eram incapazes;

II — a convenção de arbitragem não era válida segundo a lei à qual as partes a submeteram, ou, na falta de indicação, em virtude da lei do país onde a sentença arbitral foi proferida;

III — não foi notificado da designação do árbitro ou do procedimento de arbitragem, ou tenha sido violado o princípio do contraditório, impossibilitando a ampla defesa;

IV — a sentença arbitral foi proferida fora dos limites da convenção de arbitragem, e não foi possível separar a parte excedente daquela submetida à arbitragem;

V — a instituição da arbitragem não está de acordo com o compromisso arbitral ou cláusula compromissória;

VI — a sentença arbitral não se tenha, ainda, tornado obrigatória para as partes, tenha sido anulada, ou, ainda, tenha sido suspensa por órgão judicial do país onde a sentença arbitral for prolatada.

Art. 39. Também será denegada a homologação para o reconhecimento ou execução da sentença arbitral estrangeira, se o Supremo Tribunal Federal constatar que:

I — segundo a lei brasileira, o objeto do litígio não é suscetível de ser resolvido por arbitragem;

II — a decisão ofende a ordem pública nacional.

Parágrafo único. Não será considerada ofensa à ordem pública nacional a efetivação da citação da parte residente ou domiciliada no Brasil, nos moldes da convenção de arbitragem ou da lei processual do país onde se realizou a arbitragem, admitindo-se, inclusive, a citação postal com prova inequívoca de recebimento, desde que assegure à parte brasileira tempo hábil para o exercício do direito de defesa.

Art. 40. A denegação da homologação para reconhecimento ou execução de sentença arbitral estrangeira por vícios formais, não obsta que a parte interessada renove o pedido, uma *vez sanados os vícios apresentados.*

Capítulo VII
Disposições Finais

Art. 41. Os arts. 267, inciso VII; 301, inciso IX; e 584, inciso III, do Código de Processo Civil passam a ter a seguinte redação:

"Art. 267. ....

VII — pela convenção de arbitragem;"

"Art. 301. ....

IX — convenção de arbitragem;"

"Art. 584. ....

III — a sentença arbitral e a sentença homologatória de transação ou de conciliação;"

Art. 42. O art. 520 do Código de Processo Civil passa a ter mais um inciso, com a seguinte redação:

"Art. 520. ....

VI — julgar procedente o pedido de instituição de arbitragem."

Art. 43. Esta Lei entrará em vigor sessenta dias após a data de sua publicação.

Art. 44. Ficam revogados os arts. 1.037 a 1.048 da Lei n. 3.071, de 1º de janeiro de 1916, Código Civil Brasileiro; os arts. 101 e 1.072 a 1.102 da Lei n. 5.869, de 11 de janeiro de 1973, Código de Processo Civil; e demais disposições em contrário.

Brasília, 23 de setembro de 1996; 175º da Independência e 108º da República.

Fernando Henrique Cardoso
Nelson A. Jobim

7. PODER NORMATIVO DA JUSTIÇA DO TRABALHO

No âmbito do direito laboral pátrio, sabe-se que o tradicional sistema processual coletivo do trabalho recebeu forte influência da *Carta Del Lavoro* do regime fascista italiano de Benito Mussolini, a qual atribui ao magistrado trabalhista italiano o *poder de dirimir conflitos coletivos de trabalho pela fixação de novas condições laborais*. Apresentando-se, por isso mesmo, ultrapassado e incapaz de solucionar satisfatoriamente os novos e cada vez mais complexos conflitos trabalhistas de massa, tendo sido adotado pela Constituição Federal de 1937, imposta por Getúlio Vargas.

O poder normativo da Justiça do Trabalho, desde seu surgimento, mesmo com a sua previsão constitucional, foi objeto de acirrados debates e inúmeras críticas[1]. Discussões sobre seu banimento ou manutenção são largamente debatidas na doutrina jurídica e, sobretudo, na política nacional.

Também identificado como competência normativa, o Poder Normativo era a possibilidade constitucional de a Justiça Trabalhista estabelecer normas e condições, respeitadas as disposições convencionais e legais mínimas de proteção ao trabalho, para a solução dos conflitos coletivos de trabalho.

Assevera *Walter Wiliam Ripper* (2006) que da análise aprofundada do Direito Coletivo do Trabalho, nos deparamos com inúmeros temas de

---

(1) *Arion Sayão Romita*, citado por *Walter Willian Ripper* (2006), destaca quatro antinomias constitucionais em face do Poder Normativo da Justiça do Trabalho: "1ª — entre o art. 1º, parágrafo único, e o art. 114, § 2º: se o povo exerce poder por intermédio de seus representantes eleitos, o poder normativo, exercido pelos juízes, não poderia ser acolhido pela Constituição, pois juízes não são representantes do povo; 2ª — entre o art. 5º, inciso LV, que reconhece o princípio do contraditório sem qualquer exceção, e o art. 114, § 2º: no exercício do poder normativo, a Justiça do Trabalho não é obrigada a observar o referido princípio, pois exerce jurisdição de eqüidade, dispensando a manifestação de contrariedade por parte da categoria econômica suscitada no dissídio coletivo; 3ª — entre o art. 93, inciso IX e o art. 114, § 2º: como decisão judicial, a sentença normativa não pode deixar de ser fundamentada, sob pena de nulidade; entretanto, o poder normativo se exerce como meio de solução de controvérsia coletiva, mediante edição de normas (poder legislativo delegado), tarefa que dispensa fundamentação; 4ª — entre o art. 9º e o art. 114, § 2º: enquanto o primeiro dispositivo assegura o exercício do direito de greve pelos trabalhadores, o outro o inviabiliza, pois o poder normativo é utilizado para julgar a greve, inibindo o entendimento direto entre os interlocutores sociais".

grande polêmica doutrinária. Entretanto, sem medo de errar, o mais criticado, senão o mais polêmico, é o chamado poder normativo da Justiça do Trabalho. Um instituto originado no Estado Novo, durante o governo de Getúlio Vargas, assim como nossa Consolidação das Leis do Trabalho, onde, principalmente em matéria coletiva, deixa sensíveis rastros do pensamento político de Getúlio e do fascismo consagrado por Mussolini.

Ainda conforme o autor, o poder normativo da Justiça do Trabalho é considerado atípico, tanto que só existe no Brasil e, de forma análoga, na Austrália, Nova Zelândia, Peru e México. No Brasil, tem fundamento legal no § 2º do art. 114 da Constituição Federal, recentemente alterado pela Emenda Constitucional n. 45, de 8 de dezembro de 2004. Os estudos sobre as alterações e a aplicação do novo dispositivo pela Justiça do Trabalho ainda estão em fase embrionária, mas já existem posições antagônicas quanto à interpretação do novo texto constitucional.

Essa função jurisdicional de criar normas e condições de trabalho, na atualidade, pode não mais retratar aquilo que se queria na sua origem, mas sim, uma solução moderna para a composição dos conflitos, desde que limitada aos interesses geral e particular das partes, não tolhidos os métodos de negociação coletiva.

O Poder Normativo da Justiça encontra fundamento legal no § 2º do art. 114 da Constituição Republicana de 1988, com nova redação dada pela Emenda Constitucional n. 45/2004, *in verbis*:

> § 2º Recusando-se qualquer das partes à negociação coletiva ou à arbitragem, é facultado às mesmas, *de comum acordo*, ajuizar dissídio coletivo de natureza econômica, podendo a Justiça do Trabalho decidir o conflito, respeitadas as disposições mínimas legais de proteção ao trabalho, bem como as convencionadas anteriormente. (grifamos)

Conceito:

Inicialmente, *não se confunde o Dissídio Coletivo com o Dissídio Individual Plúrimo, pois no primeiro estão em jogo, imediatamente, interesses abstratos de um grupo social ou de uma categoria, enquanto no segundo a relação jurídica submete à apreciação do Judiciário interesses concretos de indivíduos determinados.* Nos dissídios coletivos reivindica-se a criação de novas condições de trabalho ou a interpretação de norma preexistente e nos dissídios individuais plúrimos pleiteia-se a aplicação dessas normas. Nos primeiros, o conflito diz respeito a uma comunidade de interesses e as decisões se aplicam a pessoas indeterminadas que pertencem ou venham a pertencer à coletividade; nos segundos, os interesses em jogo são de um grupo, de uma soma material de indivíduos. A indeterminação dos sujeitos é o traço fundamental do dissídio coletivo: refere-se indeterminadamente aos que pertençam ou venham a pertencer à coletividade, cujos interesses abstratos estão em jogo (Alice Monteiro de Barros, 2007).

Conclui *Alice Monteiro de Barros* (2007): há um traço distintivo entre o dissídio coletivo e o dissídio individual plúrimo que merece ser destacado: trata-se da competência para julgá-los. Enquanto a competência para julgar os dissídios individuais plúrimos é originariamente das Varas do Trabalho (art. 652 da CLT), nos dissídios coletivos a competência é dos Tribunais Regionais (Pleno) ou da Seção Especializada nesse assunto, conforme disposição regimental, quando a base territorial do sindicato restringe-se a um Estado (art. 678 I, *a*, da CLT) e do Tribunal Superior do Trabalho — TST, quando a base territorial do sindicato abranger mais de um Estado da Federação (art. 896, *b*, da CLT).

Leciona *Walter Willian Ripper* (2006) que *a competência conferida à Justiça do Trabalho para decidir, interpretar, criar e modificar normas, em matéria de dissídios coletivos, ganhou o nome de poder normativo.*

Nas palavras de *Amador Paes de Almeida*, apud *Francisco Ferreira Jorge Neto* e *Jouberto de Quadros Pessoa Cavalcante* (2005), *é a faculdade concebida à Justiça do Trabalho de criar novas condições de trabalho, numa função, inequivocadamente legiferante, própria do Poder Legislativo.*

Amauri Mascaro Nascimento (2002) definiu o *poder normativo* como "*a competência constitucional dos tribunais do trabalho para proferir decisões nos processos de dissídios econômicos, criando condições de trabalho com força obrigatória*".

Segundo *José Augusto Rodrigues Pinto* (2002), em estudo sobre o Direito Coletivo do Trabalho, procurando dar uma definição ao *poder normativo* da Justiça do Trabalho, considerou que "*é a competência determinada a órgão do poder judiciário para, em processo no qual são discutidos interesses gerais e abstratos, criar norma jurídica destinada a submeter à sua autoridade as relações jurídicas de interesse individual concreto na área da matéria legislativa*".

TST Súmula n. 190 — Res. n. 12/83, DJ 9.11.83

Ao julgar ou homologar ação coletiva ou acordo nela havido, o Tribunal Superior do Trabalho exerce o poder normativo constitucional, não podendo criar ou homologar condições de trabalho que o Supremo Tribunal Federal julgue iterativamente inconstitucionais.

Assevera *Renato Saraiva* (2007) que o poder normativo da Justiça do Trabalho consiste na competência constitucionalmente assegurada aos tribunais laborais de solucionar os conflitos coletivos de trabalho, estabelecendo, por meio da denominada sentença normativa, normas gerais e abstratas de conduta, de observância obrigatória para as categorias profissionais e econômicas abrangidas pela decisão, repercutindo nas relações individuais de trabalho.

Dissídio Coletivo:

Carlos Henrique Bezerra Leite (2007) conceitua dissídio coletivo como uma espécie de ação coletiva conferida a determinados entes coletivos, geralmente os sindicatos, para a defesa de interesses cujos titulares materiais não são pessoas individualmente consideradas, mas sim grupos ou categorias econômicas, profissionais ou diferenciadas, visando à criação ou interpretação de normas que irão incidir no âmbito dessas mesmas categorias.

De acordo com o prof. *Nelson Mannrich* (2006), *como identificar a pretensão resistida?* Se há oposição de interesses entre empregado e empregador. É conflito permanente, objeto da negociação sindical. É quando uma reivindicação do trabalhador é resistida pelo empregador. Sendo, *conflito laboral*: toda oposição ocasional de interesses, pretensões ou atitudes entre um ou vários empresários, de uma parte, ou um ou mais trabalhadores a seu serviço, por outro lado, sempre que se origine do trabalho e uma parte pretenda a solução coativa sobre outra.

Continua o mestre, *conflito é a insatisfação das condições de trabalho e a exteriorização desta, expressada como ruptura com o modelo jurídico, pondo em crise a relação de trabalho.* Leva a uma reformulação da situação existente; também há a produção de novos modelos jurídicos.

Leciona *Renato Saraiva* (2007) que não se deve confundir o dissídio individual plúrimo com o dissídio coletivo. Para o autor, no dissídio coletivo estão sendo postulados interesses coletivos, com o objetivo, em regra, de serem criadas novas condições de trabalho pelo Tribunal, que serão aplicadas a pessoas indeterminadas que pertençam ou que venham a pertencer às categorias envolvidas. Nos dissídios individuais plúrimos, são submetidos à apreciação da Justiça do Trabalho interesses concretos e individualizados, já previstos no ordenamento jurídico positivado, cuja decisão atingirá aquele grupo de pessoas determinadas.

Classificação dos conflitos que permeiam a sociedade:

- *conflito trabalhista individual:* direito violado. Podemos identificar o indivíduo. Conflitos entre um trabalhador ou diversos trabalhadores, individualmente considerados, e o empregador. São conflitos sobre o contrato individual de trabalho de cada um.

- *conflito individual plúrimo:* violação da norma e sujeitos identificados.

➢ *conflito coletivo:* pretensão de condições de trabalho; não há identificação dos sujeitos (é um grupo). Objeto da negociação sindical. Alcança um grupo de trabalhadores e um ou vários empregadores. Refere-se a interesses gerais do grupo, ainda que possam surgir questões sobre os contratos individuais de trabalho.

Cumpre distinguir *dissídios de natureza "jurídica" dos de natureza "econômica"*, porquanto o poder normativo é exercitado quando da decisão dos segundos. Os de natureza "jurídica" visam à aplicação ou interpretação de norma preexistente, enquanto os de natureza econômica se destinam à alteração ou à criação de novas normas e condições de trabalho, sendo as hipóteses mais correntes os que objetivam aumentos salariais (José Miguel de Campos, 2005).

A origem do poder normativo está intimamente ligada à necessidade de solução dos conflitos coletivos oriundos das relações de trabalho, sendo dois os sistemas utilizados para tanto: o "jurisdicional" e o "não-jurisdicional".

Nos termos do art. 12 da Lei n. 7.520, de 15 de julho de 1986 (alterado pela Lei n. 9.254, de 3 de janeiro de 1996):

"Art. 12. Compete exclusivamente ao Tribunal Regional do Trabalho da 2ª Região processar, conciliar e julgar os dissídios coletivos nos quais a decisão a ser proferida deva produzir efeitos em área territorial alcançada, em parte, pela jurisdição desse mesmo Tribunal e, em outra parte, pela jurisdição do Tribunal Regional do Trabalho da 15ª Região".

De acordo com o art. 313 do Regimento Interno do Tribunal Superior do Trabalho, os dissídios coletivos podem ser:

I — de natureza econômica, para a instituição de normas e condições de trabalho;

II — de natureza jurídica, para a interpretação de cláusulas de sentenças normativas, de instrumentos de negociação coletiva, acordos e convenções coletivas, de disposições legais particulares de categoria profissional ou econômica e de atos normativos;

III — originários, quando inexistentes ou em vigor normas e condições especiais de trabalho decretadas em sentença normativa;

IV — de revisão, quando destinados a rever normas e condições coletivas de trabalho preexistentes que se hajam tornado injustas ou ineficazes pela modificação das circunstâncias que as ditaram;

V — de declaração sobre a paralisação do trabalho decorrente de greve dos trabalhadores.

Em síntese os dissídios classificam-se em:

— *conflito de interesse (ou econômicos):* natureza econômica. Condições de trabalho. Os trabalhadores reivindicam novas e melhores condições de trabalho. Finalidade: obtenção de um novo contrato coletivo de trabalho.

— *conflito de direito (ou jurídicos):* natureza jurídica. Dúvidas de como será cumprida a norma. A divergência surge na aplicação ou interpretação de uma norma jurídica. Finalidade: declaração sobre o sentido de um contrato coletivo ou de uma ou mais de uma cláusula de um contrato coletivo ou a execução de uma norma que o empregador não cumpre. Seria uma norma negociada que está obscura quanto ao modo de seu cumprimento. Ou seja, os dissídios coletivos de natureza jurídica têm em vista a aplicação ou interpretação de norma preexistente.

Natureza Jurídica das Sentenças Normativas:

A sentença normativa proferida em processo de dissídio coletivo de natureza econômica será *constitutiva* se a matéria versar sobre salário e *dispositiva* se girar em torno de condições de trabalho. Em se tratando de dissídio coletivo de natureza jurídica, a sentença será *declaratória*.

TST Súmula n. 277 — *Res. n. 10/88, DJ 1º.3.88*

As condições de trabalho alcançadas por força de sentença normativa vigoram no prazo assinado, não integrando, de forma definitiva, os contratos.

Ficam, assim, consignadas três espécies de sentenças:

a) *condenatórias* — que conferem o poder de pedir execução judicial, mediante a condenação do réu a determinada prestação;

b) *constitutivas* — que criam, modificam ou extinguem uma relação jurídica; e

c) *declaratórias* — que afirmam ou negam a existência de uma relação jurídica.

Francisco Ferreira Jorge Neto e *Jouberto de Quadros Pessoa Cavalcante* (2005) comentam que com a Emenda Constitucional n. 45/2004, o Poder Normativo da Justiça Laboral deixou de existir, na medida em que o Texto Constitucional apenas passou a prever expressamente que ajuizado o dissídio coletivo de natureza econômica, caberá *"à Justiça do Trabalho decidir o conflito, respeitadas as disposições mínimas legais de proteção ao trabalho, bem como as convencionadas anteriormente"*, não fazendo mais referência à possibilidade do Judiciário Trabalhista *"estabelecer normas e condições, respeitadas as disposições convencionais e legais mínimas de proteção ao trabalho"*, como estava na redação original.

Já o professor *Carlos Henrique Bezerra Leite* (2007) acrescenta entre os pressupostos processuais objetivos em sede de ação coletiva — o Comum Acordo entre as partes — tendo em vista a nova redação dada pela EC n. 45/2004 ao § 2º do art. 114 da CF. Foi criado um novo pressuposto para o cabimento do Dissídio Coletivo de natureza jurídica: as partes deverão estar "de comum acordo" para o ajuizamento da demanda. Vale dizer, se uma das partes não concordar com a propositura do Dissídio Coletivo de natureza econômica, a Justiça do Trabalho deverá extinguir o processo, sem julgamento do mérito[2], por inexistência de acordo entre as partes para o ajuizamento de demanda.

Cláusulas constantes no Dissídio Coletivo:

Podemos apresentar 4 (quatro) tipos de cláusulas ou condições constantes no dissídio coletivo, a serem fixadas mediante a sentença normativa:

1. Econômicas — tratam de reajustes salariais, aumentos reais, produtividade, piso salarial, etc.

2. Sociais — dizem respeito à garantia de emprego e outras vantagens sem conteúdo econômico, como a fixação de condições de trabalho menos gravosa para a saúde, abono de faltas, etc.

3. Sindicais — regulamentam a relação entre os sindicatos e entre empresas e o sindicato, como as cláusulas que instituem representantes sindicais na empresa, determinam desconto assistencial, confederativo, etc.

4. Obrigacionais — estabelecem multas para a parte que descumprir as normas coletivas constantes da sentença normativa.

Sentença Normativa:

A sentença normativa é a decisão proferida pelos tribunais (Tribunal Regional do Trabalho ou Tribunal Superior do Trabalho) ao julgarem um dissídio coletivo.

Tem sua vigência regulamentada no art. 876, parágrafo único, da Consolidação das Leis do Trabalho, *verbis*:

Art. 867.

Parágrafo único. A sentença normativa vigorará:

a) a partir da data de sua publicação, quando ajuizado o dissídio após o prazo do art. 616, § 3º, ou, quando não existir acordo, convenção ou sentença normativa em vigor, da data do ajuizamento;

b) a partir do dia imediato ao termo final de vigência do acordo, convenção ou sentença normativa, quando ajuizado o dissídio no prazo do art. 616, § 3º.

---

(2) Art. 267 — CPC — extingue-se o processo sem resolução de mérito.

Ação de Cumprimento:

O conteúdo da sentença normativa, ou da decisão normativa, não é executado, e sim cumprido, tal como acontece com a eficácia das normas jurídicas de caráter geral e abstrato[3].

Segundo *Carlos Henrique Bezerra Leite* (2007), esse cumprimento pode ser espontâneo, como se dá com a observância *natural* de uma lei; ou *coercitivo*, mediante a propositura da chamada *Ação de Cumprimento*.

Neste sentido, diz o art. 872 e seu parágrafo único do diploma consolidado:

> *Art. 872. Celebrado o acordo, ou transitada em julgado a decisão, seguir-se-á o seu cumprimento, sob as penas estabelecidas neste Título.*
>
> *Parágrafo único. Quando os empregadores deixarem de satisfazer o pagamento de salários, na conformidade da decisão proferida, poderão os empregados ou seus sindicatos, independentes de outorga de poderes de seus associados, juntando certidão de tal decisão, apresentar reclamação à Junta ou Juízo competente, observado o processo previsto no Capítulo II deste Título, sendo vedado, porém, questionar sobre a matéria de fatos e de direito já apreciada na decisão.*

TST Súmula n. 246 — *Res. n. 15/85, DJ 9.12.85*

É dispensável o trânsito em julgado da sentença normativa para propositura da ação de cumprimento.

TST Súmula n. 286 — *Res. n. 19/88, DJ 18.3.88* — **Nova redação** — *Res. n. 98/2000, DJ 18.9.2000*

A legitimidade do sindicato para propor ação de cumprimento estende-se também à observância de acordo ou de convenção coletivos.

---

(3) Para *Renato Saraiva* (2007), a sentença normativa proferida no dissídio coletivo, por não ter natureza condenatória, não comporta execução. Portanto, o não-cumprimento espontâneo da sentença ensejará a propositura de ação de cumprimento e não de ação executiva.

8. ATIVIDADES DO SINDICATO

O sindicato é administrado segundo a lei e os seus estatutos. Assim terá uma diretoria e um conselho fiscal consoante o art. 522 da CLT. A autonomia sindical assegurada pelo art. 8º, I, da Lei Maior de 1988, tornou ineficazes inúmeras disposições do Capítulo I, Seções III e IV, do Título V da CLT, referentes à administração do sindicato e à eleição dos componentes dos seus órgãos. Poderá, então, o estatuto da entidade ampliar o número de membros dos precitados órgãos; mas conforme a jurisprudência do STF e TST, a estabilidade no emprego prevista no inciso VIII do aludido dispositivo da Constituição Federal está limitada ao número de associados fixado no art. 522 celetário.

Súmula n. 369 — TST — Res. n. 129/05 — DJ 20.4.05 — Conversão das Orientações Jurisprudenciais ns. 34, 35, 86, 145 e 266 da SDI-1
(...)
II — O art. 522 da CLT, que limita a sete o número de dirigentes sindicais, foi recepcionado pela Constituição Federal de 1988. (ex-OJ n. 266 — Inserida em 27.9.2002)

A CLT prevê a existência de três órgãos internos nos sindicatos: a *Assembléia Geral, o Conselho Fiscal e a Diretoria.*

O Conselho Fiscal é composto por três membros (art. 522 da CLT) e é o responsável pela gestão financeira do sindicato.

A Diretoria, composta por no *mínimo três e no máximo sete membros*, nos termos do art. 522[1] da CLT, é o órgão executivo do sindicato e seu efetivo administrador e representante dos trabalhadores da categoria perante os sindicatos patronais e empregadores isoladamente.

O sindicato pode instituir delegacias ou seções na sua base territorial (art. 517, § 2º, da CLT), que serão dirigidas por associados radicados nas respectivas localidades (art. 523[2] da CLT). Elucida *Arnaldo Süsse-*

---

(1) Art. 522. A administração do Sindicato será exercida por uma diretoria constituída, no máximo, de 7 (sete) e, no mínimo, de 3 (três) membros e de um Conselho Fiscal composto de 3 (três) membros, eleitos esses órgãos pela Assembléia Geral.

(2) Art. 523. Os Delegados Sindicais destinados à direção das delegacias ou seções instituídas na forma estabelecida no § 2º do art. 517 serão designados pela diretoria dentre os associados radicados no território da correspondente delegacia.

kind (2004) que os delegados sindicais em empresas, que também podem ser designados pela diretoria, não se confundem com os representantes do pessoal de que cogita o art. 11[3] da Constituição, os quais devem respeitar a reserva sindical.

A partir da Constituição Federal de 1988, passou a vigorar o princípio da liberdade da administração do sindicato, sendo vedadas ao Poder Público a interferência e a intervenção na organização sindical. Os sindicatos passaram a ter liberdade para redigir os seus próprios estatutos, razão pela qual entendemos que é possível a criação de outros órgãos dentro da administração do sindicato, além dos tradicionais previstos em lei, porém, sem a garantia no emprego.

8.1. CONDUTAS ANTI-SINDICAIS: ESPÉCIES E CONSEQÜÊNCIAS

A greve lícita não deve ser confundida com outros atos de conflito entre trabalhadores e empregadores, que não são permitidos pelo Direito. A boicotagem, a sabotagem, o piquete não pacífico e a ocupação de estabelecimentos não são considerados manifestações legítimas pela Lei n. 7.783/89.

A *boicotagem*[4] significa fazer oposição, criar embaraço ou obstruir os negócios de uma empresa.

A *sabotagem*[5], por sua vez, é a destruição ou inutilização de máquinas ou mercadorias pelos trabalhadores, como protesto violento contra o empregador, danificando bens de sua propriedade, prática, a toda evidência, ilícita.

Os piquetes são uma forma de pressão dos trabalhadores para aumentar as adesões à greve, sob a forma de tentativa de dissuadir os recalcitrantes que persistem em continuar trabalhando. A Lei não admite o *piquete violento*, entendido como aquele que impede o acesso dos empregados ao serviço. O piquete pacífico é permitido.

Art. 197 do Código Penal Brasileiro — Constranger alguém, mediante violência ou grave ameaça:

I — a exercer ou não exercer arte, ofício, profissão ou indústria, ou a trabalhar ou não trabalhar durante certo período ou em determinados dias:

---

(3) Art. 11. Nas empresas de mais de duzentos empregados, é assegurada a eleição de um representante destes com a finalidade exclusiva de promover-lhes o entendimento direto com os empregadores.

(4) Boicotar. Verbo transitivo direto. 1. Fazer oposição aos negócios de (pessoa, classe, nação). 2. Não comprar, propositadamente, mercadoria de certa origem. ("Dicionário Michaelis" — UOL)

(5) Sabotagem. Substantivo feminino. 1. Ato ou efeito de sabotar. 2. Destruição ou danificação propositada de material, instalações, maquinarias, ferramentas, ou interferência secreta na produção ou nos negócios de uma empresa. ("Dicionário Michaelis" — UOL)

Pena — detenção, de um mês a um ano, e multa, além da pena correspondente à violência.

Art. 200. Participar de suspensão ou abandono coletivo de trabalho, praticando violência contra pessoa ou contra coisa:

Pena — detenção, de um mês a um ano, e multa, além da pena correspondente à violência.

Parágrafo único. Para que se considere coletivo o abandono de trabalho é indispensável o concurso de, pelo menos, três empregados.

A ocupação dos estabelecimentos da empresa pelos trabalhadores, recusando-se a sair do local de trabalho e lá permanecendo sem trabalhar, impedindo também que aqueles não participantes da greve trabalhem, não é admitida entre nós. Essa conduta viola o direito constitucional de propriedade e deve ser revertida mediante ordem judicial de desocupação, com a conseqüente punição dos responsáveis (Vicente Paulo, Marcelo Alexandrino e Gláucia Barreto, 2005).

São exemplos de *casos tipificadores de atos (condutas) anti-sindicais,* conforme *Cláudio Armando Couce de Menezes* (2006):

a) fomento de sindicatos comprometidos com os interesses de empregador e dominados ou influenciados por este;

b) não-contratação, despedida, suspensão, aplicação injusta de sanções, alterações de tarefas e de horário, rebaixamento, inclusão em "listas negras" ou no "*index*" do patrão, redução do salário do associado ou do dirigente sindical, membro de comissão ou, simplesmente, porta-voz do grupo;

c) o isolamento ou o "congelamento" funcional desses obreiros;

d) no plano da greve, procedimentos que desestimulam ou limitam esse direito (despedida, estagnação profissional, medidas disciplinares, transferências de grevistas, concessão de licença, férias maiores, gratificações e aumentos para "fura-greves");

e) ameaças ou concreção de extinção de postos de trabalho ou de estabelecimentos, transferências destes para outro país ou região como represália por atividades sindicais ou de reivindicação coletiva;

f) delitos como ameaça, coação, lesão corporal, cárcere privado, assassinato de lideranças obreiras e sindicais;

g) recusa de negociação coletiva;

h) inviabilizar ou dificultar a criação de sindicatos ou comissões internas;

i) impedir ou criar obstáculos ao desempenho da atividade sindical que pressupõe: ingresso e deslocamento nos estabelecimentos empresariais, comunicação de fatos do interesse dos trabalhadores, recebimento das contribuições devidas à entidade classista, informações do empregador necessárias ao desempenho da atividade sindical;

j) apresentação, quando da contratação, de questionário sobre filiação e ocupação sindical;

k) sugestão para abstenção em eleições sindicais ou para comissões internas;

l) proibição do empregador de realizar assembléia no seu estabelecimento ou interdição à participação de dirigentes externos nessas assembléias.

Também no entendimento do magistrado *Cláudio Armando Couce de Menezes* (2006), são *mecanismos de tutela* das condutas anti-sindicais:

> Múltiplas são as medidas de proteção contra atos anti-sindicais. Vão desde as *preventivas* até as *reparatórias*, sem excluir *sanções administrativas e penais*. Assim, a despedida de um dirigente sindical e de um membro de comissão interna pode gerar uma autuação pela autoridade competente e sanções de ordem penal, anulação de ato e reintegração no emprego e pagamento de indenização, inclusive por danos morais.

> Doutrina significativa sistematiza os meios de tutela contra a conduta anti-sindical em: *a) medidas de proteção b) mecanismos de reparação c) outros meios de proteção, tais como publicidade, sanções penais e administrativas, nada impedindo que esses mecanismos, como já noticiado acima, se apresentem de forma cumulada.*

> Como medida de prevenção são arrolados: apreciação prévia de dispensa por órgão interno ou administrativo e as medidas judiciais preventivas (tutela inibitória, antecipada e até cautelares satisfativas para os países que não possuem essas duas primeiras modalidades de tutela de urgência).

> No campo dos mecanismos de reparação, temos a demanda dirigida à *reintegração do trabalhador*, vítima de ato discriminatório e anti-sindical. Essa ação, que pressupõe a nulidade da despedida, pode ser ajuizada pelo obreiro ou pelo sindicato na qualidade de substituto processual. Há inegável interesse coletivo legitimante da atuação do ente sindical (art. 8º, III, da CF), pois a garantia no emprego, a estabilidade, a proibição de despedidas injustificadas e discriminatórias de lideranças sindicais e obreiras, transcende o plano individual para alcançar toda a categoria, o que não será possível se o agente de suas reivindicações for afastado do emprego a qualquer momento.

> A *reparação* também pode ser alcançada, de forma imperfeita e incompleta, via indenização. Em apenas casos extremos deve ser posta em lugar da reintegração (extinção da empresa e término da estabilidade sindical, por exemplo).

> A reintegração e a excepcional indenização substitutiva dessa obrigação de fazer não excluem o direito à indenização por *danos morais* porventura sofridos pelo trabalhador (art. 5º, X, da CF).

> Entre os outros meios de proteção à atividade sindical, encontram-se os meios *penais (multas e tipificação do ilícito como crime), publicitários (divulgação da prática anti-sindical em jornais, periódicos, etc.) e a autotutela (greves e movimentos afins).*

Para *Sérgio Pinto Martins* (2006), nossa legislação trata de alguns atos de proteção anti-sindical. O inciso VIII, do art. 8º, da Constituição veda a dispensa do empregado sindicalizado baseado no registro da candidatura a cargo de direção ou representação sindical e, se eleito, inclusive como suplente, até um ano após o final do mandato, salvo se cometer falta grave nos termos da lei. O § 3º do art. 543 da CLT tem a mesma orientação, estendendo-a ao empregado associado. O § 2º do art. 543 considera licença não-remunerada o exercício da atividade sindical, salvo assentimento da empresa ou cláusula contratual, o tempo em que o empregado ausentar-se do trabalho no desempenho das funções. Nas normas coletivas, muitas vezes é assegurada a remuneração ao empregado eleito para o cargo de direção. O § 6º do art. 543 da CLT complementa a idéia anterior estabelecendo uma sanção direta contra o ato anti-sindical que tipifica, no sentido de que a empresa que por qualquer modo, procurar impedir que o empregado se associe a sindicato, organização profissional ou sindical ou exerça os direitos inerentes à condição de sindicalizado, fica sujeita à penalidade prevista na letra *a* do art. 553, sem prejuízo da reparação a que tiver direito o empregado. Seria bom que o legislador ordinário viesse a amparar o dirigente sindical despedido sumariamente, como, por exemplo, alterar a redação do inciso IX do art. 659 da CLT, para constar que o juiz poderia conceder liminar não só em caso de transferência abusiva de empregado, mas também em outras hipóteses, como da dispensa abusiva dos empregados detentores de estabilidade provisória, como o dirigente sindical, cipeiro, grávidas etc. O Precedente n. 104[6] em dissídios coletivos do TST trata de quadro de avisos, dizendo que defere-se a afixação, na empresa, de quadro de aviso do Sindicato, para comunicados de interesse dos empregados, vedado os de conteúdo político-partidário ou ofensivo. Essa orientação indica que, se a empresa não atende a seu conteúdo, também ocorre um ato anti-sindical.

---

(6) 104 — Quadro de avisos. (positivo). (DJ 8.9.92). Defere-se a afixação, na empresa, de quadro de avisos do sindicato, para comunicados de interesse dos empregados, vedados os de conteúdo político-partidário ou ofensivo. (Ex-PN n. 172)

9. A GREVE NO DIREITO BRASILEIRO

A greve em sua história geral já foi considerada delito, conduta ilícita, crime, recursos anti-sociais etc. Na história brasileira, em razão da política sindical corporativista, durante os regimes ditatoriais, passou a ser tratada como delito, depois de ser considerada uma liberalidade. Hoje, um direito constitucional do trabalhador. A Carta Magna de 1988 esboçou os contornos do direito de greve dos trabalhadores, inserida no Capítulo II (dos Direitos Sociais) do Título II (dos Direitos e Garantias Fundamentais). Seu art. 9º estabeleceu as diretrizes básicas:

> *Art. 9º É assegurado o direito de greve, competindo aos trabalhadores decidir sobre a oportunidade de exercê-lo e sobre os interesses que devam por meio dele defender.*
>
> *§ 1º A lei definirá os serviços ou atividades essenciais e disporá sobre o atendimento das necessidades inadiáveis da comunidade.*
>
> *§ 2º Os abusos cometidos sujeitam os responsáveis às penas da lei.*

O legislador infraconstitucional regulamentou os referidos preceitos constitucionais, disciplinando as condições para o exercício do direito de greve e coibindo o abuso a esse direito através da Lei n. 7.783, de 28 de junho de 1989.

Escorço histórico:

Não se mencionava em greve antes da Revolução Industrial. Antes, os trabalhadores não tinham consciência de classe como o trabalhador tem hoje, além de não ter o sentimento de solidariedade.

A partir da Revolução Industrial, temos três movimentos:

- *Período da proibição:* a greve é proibida. É crime contra o Estado, tipo de conspiração (crime de coalizão), pois juntavam muitas pessoas.

- *Período de tolerância:* o Estado não pune o empregado como criminoso.

- *Período de reconhecimento:* o estado reconhece a greve (mais ou menos em 1780). Greve como um direito. Neste caso, a greve passa a ser limitada, pois não há direito absoluto.

Só era delito se da greve resultasse violência. Porém, sempre foi tratada como delito. Com as Constituições democráticas, surge o Decreto-Lei n. 9.070/46, assegurando o direito de greve (greve como direito). Proibiu a greve nas atividades essenciais, sem restrições às demais atividades.

A Carta Magna de 1934 não faz referência à greve, mas apenas à pluralidade sindical.

> *Art. 120. Os sindicatos e as associações profissionais serão reconhecidos de conformidade com a lei.*
>
> *Parágrafo único. A lei assegurará a pluralidade sindical e a completa autonomia dos sindicatos.*

A CF de 1946 reconheceu a greve como direito mas a limitou na forma da lei, apesar de o Decreto-lei n. 9.070/46 a limitar.

> *Art. 158. É reconhecido o direito de greve, cujo exercício a lei regulará.*
>
> *Art. 159. É livre a associação profissional ou sindical, sendo reguladas por lei a forma de sua constituição, a sua representação legal nas convenções coletivas de trabalho e o exercício de funções delegadas pelo Poder Público.*

A Constituição Federal de 1937 proibia a greve e a considerava recurso anti-social, nociva ao trabalho.

> *Art. 139. Para dirimir os conflitos oriundos das relações entre empregadores e empregados, reguladas na legislação social, é instituída a justiça do trabalho, que será regulada em lei e à qual não se aplicam as disposições desta Constituição relativas à competência da justiça comum.*

A greve e o *lockout* são declarados recursos anti-sociais, nocivos ao trabalho e ao capital e incompatíveis com os superiores interesses da produção nacional.

A Lei n. 4.330/64[1] (lei anti-greve revogada pela Lei n. 7.783/89) criava muitos empecilhos para uma greve ser julgada legal. Proibia a greve de solidariedade, de serviço público e política, *impondo tantas limi-*

---

(1) Em 1º de junho de 1964, entrou em vigor a Lei de Greve (Lei n. 4.330), que prescrevia a ilegalidade da greve. Art. 22:

a) se não fossem observados os prazos e condições estabelecidos na referida lei;

b) que tivesse por objeto reivindicações julgadas improcedentes pela Justiça do Trabalho, em decisão definitiva, há menos de um ano;

c) por motivos políticos, partidários, religiosos, morais, de solidariedade ou quaisquer outros que não tivessem relação com a própria categoria diretamente interessada;

d) cujo fim residisse na revisão de norma coletiva, salvo se as condições pactuadas tivessem sido substancialmente modificadas *(rebus sic stantibus)*.

tações e criando tantas dificuldades, a ponto de ter sido denominada por muitos juslaboristas como a Lei do delito da greve e não a Lei do direito da greve.

A *Lex Fundamentalis* de 1967 proibia a greve nas atividades essenciais.

> Art. 162. Não será permitida greve nos serviços públicos e atividades essenciais, definidas em lei.
>
> Art. 165. A Constituição assegura aos trabalhadores os seguintes direitos, além de outros que, nos termos da lei, visem à melhoria de sua condição social:
>
> (...)
>
> XXI — greve, salvo o disposto no art. 162.

A Lei n. 1.632/78 regulariza a greve dos bancários. Não conseguiu reter a greve violenta.

A Emenda Constitucional n. 1, de 17.10.69, manteve a mesma orientação (arts. 165, XXI, e 162 da Carta de 1967).

Por fim, conforme pontuamos inicialmente, a Constituição Federal de 1988 trata da greve no art. 9º, considerando-a como direito e remete à lei ordinária e complementar para regular a greve. Depois passou a se exigir lei específica para greve do serviço público nos termos do art. 37, VII[2].

Posteriormente, a Lei n. 7.783/89 regulou o exercício do direito de greve. Não é inconstitucional e exclui o servidor público de sua aplicação consoante o art. 16.

A greve é um direito, pois a CF reconhece e existe lei que regulamenta seu exercício.

Conceito:

O professor *Edson Braz da Silva* (2006[3]) ao discorrer sobre o Direito de Greve nos apresenta os seguintes conceitos:

> "Greve é a suspensão temporal do trabalho, resultante de uma coalizão operária — acordo de um grupo de trabalhadores — para a defesa de interesses comuns, que tem por objetivo obrigar o patrão

---

(2) VI — é garantido ao servidor público civil o direito à livre associação sindical;

VII — o direito de greve será exercido nos termos e nos limites definidos em lei específica;

(3) http://www.ucg.br/site_docente/jur/edson/pdf/novo/unidade13.pdf#search='Lei%207783', arquivo consultado em 27.2.06.

a aceitar suas exigências e conseguir, assim, um equilíbrio entre os diversos fatores da produção, harmonizando os direitos do Trabalho com os do Capital". Nicolas Pizarro Suarez, *apud* Arnaldo Süssekind, p. 1.206.

"A Greve é a recusa coletiva e combinada do trabalho a fim de obter, pela coação exercida sobre os patrões, sobre o público ou sobre os poderes do Estado, melhores condições de emprego ou a correção de certos males do trabalho". P. Muller, citado por Arnaldo Süssekind, p. 627.

Extrai-se da Lei n. 7.783/89, em seu art. 2º. O conceito abaixo:

Art. *2º Para os fins desta Lei, considera-se legítimo exercício do direito de greve a suspensão coletiva, temporária e pacífica, total ou parcial, de prestação pessoal de serviços a empregador.*

Conforme *Giorgio Ghezzi* e *Umberto Romagnoli*, citados por *Dorothee Susanne Rüdiger* (1999), *greve é a abstenção coletiva de uma pluralidade de trabalhadores da execução da prestação de trabalho com a finalidade de exercitar uma pressão sobre uma ou mais contrapartes ... para a tutela de um interesse coletivo.*

O ordenamento brasileiro só considera greve o movimento de trabalhadores em que há *paralisação* dos serviços. Qualquer outra manifestação que não acarrete a paralisação dos serviços não será considerada greve, podendo ser total ou parcial e necessariamente *temporária*.

Nesse ponto, merecem destaque duas manifestações dos trabalhadores que reiteradamente são verificadas no Brasil e que não podem ser consideradas greve, pois nelas não há paralisação dos serviços (Vicente Paulo, Marcelo Alexandrino e Gláucia Barreto, 2005):

> Greve de zelo, também denominada *operação-padrão*, em que os trabalhadores laboram com redobrado esmero, cumprindo à risca as orientações da empresa, levando à demora na prestação dos serviços. É o caso do caixa de banco, que na greve de zelo, confere detalhe por detalhe de todos os documentos que lhe são submetidos para pagamento pelos clientes, verificando a originalidade de todas as cédulas que recebe, buscando desempenhar sua função com estrita perfeição. Mediante tal procedimento, em vez de atender a média normal, digamos, de 15 clientes por hora, o caixa passa a atender 5, sendo desnecessário comentar os transtornos causados.

> Operação tartaruga, em que os trabalhadores laboram com extremo vagar, atrasando intencionalmente a conclusão dos serviços.

Atos preparatórios para o movimento grevista:

Consoante estabelece a Lei n. 7.783/89, a deflagração da greve deve obedecer a certos atos preparatórios, quais sejam:

a) Negociação ou Arbitragem[4];

b) Assembléia Geral[5];

c) Aviso Prévio[6].

Bem elucidam tais atos preparatórios *Vicente Paulo, Marcelo Alexandrino* e *Gláucia Barreto* (2005) nos seguintes postulados:

Em primeiro lugar, é obrigatória a *prévia negociação ou arbitragem*. A lei não autoriza o início da paralisação a não ser depois de frustrada a negociação ou de verificada a impossibilidade de arbitragem. A prévia negociação ou arbitragem, na tentativa de solucionar o conflito coletivo, é pressuposto obrigatório para a deflagração do movimento grevista.

Em segundo lugar, a greve deve ser deliberada em *assembléia geral* convocada pela entidade sindical, de acordo com as formalidades previstas no seu estatuto. A assembléia geral dos trabalhadores é que irá definir as reivindicações da categoria, bem como deliberar sobre a paralisação coletiva da prestação dos serviços. Na falta de entidade sindical (categoria não representada por sindicato, federação ou confederação), a assembléia será realizada entre os trabalhadores interessados, que constituirão uma comissão para representá-los, inclusive, se for o caso, perante a Justiça do Trabalho (arts. 4º, § 2º, e 5º).

Em terceiro lugar, é indispensável o *aviso prévio* ou a prévia comunicação da greve. O empregador, ou a correspondente entidade sindical patronal, deve ser comunicado previamente a respeito da paralisação, com antecedência mínima de 48 horas. Nos serviços ou atividades essenciais, a entidade sindical ou os trabalhadores, conforme o caso, deverão comunicar a paralisação aos empregadores e aos usuários com antecedência mínima de 72 horas.

Greves nos Serviços ou Atividades Essenciais:

Nos serviços essenciais a greve não é proibida. É submetida a algumas regras especiais. Assim, são pressupostos para a realização de greve nos serviços ou atividades essenciais:

---

(4) Art. 3º Frustrada a negociação ou verificada a impossibilidade de recursos via arbitral, é facultada a cessação coletiva do trabalho.

(5) Art. 4º Caberá à entidade sindical correspondente convocar, na forma do seu estatuto, assembléia geral que definirá as reivindicações da categoria e deliberará sobre a paralisação coletiva da prestação de serviços.

(6) Art. 3º ... Parágrafo único. A entidade patronal correspondente ou os empregadores diretamente interessados serão notificados, com antecedência mínima de 48 (quarenta e oito) horas, da paralisação.

a) aviso prévio ao empregador com antecedência mínima de 72 horas;

b) comunicação, com a mesma antecedência de 72 horas *aos usuários* dos serviços ou atividades essenciais;

c) obrigação de os sindicatos, empregadores e os empregados, de comum acordo, garantirem, durante a greve, a *prestação dos serviços indispensáveis ao atendimento das necessidades inadiáveis da comunidade*[7], assim consideradas aquelas que, se não atendidas, coloquem em perigo iminente a sobrevivência, a saúde ou a segurança da coletividade.

São considerados serviços ou atividades essenciais os relacionados no art. 10 da Lei de Greve:

> Art. 10. *São considerados serviços ou atividades essenciais:*
>
> *I — tratamento e abastecimento de água; produção e distribuição de energia elétrica, gás e combustíveis;*
>
> *II — assistência médica e hospitalar;*
>
> *III — distribuição e comercialização de medicamentos e alimentos;*
>
> *IV — funerários;*
>
> *V — transporte coletivo;*
>
> *VI — captação e tratamento de esgoto e lixo;*
>
> *VII — telecomunicações;*
>
> *VIII — guarda, uso e controle de substâncias radioativas, equipamentos e materiais nucleares;*
>
> *IX — processamento de dados ligados a serviços essenciais;*
>
> *X — controle de tráfego aéreo;*
>
> *XI — compensação bancária.*

O papel do Ministério Público do Trabalho — MPT — nos dissídios coletivos é de grande relevância, substancialmente quando da suspensão dos trabalhos (greve). Precisa-se, contudo, encontrar a limitação dessa intervenção na legislação vigente.

Em caso de greve em atividade ou serviço essencial, com possibilidade de lesão do interesse público, o Ministério Público do Trabalho poderá ajuizar dissídio coletivo, competindo à Justiça do Trabalho decidir o conflito (art. 114, § 3º, da CF).

---

(7) Art. 11. Nos serviços ou atividades essenciais, os sindicatos, os empregadores e os trabalhadores ficam obrigados, de comum acordo, a garantir, durante a greve, a prestação dos serviços indispensáveis ao atendimento das necessidades inadiáveis da comunidade.

Parágrafo único. São necessidades inadiáveis da comunidade aquelas que, não atendidas, coloquem em perigo iminente a sobrevivência, a saúde ou a segurança da população.

"§ 3º Em caso de greve em atividade essencial, com possibilidade de lesão do interesse público, o Ministério Público do Trabalho poderá ajuizar dissídio coletivo, competindo à Justiça do Trabalho decidir o conflito".

O Supremo Tribunal Federal através da Súmula n. 316 estabelece:

"A simples adesão à greve não constitui falta grave".

Conclui-se ser o contrato individual de trabalho suspenso durante o período da grave. *In verbis*:

Art. 7º Observadas as condições previstas nesta Lei, *a participação em greve suspende o contrato de trabalho*, devendo as relações obrigacionais, durante o período, ser regidas pelo acordo, convenção, laudo arbitral ou decisão da Justiça do Trabalho.

9.1. LOCKOUT *(LOCAUTE)*

O *Lockout* ou Locaute aparece pela primeira vez no ordenamento brasileiro através da Constituição Federal de 1937, no art. 139 nos seguintes termos:

"A greve e o lockout são declarados recursos anti-sociais, nocivos ao trabalho e ao capital e incompatíveis com os superiores interesses da produção nacional".

Sua conceituação está inserida no art. 17 da Lei n. 7.783/89, *in verbis*:

Art. 17. *Fica vedada a paralisação das atividades, por iniciativa do empregador, com o objetivo de frustrar negociação ou dificultar o atendimento de reivindicações dos respectivos empregados* (lockout).

Assim, *Locaute é a paralisação das atividades pelo empregador com o objetivo de frustrar negociação ou dificultar o atendimento de reivindicações dos empregados.* O locaute, no entanto, é expressamente proibido pela Lei de Greve e se a empresa fizer uso desse artifício, estará obrigada ao pagamento dos salários correspondentes ao período *(interrupção do contrato individual de trabalho)*, sem prejuízo de outras sanções a que possa estar sujeita.

O art. 197 do Código Penal, que trata o Atentado contra a Liberdade de Trabalho (Dos crimes contra a Organização do Trabalho), prescreve:

Art. 197. Constranger alguém, mediante violência ou grave ameaça:
(...)
II — a abrir ou fechar o seu estabelecimento de trabalho, ou a participar de parede ou paralisação de atividade econômica:
Pena — detenção, de três meses a um ano, e multa, além da pena correspondente à violência.

Em síntese:

É proibida a prática do *Lockout* no ordenamento brasileiro, o que será considerado *interrupção do contrato de trabalho*, no período em que efetivamente as atividades estiverem paralisadas, sendo devidos os salários.

Do Lockout *e da Greve*

Art. 722. Os empregadores que, individual ou coletivamente, suspenderem os trabalhos dos seus estabelecimentos, sem prévia autorização do Tribunal competente, ou que violarem, ou se recusarem a cumprir decisão proferida em dissídio coletivo, incorrerão nas seguintes penalidades:

a) multa de 300 (trezentos) a 3.000 (três mil) valores de referência regionais;

b) perda do cargo de representação profissional em cujo desempenho estiverem;

c) suspensão, pelo prazo de 2 (dois) a 5 (cinco) anos, do direito de serem eleitos para cargos de representação profissional.

§ 1º Se o empregador for pessoa jurídica, as penas previstas nas alíneas b e c incidirão sobre os administradores responsáveis.

§ 2º Se o empregador for concessionário de serviço público, as penas serão aplicadas em dobro. Nesse caso, se o concessionário for pessoa jurídica o Presidente do Tribunal que houver proferido a decisão poderá, sem prejuízo do cumprimento desta e da aplicação das penalidades cabíveis, ordenar o afastamento dos administradores responsáveis, sob pena de ser cassada a concessão.

§ 3º Sem prejuízo das sanções cominadas neste artigo, os empregadores ficarão obrigados a pagar os salários devidos aos seus empregados, durante o tempo de suspensão do trabalho.

São princípios e fundamentos constitucionais justificadores da proibição do locaute:

- Valorização do trabalho humano, art. 170, CF;
- Assegurar a todos existência digna e bem-estar, conforme ditames da justiça social, *caput* do art. 170 da CF;
- Dignidade da pessoa humana e valor social do trabalho, art. 1º, III e IV, da CF.

Lei da Greve:

Lei n. 7.783, de 28 de junho de 1989

Dispõe sobre o exercício do direito de greve, define as atividades essenciais, regula o atendimento das necessidades inadiáveis da comunidade, e dá outras providências.

O PRESIDENTE DA REPÚBLICA, faço saber que o Congresso Nacional decreta e eu sanciono a seguinte Lei:

Art. 1º É assegurado o direito de greve, competindo aos trabalhadores decidir sobre a oportunidade de exercê-lo e sobre os interesses que devam por meio dele defender.

Parágrafo único. O direito de greve será exercido na forma estabelecida nesta Lei.

Art. 2º Para os fins desta Lei, considera-se legítimo exercício do direito de greve a suspensão coletiva, temporária e pacífica, total ou parcial, de prestação pessoal de serviços a empregador.

Art. 3º Frustrada a negociação ou verificada a impossibilidade de recursos via arbitral, é facultada a cessação coletiva do trabalho.

Parágrafo único. A entidade patronal correspondente ou os empregadores diretamente interessados serão notificados, com antecedência mínima de 48 (quarenta e oito) horas, da paralisação.

Art. 4º Caberá à entidade sindical correspondente convocar, na forma do seu estatuto, assembléia geral que definirá as reivindicações da categoria e deliberará sobre a paralisação coletiva da prestação de serviços.

§ 1º O estatuto da entidade sindical deverá prever as formalidades de convocação e o *quorum* para a deliberação, tanto da deflagração quanto da cessação da greve.

§ 2º Na falta de entidade sindical, a assembléia geral dos trabalhadores interessados deliberará para os fins previstos no *caput*, constituindo comissão de negociação.

Art. 5º A entidade sindical ou comissão especialmente eleita representará os interesses dos trabalhadores nas negociações ou na Justiça do Trabalho.

Art. 6º São assegurados aos grevistas, dentre outros direitos:

I — o emprego de meios pacíficos tendentes a persuadir ou aliciar os trabalhadores a aderirem à greve;

II — a arrecadação de fundos e a livre divulgação do movimento.

§ 1º Em nenhuma hipótese, os meios adotados por empregados e empregadores poderão violar ou constranger os direitos e garantias fundamentais de outrem.

§ 2º É vedado às empresas adotar meios para constranger o empregado ao comparecimento ao trabalho, bem como capazes de frustrar a divulgação do movimento.

§ 3º As manifestações e atos de persuasão utilizados pelos grevistas não poderão impedir o acesso ao trabalho nem causar ameaça ou dano à propriedade ou pessoa.

Art. 7º Observadas as condições previstas nesta Lei, a participação em greve suspende o contrato de trabalho, devendo as relações obrigacionais, durante o período, ser regidas pelo acordo, convenção, laudo arbitral ou decisão da Justiça do Trabalho.

Parágrafo único. É vedada a rescisão de contrato de trabalho durante a greve, bem como a contratação de trabalhadores substitutos, exceto na ocorrência das hipóteses previstas nos arts. 9º e 14.

Art. 8º A Justiça do Trabalho, por iniciativa de qualquer das partes ou do Ministério Público do Trabalho, decidirá sobre a procedência, total ou parcial, ou improcedência das reivindicações, cumprindo ao Tribunal publicar, de imediato, o competente acórdão.

Art. 9º Durante a greve, o sindicato ou a comissão de negociação, mediante acordo com a entidade patronal ou diretamente com o empregador, manterá em atividade equipes de empregados com o propósito de assegurar os serviços cuja paralisação resultem em prejuízo irreparável, pela deterioração irreversível de bens, máquinas e equipamentos, bem como a manutenção daqueles essenciais à retomada das atividades da empresa quando da cessação do movimento.

Parágrafo único. Não havendo acordo, é assegurado ao empregador, enquanto perdurar a greve, o direito de contratar diretamente os serviços necessários a que se refere este artigo.

Art. 10. São considerados serviços ou atividades essenciais:

I — tratamento e abastecimento de água; produção e distribuição de energia elétrica, gás e combustíveis;

II — assistência médica e hospitalar;

III — distribuição e comercialização de medicamentos e alimentos;

IV — funerários;

V — transporte coletivo;

VI — captação e tratamento de esgoto e lixo;

VII — telecomunicações;

VIII — guarda, uso e controle de substâncias radioativas, equipamentos e materiais nucleares;

IX — processamento de dados ligados a serviços essenciais;

X — controle de tráfego aéreo;

XI — compensação bancária.

Art. 11. Nos serviços ou atividades essenciais, os sindicatos, os empregadores e os trabalhadores ficam obrigados, de comum acordo, a garantir, durante a greve, a prestação dos serviços indispensáveis ao atendimento das necessidades inadiáveis da comunidade.

Parágrafo único. São necessidades inadiáveis da comunidade aquelas que, não atendidas, coloquem em perigo iminente a sobrevivência, a saúde ou a segurança da população.

Art. 12. No caso de inobservância do disposto no artigo anterior, o Poder Público assegurará a prestação dos serviços indispensáveis.

Art. 13. Na greve, em serviços ou atividades essenciais, ficam as entidades sindicais ou os trabalhadores, conforme o caso, obrigados a comunicar a decisão aos empregadores e aos usuários com antecedência mínima de 72 (setenta e duas) horas da paralisação.

Art. 14. Constitui abuso do direito de greve a inobservância das normas contidas na presente Lei, bem como a manutenção da paralisação após a celebração de acordo, convenção ou decisão da Justiça do Trabalho.

Parágrafo único. Na vigência de acordo, convenção ou sentença normativa não constitui abuso do exercício do direito de greve a paralisação que:

I — tenha por objetivo exigir o cumprimento de cláusula ou condição;

II — seja motivada pela superveniência de fato novo ou acontecimento imprevisto que modifique substancialmente a relação de trabalho.

Art. 15. A responsabilidade pelos atos praticados, ilícitos ou crimes cometidos, no curso da greve, será apurada, conforme o caso, segundo a legislação trabalhista, civil ou penal.

Parágrafo único. Deverá o Ministério Público, de ofício, requisitar a abertura do competente inquérito e oferecer denúncia quando houver indício da prática de delito.

Art. 16. Para os fins previstos no art. 37, inciso VII, da Constituição, lei complementar definirá os termos e os limites em que o direito de greve poderá ser exercido.

Art. 17. Fica vedada a paralisação das atividades, por iniciativa do empregador, com o objetivo de frustrar negociação ou dificultar o atendimento de reivindicações dos respectivos empregados (lockout).

Parágrafo único. A prática referida no *caput* assegura aos trabalhadores o direito à percepção dos salários durante o período de paralisação.

Art. 18. Ficam revogados a Lei n. 4.330, de 1º de junho de 1964, o Decreto-lei n. 1.632, de 4 de agosto de 1978, e demais disposições em contrário.

Art. 19. Esta Lei entra em vigor na data de sua publicação.

Brasília, 28 de junho de 1989; 168º da Independência e 101º da República.

José Sarney
Oscar Dias Corrêa
Dorothea Werneck

10. DIREITOS E INTERESSES DIFUSOS, COLETIVOS E INDIVIDUAIS HOMOGÊNEOS NA ESFERA TRABALHISTA

Afigura-se que estes direitos inauguraram na sociedade uma nova visão acerca dos interesses tutelados; de interesses individuais passaram a ser coletivos.

Os interesses e direitos tutelados pelo Ministério Público são de três ordens, a saber: difusos, coletivos e individuais homogêneos.

Já a legitimação dos sindicatos para a defesa de tais interesses e direitos requer algumas observações.

Preceitua o art. 129, *caput,* e § 1º, da Constituição Federal de 1988. *In verbis*:

> Art. 129 — São funções institucionais do Ministério Público.
>
> (...)
>
> § 1º A legitimação do Ministério Público para as ações civis previstas neste artigo não impede a de terceiros, nas mesmas hipóteses, segundo o disposto nesta Constituição e na lei.

Sustenta *Carlos Henrique Bezerra Leite* (2007) que a primeira parte do preceptivo em causa poderia levar o leitor menos atento à conclusão de que os sindicatos teriam legitimidade para a ação civil pública em defesa tanto dos interesses coletivos quanto dos difusos e individuais homogêneos.

Salienta o ilustre procurador que a leitura da segunda parte do dispositivo em apreço, no entanto, deixa patente a existência de três condições para que terceiro, *in casu*, o sindicato, seja parte legítima para a Ação Civil Pública trabalhista. São elas:

1ª) a de que a legitimação do terceiro se dará nas mesmas hipóteses previstas para o Ministério Público, ou seja, para a proteção do patrimônio público e social, do meio ambiente e de outros interesses difusos e coletivos (CF, art. 129, II).

2ª) a segunda condição repousa na observância dos preceitos contidos na própria Constituição. Vale dizer, a *mens legis* impõe a interpretação sistemática da Carta, de maneira a propiciar ao intérprete o verdadeiro significado da legitimação conferida ao terceiro. No caso específico das entidades sindicais, afigura-se-nos que o intérprete não poderá ignorar o disposto no art. 8º, inciso III, segundo o qual, "ao sindicato cabe a defesa dos direitos e interesses coletivos ou individuais da categoria, inclusive em questões judiciais ou administrativas". Desse modo, força a conclusão inevitável de que o sindicato não tem legitimidade para a defesa de interesses ou direitos difusos, já que estes não são destinados especificamente a grupo ou categoria de pessoas ligadas entre si com a parte contrária por uma relação jurídica-base, e sim a pessoas indeterminadas ligadas por circunstâncias de fato.

3ª) reside na exigência legal de que o sindicato — espécie do gênero associação — esteja legalmente constituído há pelo menos um ano e que tenha por escopo institucional a defesa de interesse categorial (Lei n. 7.347/85, art. 5º, II, e CF, art. 8º, III).

Já em referência aos interesses individuais homogêneos, a *legitimatio ad causam* dos sindicatos dar-se-á nas mesmas hipóteses em que puder atuar na condição de substituto processual (CF, art. 8º, III)

Tais direitos e interesses estão conceituados, conforme doutrina de *Elvécio Moura dos Santos* e *Maria Aparecida Gugel* (2005), no Código de Defesa do Consumidor (art. 81, parágrafo único, da Lei n. 8.078/90), a saber:

1 — **interesses ou direitos difusos** são aqueles de natureza transindividual, de natureza indivisível, de que sejam titulares pessoas indeterminadas e ligadas por circunstâncias de fato. À guisa de exemplo, temos a falta de concurso público na contratação de empregados pela Administração Pública, bem como a discriminação imposta pelo empregador no ato da contratação de empregados, ou durante a relação de emprego em razão do sexo, origem, raça, cor, estado civil, crença, situação familiar ou idade.

2 — **interesses ou direitos coletivos** são os transindividuais de natureza indivisível de que seja titular grupo, categoria ou classe de pessoas ligadas entre si ou com a parte contrária por uma relação jurídica base. A título de exemplo, podemos citar a falta de segurança no meio ambiente de trabalho, ou o descumprimento sistemático de direitos trabalhistas.

3 — **interesses ou direitos individuais homogêneos**, são aqueles que decorrem de uma origem comum relativos a fato ocorrido num determinado tempo. A despeito de serem perfeitamente determináveis os indivíduos envolvidos, não são, em sua essência, direitos individuais, mas subespécie de direitos coletivos, como, por exemplo, a dispensa coletiva de um determinado grupo de trabalhadores.

Cândido Rangel Dinamarco, citado por *Jair Teixeira dos Reis* (2005), assim define esses direitos intitulados como direitos coletivos e difusos: São interesses supra-individuais, indivisíveis e insuscetíveis de personificação, interesses que, justamente porque arredios à referência a um centro de imputação, pertencem a todo um grupo de pessoas ligadas por algum aspecto da vida em comum[(1)].

De acordo com os ensinamentos do professor *Carlos Frederico Marés de Souza Filho,* citado por *Ana Paula Gularte Liberato* (2003), esses novos direitos da sociedade têm como principal característica o fato de sua titularidade não ser individualizada, de não se ter ou não poder ter clareza sobre ela. Não são frutos de uma relação jurídica precisa, mas apenas de uma garantia genérica, que deve ser cumprida e que, no seu cumprimento, acaba por condicionar o exercício dos direitos individuais tradicionais.

Ana Paula Gularte Liberato (2003) distingue os interesses ou direitos coletivos e direitos difusos nos seguintes termos:

"Assim, os interesses ou direitos coletivos são um prolongamento dos direitos humanos, constituem uma nova geração desses direitos. Possuem a mesma natureza ontológica, contemplam a pessoa humana além da sua esfera pessoal. Há, contudo, uma diferença doutrinária entre direitos coletivos e difusos, baseada na titularidade e natureza do vínculo que congrega os seus titulares. Os interesses ou direitos coletivos são próprios de categorias específicas de pessoas. São interesses claramente titularizados, pois decorrem de uma base social concreta, identificada de imediato e que serve para a formação de um vínculo jurídico estável, que reúne os titulares do interesse. Os interesses difusos decorrem de fatores conjunturais ou extremamente genéricos, baseiam-se apenas em uma identidade de situações factuais, acidentais e mutáveis".

Já na seara dos Direitos Humanos, destacamos os seguintes enunciados que se encontram em nosso livro "Direitos Humanos para Provas e Concursos", Juruá Editora, 2005:

No Brasil, que é um Estado Federativo, o Ministério Público está dividido em vários ramos. Há o Ministério Público dos Estados e o Ministério Público da União, com esferas de atribuição diferentes, mas em todas as cidades de nosso país existe um representante do Ministério Público, que pode ser um Promotor de Justiça (Ministério Público Estadual), um Procurador da República (Ministério Público Federal) ou um Procurador do Trabalho (Ministério Público do Trabalho) que tem entre suas atribuições a defesa dos direitos humanos.

---

(1) DINAMARCO, Cândido Rangel. *O Poder Judiciário e o Meio Ambiente.* RT 631/26.

O *parquet* é instituição permanente, essencial à função jurisdicional do Estado, incumbindo-lhe a defesa da ordem jurídica, do regime democrático e dos interesses sociais e individuais indisponíveis, conforme prescreve o art. 127 da Carta Constitucional[2]. E tem como princípios institucionais *a Unidade, a Indivisibilidade e a Independência Funcional.*

A defesa da ordem jurídica e do regime democrático pelo Ministério Público, implica, portanto, na defesa dos direitos humanos e no combate a suas violações.

Com isso, acompanhando lição de *Carlos Henrique Bezerra Leite* (1998), o legislador deixou claro que o Ministério Público assume agora o papel de órgão do Estado para defesa e proteção das liberdades públicas constitucionais, dos interesses indisponíveis, do acesso ao Judiciário, em suma atuará na defesa dos Direitos Humanos.

Expressa *Marco Aurélio Lustosa Caminha* (2005) que através do Ministério Público do Trabalho (que tem atuação exclusivamente em matéria trabalhista e legitimidade para agir em juízo somente perante a Justiça Federal especializada em matéria trabalhista, ou seja, a Justiça do Trabalho), tem combatido, por meio de medidas extrajudiciais (procedimentos investigatórios simples ou Inquéritos Civis públicos ou judiciais (ações civis públicas e outras ações), o trabalho em regime de semi-escravidão, que existia com muita freqüência em regiões menos desenvolvidas do País e ainda hoje surge isoladamente; a exploração do trabalho infanto-juvenil; o desrespeito a normas de segurança e higiene do trabalho; a intermediação ilícita de mão-de-obra; o uso de cooperativas de trabalho fraudulentas patrocinadas por empresas, como prestadoras de serviços, para que estas últimas possam furtar-se de cumprirem as normas constitucionais e infraconstitucionais de proteção do trabalho subordinado e eximirem-se da incidência dos impostos e demais encargos sociais que têm como fato gerador o pagamento de salário aos empregados; o desrespeito ao direito de livre filiação a sindicato; a fraude muito freqüente, em especial praticada pelo próprio Poder Público, através de suas Estatais, consistente em mascarar verdadeiros contratos de trabalho com a "roupagem" de estágio para estudantes, para viabilizar o descumprimento das normas de proteção ao contrato de trabalho e a sonegação dos encargos incidentes sobre os salários pagos; a fraude da contratação de empregados pelo Poder Público sem obediência à exigência de prévio concurso público; a sonegação de salário pelo menos igual ao salário mínimo legal, exigido na Constituição etc.

---

(2) Corroborando a idéia da importância da atuação do Ministério Público na efetividade dos Direitos Humanos Fundamentais, *Smanio,* citado por *Alexandre Moraes* (2005), afirma que rompeu o constituinte de 1988 com o imobilismo da tradicional teoria da separação de poderes, atribuindo função de atuação a determinado órgão do Estado que é o Ministério Público, para assegurar a eficácia dos direitos indisponíveis previstos pela própria Constituição.

De acordo com *José Alfredo de Oliveira Baracho Júnior* (2001), a complexidade dos problemas enfrentados pelas sociedades contemporâneas levou ao surgimento de uma série de novas concepções jurídicas, na busca de maior adequação do Direito ao contexto presente. Os interesses difusos surgem como uma tentativa de ampliar as possibilidades integradoras do Direito em face de novos desafios. A configuração dos interesses difusos demonstra sua íntima relação com problemas que estão sendo enfrentados em épocas recentes, tais como as relações de consumo, a preservação do patrimônio histórico, artístico, estético, cultural e paisagístico, a preservação, recuperação e melhoria do meio ambiente, especialmente o do trabalho[3].

Neste sentido, elencamos os novos direitos humanos apresentados por *Carlos Weis* (1999):

1. Direitos Humanos Difusos — Tendo em vista a definição contida no inciso I do art. 81 do Código de Defesa do Consumidor, surgem como direitos humanos difusos, em primeiro lugar, aqueles decorrentes dos tratados referentes aos direitos globais, sempre que for possível identificar com clareza as medidas requeridas. Porém, este ramo do Direito Internacional dos Direitos Humanos ainda se encontra em fase de desenvolvimento, buscando resolver questões ligadas ao obrigado por suas prescrições. Como direitos humanos difusos podem ser enquadradas muitas das prescrições relacionadas aos âmbitos econômico, social e cultural. A rigor, seguindo a terminologia legal, a titularidade de parte dos direitos de tal natureza não é coletiva, mas difusa, pois o grupo social que a detém não é plenamente identificável e seus membros estão ligados por circunstâncias de fato.

2. Direitos Humanos Coletivos[4] — Em primeiro lugar é necessário esclarecer que os direitos humanos coletivos não se confundem com o

---

(3) Seriam cinco as características dos interesses difusos. *A primeira* importa na ausência de vínculo associativo, pois os interesses difusos são pertinentes a uma série aberta de indivíduos, independentemente da existência de qualquer associação ou grupo intermédio. *A segunda,* seria o alcance de uma cadeia abstrata de indivíduos, não se circunscrevendo a determinada pessoa ou a grupos concretamente considerados. *A terceira*, é a potencial e abrangente conflituosidade. Decorre das verticais mutações da sociedade tecnológica, da produção e do consumo de massa, que provocaram tanto o surgimento da macroempresa moderna quanto a crescente e onipresente atuação estatal. *A quarta* característica dos interesses difusos é a ocorrência de lesões disseminadas em massa. Já *a quinta* característica destaca que há em sede de interesses difusos vínculos fáticos entre os titulares dos interesses. Os titulares dos interesses difusos ligam-se apenas mediante vínculos essencialmente fáticos, por uma mera identidade de situações. E, partindo das cinco características acima apontadas, Prade (1987), citado por Baracho Júnior (2001), propõe o seguinte conceito de interesses difusos — "são os titularizados por uma cadeia abstrata de pessoas, ligadas por vínculos fáticos exsurgidos de alguma circunstancial identidade de situação, passíveis de lesões disseminadas entre todos os titulares, de forma pouco circunscrita e num quadro de abrangente conflituosidade".

(4) São coletivos os interesses e direitos pertencentes a grupos ou categorias de pessoas determináveis, ligadas por uma mesma relação jurídica-base definida que os congrega. Exemplo: total de empregados de uma empresa (...) os individuais homogêneos são aqueles cujos titulares são perfeitamente individualizáveis, detentores de direitos divisíveis (Gugel, 1995).

que internacionalmente está denominado *collective rights*, que são os direitos ditos de "solidariedade", apelidados de "globais" por este trabalho. Os direitos humanos coletivos têm como traço fundamental o vínculo jurídico entre as pessoas que compõem o grupo, categoria ou classe social, entre si ou perante a parte oposta. Não se confundem com a soma dos interesses individuais, mas são a expressão de um interesse coletivo com natureza própria, dada pela proximidade entre os membros do grupo social e de sua mínima organização. Resulta que um primeiro foco destes direitos decorre das relações trabalhistas, em que efetivamente pode ser vislumbrado um universo definido de pessoas, sendo expressiva a utilização das palavras "classe" e "categoria" pelo inciso II, do art. 81 do Código. Tanto assim é que cada vez mais os conflitos são resolvidos por acordos gerais. Estes, por sua vez, observam uma expansão no seu conteúdo para abarcar, alem das condições de trabalho, a cooperação entre patrões e empregados para melhorar a gestão e a produtividade das empresas, como condição de sobrevivência de ambos.

3. *Direitos Humanos Individuais Homogêneos* — Não são propriamente interesses transindividuais, mas foram abarcados pelo Código de Defesa do Consumidor, o que abre espaço para que deles se cuide. Neste campo situam-se especialmente os direitos civis e políticos, que, embora em essência individuais, possuem necessidade de exercício coletivo, sem o que não se realizam. Fundamentalmente, são os direitos de associação, como o de fundar sindicato ou de nele ingressar, previsto pelo Direito Internacional dos Direitos Humanos nos dois pactos internacionais de 1966, pela singularidade de constituir um direito civil que se exerce no âmbito das relações trabalhistas.

Leciona *Luis Roberto Barroso* (2005) que os direitos individuais homogêneos são laconicamente definidos pela lei como "os decorrentes de origem comum". Trata-se portanto, de direitos divisíveis e com titulares certos. Ainda assim, a lei admite a tutela coletiva, na presunção de que ela seja mais conveniente ou adequada. Se a presunção não se confirmar, a ação coletiva não deverá ser admitida. A proteção coletiva desses direitos corresponde à *class action for damages* do direito norte-americano. No Direito brasileiro, dois são os requisitos para a proteção desses direitos: a origem comum e a homogeneidade.

A expressão *origem comum* refere-se à causa que serve de fundamento para a pretensão veiculada, como, por exemplo, o acidente de avião, a contaminação de um medicamento, a colocação de água em um suco vendido como puro. Há quem faça distinção entre origem comum próxima e remota, em função da intensidade do nexo causal em relação ao dano. A *homogeneidade* se refere à identidade ou proximidade de situações entre as pessoas integrantes da classe, de modo a justificar sua reunião no pólo ativo de uma única ação.

11. QUESTÕES DE CONCURSOS ANTERIORES

QUESTÃO N. 1 (XI Concurso Público para Provimento de cargos de Procurador do Trabalho)

Assinale a alternativa CORRETA:

Em relação à greve:

I — o Ministério Público, sempre que provocado, deverá requisitar a abertura do competente inquérito e oferecer denúncia caso haja indício de prática de delito;

II — a participação do trabalhador só não suspende o seu contrato individual se a Justiça do Trabalho, ao examinar a abusividade do movimento paredista, decidir sobre sua legitimidade e, após, apreciar a procedência, total ou parcial, ou a improcedência das reivindicações de natureza coletiva, determinando o retorno ao trabalho.

III — é de natureza subjetiva a responsabilidade pelos atos ilícitos ou crimes cometidos no seu curso, os quais serão apurados, segundo a respectiva legislação trabalhista, civil ou penal, considerando-se a ocorrência do ato omissivo ou comissivo, do nexo de causa e efeito entre o ato e o dano, além da culpa, independente da decisão declaratória da abusividade da greve;

IV — desde que afetado, o terceiro pode cobrar reparações de danos sofridos em decorrência da abusividade do movimento, sendo parte legítima para a ação de indenização, até perante os juizados de pequenas causas;

( ) a) todas as alternativas são falsas;
( ) b) apenas duas alternativas são verdadeiras;
( ) c) todas as alternativas são verdadeiras;
( ) d) apenas três alternativas são verdadeiras;
( ) e) não respondida.

QUESTÃO N. 2 (XI Concurso Público para Provimento de cargos de Procurador do Trabalho)

Assinale a alternativa CORRETA:

I — somente por meio de Convenção ou Acordo Coletivo de Trabalho é que podem ser instituídas Comissões de Conciliação Prévia no âmbito do sindicato, as quais poderão ser constituídas por grupos de empresas ou ter caráter intersindical;

II — os princípios da liberdade associativa e da liberdade sindical no Setor Público, respeitada a unicidade sindical, garantem aos empregados públicos semelhantes direitos aos da iniciativa privada, exceto no que pertine à celebração de Acordos e Convenções Coletivas de Trabalho, quando o empregador for somente a Administração Pública Direta;

III — uma das fontes de recursos financeiros das entidades sindicais profissionais e econômicas, conhecida como contribuição confederativa, criada pela Constituição Federal, tem como finalidade custear o sistema confederativo, devendo ser fixada em assembléia;

IV — a negociação coletiva enquadra-se como solução dos conflitos coletivos de natureza trabalhista, pelo método da autocomposição, constituindo o respectivo instrumento jurídico expressão do poder normativo estabelecido na Constituição;

( ) a) todas as alternativas são falsas

( ) b) todas as alternativas são verdadeiras;

( ) c) apenas uma alternativa é verdadeira;

( ) d) apenas duas alternativas são verdadeiras;

( ) e) não respondida.

QUESTÃO N. 3 (XI Concurso Público para Provimento de cargos de Procurador do Trabalho)

Assinale a assertiva CORRETA:

I — não cabe ao Ministério Público do Trabalho suscitar Dissídio Coletivo que não esteja jungido à hipótese de greve no serviço público relativo a atividade essencial de interesse da população;

II — é obrigatória a participação dos sindicatos das categorias profissionais e econômicas nas negociações coletivas de trabalho que resultem em Acordos Coletivos de Trabalho de caráter normativo, visando a estipular condições de trabalho aplicáveis às relações individuais de trabalho;

III — segundo jurisprudência uniformizada do Tribunal Superior do Trabalho, as condições de trabalho fixadas em Acordos e Convenções Coletivas de Trabalho incorporam-se, sem prazo determinado, aos contratos individuais de trabalho;

IV — em sede de Dissídio Coletivo é competente a Justiça do Trabalho para o reconhecimento de enquadramento sindical objetivando a representatividade do respectivo sindicato.

( ) a) apenas uma assertiva é verdadeira;

( ) b) apenas duas assertivas são falsas;

( ) c) apenas três assertivas são verdadeiras;

( ) d) todas as assertivas são falsas;

( ) e) não respondida.

QUESTÃO N. 4 (XI Concurso Público para Provimento de cargos de Procurador do Trabalho)

Assinale a alternativa CORRETA:

I — havendo norma coletiva em vigor, não poderá o sindicato profissional pretender sua alteração pela via do dissídio coletivo, salvo se vier a ocorrer fato novo que modifique as relações de trabalho;

II — compete ao Ministério Público do Trabalho propor as ações cabíveis para declaração de nulidade de cláusula de Acordo ou Convenção Coletiva que estabeleçam: desconto assistencial em favor do sindicato obreiro, sem previsão do direito de oposição dos empregados; contribuição assistencial patronal e eleição de foro;

III — o Acordo ou a Convenção Coletiva de Trabalho superveniente à sentença normativa vigente e em substituição a esta passa a prevalecer para o fim de estabelecer normas e condições de trabalho aplicáveis às relações individuais de trabalho;

IV — no âmbito do Direito Coletivo do Trabalho, o critério de hierarquia normativa, que adota o princípio da norma mais favorável ao empregado, encontra na teoria da acumulação uma postura de fracionamento do conteúdo dos textos normativos, enquanto que na teoria do conglobamento o conjunto normativo é encarado sob o ângulo unitário, prevalecendo o não-fracionamento do conteúdo dos textos normativos.

( ) a) apenas duas alternativas são verdadeiras;

( ) b) apenas uma alternativa é falsa;

( ) c) todas as alternativas são verdadeiras;

( ) d) apenas três alternativas são verdadeiras;

( ) e) não respondida.

QUESTÃO N. 5 (Concurso Público n. 1/2005 para o Cargo de Juiz Substituto do Trabalho, TRT, da 3ª Região)

Sob as luzes do Direito Coletivo do Trabalho, considerando a legislação pertinente e jurisprudência uniforme do Tribunal Superior do Trabalho e a doutrina, analise as proposições abaixo:

I — A estabilidade constitucional do dirigente sindical constitui medida de proteção de direito coletivo fundamental — não patrimonial — da categoria profissional, razão pela qual não pode sofrem restrições de qualquer natureza.

II — A Convenção Internacional do Trabalho n. 87 da OIT, ratificada pelo Brasil, através do Decreto n. 4.228, de 3.11.72, ainda não foi promulgada pelo Congresso Nacional em razão de sua incompatibilidade com o princípio da unicidade sindical consagrado na Constituição da República Federal vigente.

III — As manifestações e atos de persuasão utilizados pelos grevistas não poderão causar ameaça ou dano à propriedade ou pessoa, mas é lícito impedir o acesso ao trabalho, como forma de solidariedade para assegurar a eficácia do movimento.

IV — Constitui abuso do exercício do direito de greve a paralisação que na vigência de acordo, convenção ou sentença normativa, tenha por objetivo exigir o cumprimento de cláusula ou condição da mesma, sem antes promover a ação de cumprimento.

V — A estabilidade prevista na Constituição da República Federal em favor do empregado eleito representante, nas empresas de mais de duzentos empregados, tem a finalidade de promover-lhes o entendimento direto com os empregadores, sem qualquer represália.

Assinale:

( ) a) Se apenas as alternativas I e II estiverem incorretas.

( ) b) Se apenas as alternativas III e IV estiverem incorretas.

( ) c) Se apenas as alternativas I e V estiverem incorretas.

( ) d) Se apenas as alternativas I, II e III estiveram incorretas.

( ) e) Se todas as alternativas estiverem incorretas.

DIREITO PROCESSUAL DO TRABALHO

QUESTÃO N. 6 (Concurso Público n. 1/2005 para o Cargo de Juiz Substituto do Trabalho, TRT, da 3ª Região)

Sob as luzes do Direito Coletivo do Trabalho, considerando a legislação constitucional e infraconstitucional, analise as proposições abaixo:

I — A negociação coletiva foi incentivada pela Constituição da República Federal de 1988 como meio de solução dos conflitos coletivos de trabalho, mas com a Emenda Constitucional n. 45 deixou de ser fonte normativa para a busca de novas condições de trabalho.

II — Em face da Teoria do Conglobamento, é válida a redução do intervalo mínimo para alimentação e repouso na jornada de trabalho, mediante acordo ou convenção coletiva, desde que, como compensação, seja implantado refeitório adequado nas empresas e fornecida alimentação gratuita.

III — A irrenunciabilidade teórica dos direitos trabalhistas não impede a utilização da arbitragem privada para a solução dos conflitos, principalmente no direito coletivo, quando as partes não lograram êxito na mediação.

IV — Em face do Poder normativo atribuído à Justiça do Trabalho, é possível o deferimento, em sentença normativa, de cláusula que objetiva a ampliação do prazo prescricional para pretensão relacionada com danos materiais e morais decorrentes de acidente do trabalho.

V — É vedado à União, aos Estados, ao Distrito Federal e aos Municípios instituir impostos sobre o patrimônio, renda ou serviços das entidades sindicais dos trabalhadores.

Assinale:

( ) a) se apenas as alternativas I, IV e V estiverem incorretas.

( ) b) se apenas as alternativas I, II e IV estiverem incorretas.

( ) c) se apenas as alternativas I, II e III estiverem incorretas.

( ) d) se apenas as alternativas I, III e V estiverem incorretas.

( ) e) se apenas a alternativa V estiver incorreta.

QUESTÃO N. 7 (Concurso Público n. 1/2005 para o Cargo de Juiz Substituto do Trabalho, TRT, da 3ª Região)

Sob o prisma do Direito Coletivo do Trabalho, considerando a jurisprudência uniforme do Tribunal Superior do Trabalho, analise as proposições abaixo:

I — No direito positivo brasileiro a representação sindical por categorias é incompatível com a atuação sindical na defesa dos direitos e interesses difusos e transindividuais dos trabalhadores.

II — O princípio da ultratividade, consagrado no § 2º do art. 114 da CRF/88, implica que os empregados admitidos após a vigência da norma coletiva, dela se beneficiam.

III — Para fins do enquadramento sindical, entende-se por atividade preponderante a que caracterizar a unidade de produto, operação ou objetivo final, para cuja obtenção todas as demais atividades convirjam, exclusivamente, em regime de conexão funcional, prevalecendo a atividade que gerar maior faturamento ou absorver maior número de empregados.

IV — Em tempos de crise, cabe ao Poder Judiciário optar pela interpretação que se revela mais capaz de fortalecer a ação sindical, o que levou o Col. TST a reformar sua jurisprudência e permitir o desconto assistencial de todos os trabalhadores integrantes da categoria em favor das entidades sindicais, desde que aprovada em assembléia geral regular com a convocação de todos os interessados, por maioria de 2/3 dos mesmos.

V — O empregado de categoria diferenciada eleito dirigente sindical não goza de estabilidade ainda que exerça atividade pertinente à categoria profissional do sindicato para o qual foi eleito dirigente, se a empresa for de categoria econômica diversa da categoria profissional por ele representada.

Assinale:

( ) a) se apenas as alternativas I e IV estiverem incorretas.

( ) b) se apenas as alternativas III e IV estiverem incorretas.

( ) c) se apenas as alternativas II e V estiverem incorretas.

( ) d) se apenas as alternativas I, II e III estiverem incorretas.

( ) e) se todas as alternativas estiverem incorretas.

QUESTÃO N. 8 (Concurso Público n. 1/2005 para o Cargo de Juiz Substituto do Trabalho, TRT, da 3ª Região)

Sob o prisma do Direito Coletivo do Trabalho, considerando a jurisprudência uniforme do Tribunal Superior do Trabalho, analise as proposições abaixo:

I — As cláusulas obrigacionais, são aquelas que, insertas nos instrumentos normativos, criam direitos e obrigações para os próprios convenentes que, nesta situação, também na condição de partes, e não apenas de sujeitos estipulantes.

II — As cláusulas normativas destinam-se a regulamentar as relações de trabalho no âmbito das categorias envolvidas nas contratações coletivas, ou seja, as categorias profissional e econômica, representadas pelos sujeitos estipulantes das CCTs ou ACTs.

III — As normas coletivas principiológicas são herméticas, uma vez que demandam um processo de concretização mais intenso, caracterizando-se pela polivalência. Isto é, disciplinam as relações contratuais com alto grau de especificidade e concreção, servindo de fonte normativa para a criação de direitos, em razão da dimensão axiológica que lhes confere sentido ético.

IV — As decisões da CIPA serão tomadas, preferencialmente, por consenso, mas não havendo consenso, e frustradas as tentativas de negociação direta ou mediação, será instalado processo de votação, cabendo ao presidente, em caso de empate, o voto de qualidade.

V — O dirigente sindical, se afastado de sua atividade na empresa, durante o exercício do mandato eletivo, e deixando de exercer atividade insalubre, perde o enquadramento no Regime Geral de Previdência Social — RGPS de antes da investidura, para fins de aposentadoria especial.

Assinale:

( ) a) se apenas as alternativas I e IV estiverem corretas.

( ) b) se apenas as alternativas I e II estiverem corretas.

( ) c) se apenas as alternativas II e V estiverem incorretas.

( ) d) se apenas as alternativas I, II e III estiverem corretas.

( ) e) se todas as alternativas estiverem corretas.

QUESTÃO N. 9 (VII Concurso Público para o Cargo de Juiz Substituto do Trabalho, TRT, da 17ª Região)

Assinale a alternativa correta:

( ) a) A Constituição Federal assegurou aos sindicatos o direito de estabelecer em convenção coletiva cláusulas *closed shop* e *union shop*.

( ) b) Por disposição legal, as Centrais Sindicais integram a estrutura sindical brasileira.

( ) c) Nos termos da Constituição Federal, é assegurado o direito de greve, competindo aos sindicatos decidir sobre a oportunidade de exercê-lo e sobre os direitos que devam por meio dele defender.

( ) d) Os limites de identidade, similaridade ou conexidade, fixam as dimensões dentro das quais a categoria econômica ou profissional é homogênea e a associação é natural.

( ) e) Tem direito de votar e de ser votado o aposentado filiado e o associado com 6 (seis) meses de inscrição no quadro social e com 1 (um) ano de exercício da atividade ou profissão.

QUESTÃO N. 10 (VII Concurso Público para o Cargo de Juiz Substituto do Trabalho, TRT, da 17ª Região)

Assinale a alternativa incorreta:

( ) a) A Convenção n. 87 da OIT consagra de forma explícita o princípio da não-intervenção da autoridade administrativa na vida da associação sindical.

( ) b) O princípio da Criatividade Jurídica na Negociação Coletiva traduz a noção de que os processos negociais coletivos e seus instrumentos, tais como, acordo coletivo e convenção coletiva, têm real poder de criar norma jurídica em harmonia com a normatividade heterônoma estatal.

( ) c) A instauração de dissídio coletivo traduz forma heterônoma de solução dos conflitos coletivos trabalhistas.

( ) d) O *Lock-out* não se confunde com o *factum principis*.

( ) e) O Direito Coletivo do Trabalho é o conjunto de regras, princípios e institutos regulatórios das relações individuais dos trabalhadores.

QUESTÃO N. 11 (VII Concurso Público para o Cargo de Juiz Substituto do Trabalho, TRT, da 17ª Região)

Assinale a alternativa correta:

( ) a) Configuram condutas anti-sindicais, por parte do empregador, a manutenção e o controle dos denominados sindicatos amarelos, e a inclusão do trabalhador em *index*, como por exemplo, a divulgação das denominadas listas negras.

( ) b) De acordo com a Constituição Federal, os sindicatos podem ser fundados e funcionar independentemente de registro no órgão competente.

( ) c) O direito de greve é exercido na forma estabelecida pela Constituição Federal.

( ) d) As comissões de conciliação prévia não podem ser constituídas por grupos de empresas ou ter caráter sindical.

( ) e) A mediação e a arbitragem são meios de solução dos conflitos coletivos de trabalho, e estão devidamente assegurados na Constituição Federal.

QUESTÃO N. 12 (XVIII Concurso Público para o Cargo de Juiz Substituto do Trabalho, TRT, da 9ª Região)

Considere as seguintes proposições:

I — A greve a que se reporta a Lei n. 7.783/89 é apenas aquela dos trabalhadores que prestam serviços a empregador, mediante relação de emprego.

II — Para que a paralisação do trabalho seja caracterizada como greve, deve alcançar todos os trabalhadores da empresa.

III — A greve sempre provoca a suspensão do contrato de trabalho.

IV — Nos termos da lei brasileira que dispõe sobre o exercício do direito de greve, são considerados serviços ou atividades essenciais, dentre outros, o tratamento e o abastecimento de água, a produção e a distribuição de energia elétrica e os serviços prestados por estabelecimentos de ensino.

Assinale a alternativa correta:

( ) a) Todas as proposições estão corretas.

( ) b) Apenas uma proposição está correta.

( ) c) Apenas duas proposições estão corretas.

( ) d) Apenas três proposições estão corretas.

( ) e) Todas as proposições estão erradas.

QUESTÃO N. 13 (XVIII Concurso Público para o Cargo de Juiz Substituto do Trabalho, TRT, da 9ª Região)

Considere as seguintes proposições:

I — As Centrais Sindicais têm legitimidade para instaurar dissídios coletivos e para impetrar mandado de segurança coletivo.

II — As confederações organizar-se-ão com o mínimo de cinco federações e terão sede na Capital da República.

III — O prazo máximo de validade das convenções e dos acordos coletivos é de um ano.

IV — Dispõe textualmente o art. 8º, III, da Constituição Federal, que "ao sindicato cabe a defesa dos direitos e interesses coletivos ou individuais dos associados, inclusive em questões judiciais ou administrativas".

Quais estão corretas?

( ) a) Todas estão corretas.

( ) b) Apenas I, II e III.

( ) c) Apenas II, III e IV.

( ) d) Apenas I e III.

( ) e) Todas estão erradas.

QUESTÃO N. 14 (XVIII Concurso Público para o Cargo de Juiz Substituto do Trabalho, TRT, da 9ª Região)

Considere as seguintes proposições:

I — Segundo a jurisprudência dominante no Tribunal Superior do Trabalho, não é assegurada estabilidade provisória ao dirigente sindical que efetiva o registro da candidatura no curso do aviso prévio.

II — Segundo a jurisprudência dominante no Tribunal Superior do Trabalho, para fins de estabilidade, o art. 522 da CLT, que limita a sete o número de dirigentes sindicais, foi recepcionado pela Constituição Federal de 1988.

III — A estabilidade provisória, também chamada garantia de emprego, do dirigente sindical, prevista no art. 8º, VIII, da Constituição Federal, alcança os dirigentes de entidade fiscalizadora do exercício de profissão liberal.

IV — O empregado eleito para cargo de administração sindical não poderá ser transferido para lugar ou mister que lhe dificulte ou torne impossível o desempenho das suas atribuições sindicais. Poderá, contudo, ser efetivada a transferência, sem prejuízo à estabilidade provisória, se decorrer de pedido do empregado.

Assinale a alternativa correta:

( ) a) Todas as proposições estão corretas.

( ) b) Apenas uma proposição está correta.

( ) c) Apenas duas proposições estão corretas.

( ) d) Apenas três proposições estão corretas.

( ) e) Todas as proposições estão erradas.

QUESTÃO N. 15 (XVIII Concurso Público para o Cargo de Juiz Substituto do Trabalho, TRT, da 9ª Região)

Sobre as receitas do sindicato, é correto afirmar:

I — A contribuição sindical somente pode ser descontada de associados com o consentimento destes.

II — Segundo a jurisprudência uniformizada pelo Tribunal Superior do Trabalho, não ofende o direito de livre associação e sindicalização cláusula normativa que estabeleça contribuição em favor de entidade sindical a título de taxa para custeio do sistema confederativo, revigoramento ou fortalecimento sindical e outros da mesma espécie, obrigando trabalhadores não sindicalizados.

III — A contribuição confederativa é também chamada taxa assistencial, contribuição de solidariedade ou desconto assistencial e consiste num pagamento feito pelo integrante da categoria profissional ou econômica ao sindicato da respectiva categoria, com o objetivo de custear as atividades assistenciais do sindicato.

IV — Para cobrança da mensalidade sindical basta a previsão no estatuto da entidade sindical.

Assinale a alternativa correta:

( ) a) Apenas I, II e III estão corretas.

( ) b) Apenas II e III estão corretas.

( ) c) Apenas II e IV estão incorretas.

( ) d) Todas as proposições estão erradas.

( ) e) Apenas a IV está correta.

QUESTÃO N. 16 (XVIII Concurso Público para o Cargo de Juiz Substituto do Trabalho, TRT, da 9ª Região)

Considere as proposições abaixo:

I — Segundo a legislação trabalhista, a solidariedade de interesses econômicos dos que empreendem atividades idênticas, similares ou conexas, constitui o vínculo social básico que se denomina categoria econômica.

II — O empregado integra, sem qualquer exceção, a categoria profissional correspondente à categoria econômica a que pertence a empresa em que trabalha, sendo irrelevante para efeito de enquadramento sindical a função que nela exerce.

III — No tocante à incorporação, ao contrato de trabalho, das condições alcançadas por força de sentença normativa, o Tribunal Superior do Trabalho, segundo sua jurisprudência predominante, adota a teoria da aderência limitada pelo prazo.

IV — O critério de hierarquia normativa preponderante no Direito Comum não se aplica ao Direito do Trabalho. A doutrina construiu duas teorias para equacionar a aplicação do critério da norma mais favorável (princípio próprio do direito do trabalho sobre a hierarquia de suas normas), quais sejam, a teoria da acumulação e do conglobamento, esta claramente acolhida pelo legislador ao disciplinar a situação dos trabalhadores brasileiros contratados ou transferidos para prestar serviços no exterior.

Quais estão corretas?

( ) a) Apenas I, III e IV.

( ) b) Todas estão corretas.

( ) c) Apenas II, III e IV.

( ) d) Apenas I e III.

( ) e) Apenas a IV.

QUESTÃO N. 17 (XIX Concurso Público para o Cargo de Juiz Substituto do Trabalho, TRT, da 9ª Região)

Assinale a alternativa incorreta:

( ) a) as convenções coletivas e os acordos coletivos de trabalho entrarão em vigor três dias após a data da entrega dos mesmos no órgão referido no art. 614 da CLT;

( ) b) não será permitido estipular duração de convenção coletiva ou acordo coletivo de trabalho superior a dois anos;

( ) c) o processo de prorrogação, revisão, denúncia ou revogação total ou parcial de convenção coletiva de trabalho ou acordo coletivo de trabalho ficará subordinado, em qualquer caso, à aprovação de assembléia geral dos sindicatos convenentes ou partes acordantes;

( ) d) havendo convenção coletiva de trabalho, acordo coletivo de trabalho ou sentença normativa em vigor, o dissídio coletivo deverá ser instaurado dentro de noventa dias anteriores ao respectivo termo final, para que o novo instrumento possa ter vigência no dia imediato a esse termo;

( ) e) os sindicatos representativos de categorias econômicas ou profissionais e as empresas, inclusive as que não tenham representação sindical, quando provocados, não podem recusar-se à negociação coletiva.

QUESTÃO N. 18 (n. 1/2006 Concurso Público para o Cargo de Juiz Substituto do Trabalho, TRT, da 5ª Região)

O sindicato de determinada categoria profissional, seis meses antes do término da vigência de acordo coletivo de trabalho, provocou a pessoa jurídica contratante para negociarem o acordo substitutivo. Sem qualquer justificativa, a pessoa jurídica negou-se a participar da negociação coletiva.

Com base nessa situação hipotética, assinale a opção correta.

( ) a) O não-comparecimento da pessoa jurídica ao local e hora designados pelo sindicato, para negociar o acordo substitutivo, compreende recusa tácita, o que legitima por si só a instauração de instância.

( ) b) A legitimação para instauração da instância, em dissídios coletivos, em que não ocorrer suspensão do trabalho, é sempre do sindicato representativo da categoria econômica. A falta deste sindicato não poderá ser suprida por nenhuma outra associação sindical, mesmo que pertencente à mesma categoria profissional, de mesmo grau ou grau superior.

( ) c) Para a instauração da instância em dissídio coletivo, o sindicato da categoria deverá convocar assembléia para deliberação, cuja aprovação dependerá do voto favorável da maioria absoluta de membros associados interessados na solução do litígio, ou seja, 50% de seus membros acrescido de 1 voto.

( ) d) Se forem estabelecidas condições mais favoráveis em convenção coletiva de trabalho, da qual for signatário o referido sindicato, essas condições prevalecerão sobre as estipuladas no acordo coletivo de trabalho.

( ) e) Se não existisse acordo coletivo de trabalho anterior, a sentença normativa que julgar o dissídio coletivo vigorará 60 dias após a data de sua publicação.

QUESTÃO N. 19 (n. 1/2006 Concurso Público para o Cargo de Juiz Substituto do Trabalho, TRT, da 5ª Região)

Considerando os mecanismos de solução de conflitos coletivos de trabalho, assinale a opção correta.

( ) a) O locaute é uma das formas heterônomas de resolução de conflitos coletivos de trabalho, atuando, no conflito, como instrumento de pressão para o encontro de solução mais favorável ao empregador.

( ) b) Conflitos interindividuais e conflitos coletivos de trabalho são conceitos distintos, pois os primeiros não envolvem comunidades específicas de trabalhadores e empregadores, mas o confronto entre as partes contratuais trabalhistas isoladamente consideradas.

( ) c) Ao atribuir à justiça do trabalho a competência para conciliar e julgar os dissídios individuais e coletivos entre trabalhadores e empregadores, a Constituição Federal implicitamente excluiu do direito pátrio a possibilidade de utilização de mecanismos como a mediação e o juízo arbitral para a solução de tais conflitos.

( ) d) Ao estabelecer que ninguém será obrigado a filiar-se ou manter-se filiado a sindicato, a Constituição Federal permitiu negociação coletiva entre trabalhadores e empregadores sem a participação dos sindicatos.

( ) e) A proteção contra a dispensa imotivada de ocupante de cargo de direção ou representação sindical é restrita aos membros efetivamente eleitos, não alcançando o empregado sindicalizado que tenha registrado a sua candidatura a cargos de tal natureza.

QUESTÃO N. 20 (n. 1/2006 Concurso Público para o Cargo de Juiz Substituto do Trabalho, TRT, da 5ª Região)

Acerca do direito coletivo ou sindical, assinale a opção correta.

( ) a) Segundo entendimento do TST, a garantia de inamovibilidade do dirigente sindical impede a sua transferência ainda que com ela o dirigente aquiesça.

( ) b) Os descontos efetuados com base em cláusula de acordo firmado podem corresponder ao total do salário-base percebido pelo empregado.

( ) c) A extinção da atividade empresarial na base territorial do sindicato torna insubsistente a estabilidade provisória do dirigente sindical.

( ) d) A contribuição confederativa de que trata o art. 8º, IV, da Constituição Federal, também é exigível dos empregados não filiados ao sindicato respectivo, por constituir exceção criada pela própria Carta.

( ) e) É legítima a cláusula de convenção coletiva que prevê a cobrança de taxa de homologação de rescisão contratual, a ser paga pela empresa a favor do sindicato profissional.

QUESTÃO N. 21 (n. 1/2006 Concurso Público para o Cargo de Juiz Substituto do Trabalho, TRT, da 5ª Região)

A respeito das espécies de dissídios coletivos, assinale a opção correta.

( ) a) Os dissídios de natureza econômica, em regra, não criam novas normas ou condições de trabalho, restringindo-se à interpretação de cláusulas salariais já vigentes.

( ) b) Os dissídios de natureza jurídica são, na verdade, ações constitutivas com o propósito de estabelecer direitos até então não contemplados nos instrumentos anteriores.

( ) c) Os dissídios originários são aqueles que versam interesses de caráter nacional e, por isso, são da competência originária do TST.

( ) d) Os dissídios coletivos podem ser de revisão. Nesse caso, destinam-se a reavaliar normas e condições coletivas de trabalho preexistentes que se hajam tornado injustas ou ineficazes pela modificação das circunstâncias que a ditaram.

( ) e) O TST não admite como modalidade autônoma de dissídio coletivo a declaração sobre a paralisação do trabalho.

QUESTÃO N. 22 (n. 1/2006 Concurso Público para o Cargo de Juiz Substituto do Trabalho, TRT, da 5ª Região)

No referente aos pressupostos e condições do dissídio coletivo, assinale a opção correta, considerando o texto constitucional e a legislação aplicável.

( ) a) Uma das inovações introduzidas pela Emenda Constitucional n. 45/2004 à redação originária do art. 114 da Constituição Federal foi a concordância das partes quanto ao ajuizamento do dissídio coletivo de natureza econômica.

( ) b) Entre os argumentos daqueles que defendem a negociação coletiva prévia como pressuposto processual do dissídio coletivo, figura a falta de interesse de agir do suscitante, que poderia obter o bem da vida reivindicado sem a necessidade de intervenção do Poder Judiciário.

( ) c) Para a propositura do dissídio coletivo, é desnecessária a comprovação da frustração da negociação coletiva prévia, bastando, para tanto, que o suscitante alegue a sua impossibilidade.

( ) d) O sindicato profissional tem legitimidade para requerer pronunciamento judicial sobre greve por ele realizada.

( ) e) É juridicamente possível o pedido, em dissídio coletivo, para que cláusula estabeleça vinculação da remuneração à quantidade de salários mínimos que representa.

QUESTÃO N. 23 (n. 1/2006 Concurso Público para o Cargo de Juiz Substituto do Trabalho, TRT, da 5ª Região)

Assinale a opção correta.

( ) a) Não compete ao tribunal prolator a iniciativa para a revisão da decisão que fixar condições de trabalho, quando se tiverem modificado as circunstâncias que ditaram tal decisão.

( ) b) O empregado de categoria diferenciada eleito dirigente sindical goza de estabilidade ainda que exerça na empresa atividade que não seja pertinente à categoria profissional do sindicato para o qual foi eleito dirigente.

( ) c) O edital de convocação da assembléia geral da categoria não constitui documento essencial ao ajuizamento do dissídio coletivo.

( ) d) Não é devida multa por descumprimento de obrigação inserida em sentença normativa, convenção ou acordo coletivo que represente mera repetição de obrigação já prevista na CLT.

( ) e) Em caso de dissídio coletivo que tenha por motivo novas condições de trabalho e no qual figure apenas uma fração de empregados de uma empresa, é possível ao tribunal competente a aplicação de eqüidade para estender tais condições aos demais empregados.

QUESTÃO N. 24 (XI Concurso Público para o Cargo de Juiz Substituto do Trabalho, TRT, da 13ª Região)

Assinale, entre as opções abaixo, a única que não se inclui entre os preceitos que devem ser observados no tocante à nossa organização sindical, de acordo com a Constituição Federal de 1988:

( ) a) Ao sindicato cabe a defesa dos direitos e interesses coletivos ou individuais da categoria, inclusive em questões judiciais ou administrativas.

( ) b) Ninguém é obrigado a filiar-se ou manter-se filiado a sindicato.

( ) c) É vedada a dispensa do empregado sindicalizado a partir do registro da candidatura a cargo de direção ou representação sindical e, se eleito, ainda que suplente, até um ano após o final do mandato, salvo se cometer falta grave, nos termos da lei.

( ) d) É obrigatória a participação dos sindicatos nas convenções coletivas e acordos coletivos de trabalho.

( ) e) O aposentado filiado tem direito a votar e ser votado nas organizações sindicais.

QUESTÃO N. 25 (XII Concurso Público para o Cargo de Juiz Substituto do Trabalho, TRT, da 13ª Região)

Considerando-se as afirmações abaixo, marque a alternativa correta:

I. a criação de sindicato de trabalhadores pressupõe, entre outras condições, que todos os associados sejam assalariados e pertençam à mesma atividade econômica;

II. as categorias econômicas e profissionais não organizadas em sindicatos estão legalmente impedidas de celebrar convenções coletivas;

III. todo sindicato terá uma base territorial que será necessariamente municipal, vedada a criação de sindicato com base territorial distinta;

IV. o empregado eleito para cargo de administração sindical goza de estabilidade no emprego, desde a sua eleição até 1 (um) ano após o final do seu mandato;

V. o trabalhador, menor de 18 (dezoito) anos, poderá votar nas eleições sindicais, no entanto, não poderá ser votado.

( ) a) todas as proposições estão corretas;

( ) b) todas as proposições estão erradas;

( ) c) só a I e a III estão corretas;

( ) d) só a II e a V estão corretas;

( ) e) só a IV está certa.

QUESTÃO N. 26 (XII Concurso Público para o Cargo de Juiz Substituto do Trabalho, TRT, da 13ª Região)

Assinale a hipótese verdadeira. Verificando-se caso de greve em atividade essencial, com possibilidade de lesão do interesse público:

( ) a) o Tribunal do Trabalho da Região competente intervirá em vinte e quatro horas, a fim de resguardar o interesse coletivo;

( ) b) o Presidente do Tribunal Regional do Trabalho da Região jurisdicionada comunicará o fato em vinte e quatro horas ao Tribunal Superior do Trabalho, para as providências emergenciais previstas em lei;

( ) c) o Ministério Público do Trabalho poderá ajuizar dissídio coletivo, competindo à Justiça do Trabalho decidir o conflito;

( ) d) compete à Justiça comum decidir e julgar a matéria, desde que provocada pelo Ministério Público do Trabalho;

( ) e) as partes terão ampla liberdade de solucionar o conflito, em respeito aos Direitos Individuais e Coletivos contidos no *caput* do art. 5º da CF.

QUESTÃO N. 27 (XII Concurso Público para o Cargo de Juiz Substituto do Trabalho, TRT, da 13ª Região)

Dada a premissa abaixo, marque a resposta correta:

É livre a associação profissional ou sindical no Brasil, desde que atendidos os seguintes requisitos:

( ) a) os associados ficam previamente obrigados a comprovar a legalidade de suas atividades;

( ) b) a associação profissional ou sindical terá de reunir, no mínimo, 200 associados, numa base territorial que será definida pelos trabalhadores interessados, que, por sua vez, não poderá ser inferior à área de um município;

( ) c) a entidade deverá assegurar representação mínima de empregadores, a ser definida em lei;

( ) d) a organização garantirá ao aposentado o direito de votar e de ser votado;

( ) e) a lei não poderá exigir autorização do Estado para a fundação de sindicato, ressalvado o registro no órgão competente, vedadas ao Poder Público a interferência e a intervenção na organização sindical.

QUESTÃO N. 28 (XX Concurso Público para o Cargo de Juiz Substituto do Trabalho, TRT, da 9ª Região)

Marque a alternativa incorreta:

( ) a) Os empregadores podem deixar de pagar aos trabalhadores em greve os salários correspondentes aos dias de paralisação; todavia, o acordo das partes ou a decisão judicial poderão dispor a respeito.

( ) b) O empregador pode promover a rescisão de contrato de trabalho no período de greve, mesmo se considerada não abusiva; mas será obrigado, neste caso, a rescindir os contratos sem justa causa.

( ) c) A lei não veda a realização de greve por parte dos trabalhadores de empresas que desenvolvem serviços ou atividades essenciais à sociedade, embora dê tratamento legal distinto para a sua realização de modo não abusivo.

( ) d) Finda a greve, firmado o acordo ou convenção coletiva de trabalho, os benefícios decorrentes da vitória do movimento grevista devem sempre ser estendidos a todos os membros da categoria, associados ou não ao sindicato, mesmo aqueles que não participaram do movimento.

( ) e) O direito de greve é um direito de caráter coletivo e não individual que visa a paralisação da produção ou do serviço; todavia, a lei não veda a realização de greve por meio de outras práticas de pressão que não impliquem necessariamente na suspensão das atividades da empresa.

QUESTÃO N. 29 (XX Concurso Público para o Cargo de Juiz Substituto do Trabalho, TRT, da 9ª Região)

No modelo sindical atual, é permitido que:

( ) a) Seja criada mais de uma organização sindical, em qualquer grau, representativa de igual categoria profissional ou econômica, na mesma base territorial ou Município.

( ) b) O Poder Público interfira e intervenha na organização sindical.

( ) c) O aposentado filiado vote e seja votado nas organizações sindicais.

( ) d) A lei exija autorização do Estado para a fundação do sindicato.

( ) e) As entidades sindicais instituam a cobrança de contribuições compulsórias para a manutenção do sistema sindical inclusive com abrangência superior a base territorial dos sindicatos envolvidos na negociação coletiva.

QUESTÃO N. 30 (XIX Concurso Público para o Cargo de Juiz Substituto do Trabalho, TRT, da 9ª Região)

Assinale a alternativa incorreta:

( ) a) as convenções coletivas e os acordos coletivos de trabalho entrarão em vigor três dias após a data da entrega dos mesmos no órgão referido no art. 614 da CLT;

( ) b) não será permitido estipular duração de convenção coletiva ou acordo coletivo de trabalho superior a dois anos;

( ) c) o processo de prorrogação, revisão, denúncia ou revogação total ou parcial de convenção coletiva de trabalho ou acordo coletivo de trabalho ficará subordinado, em qualquer caso, à aprovação de assembléia geral dos sindicatos convenentes ou partes acordantes;

( ) d) havendo convenção coletiva de trabalho, acordo coletivo de trabalho ou sentença normativa em vigor, o dissídio coletivo deverá ser instaurado dentro de noventa dias anteriores ao respectivo termo final, para que o novo instrumento possa ter vigência no dia imediato a esse termo;

( ) e) os sindicatos representativos de categorias econômicas ou profissionais e as empresas, inclusive as que não tenham representação sindical, quando provocados, não podem recusar-se à negociação coletiva.

QUESTÃO N. 31 (XVIII Concurso Público para o Cargo de Juiz Substituto do Trabalho, TRT, da 9ª Região)

Considere as seguintes proposições:

I — A greve a que se reporta a Lei n. 7.783/89 é apenas aquela dos trabalhadores que prestam serviços a empregador, mediante relação de emprego.

II — Para que a paralisação do trabalho seja caracterizada como greve, deve alcançar todos os trabalhadores da empresa.

III — A greve sempre provoca a suspensão do contrato de trabalho.

IV — Nos termos da lei brasileira que dispõe sobre o exercício do direito de greve, são considerados serviços ou atividades essenciais, dentre outros, o tratamento e abastecimento de água, produção e distribuição de energia elétrica e os serviços prestados por estabelecimentos de ensino.

Assinale a alternativa correta:

( ) a) Todas as proposições estão corretas.

( ) b) Apenas uma proposição está correta.

( ) c) Apenas duas proposições estão corretas.

( ) d) Apenas três proposições estão corretas.

( ) e) Todas as proposições estão erradas.

QUESTÃO N. 32 (XVIII Concurso Público para o Cargo de Juiz Substituto do Trabalho, TRT, da 9ª Região)

Considere as seguintes proposições:

I — As Centrais Sindicais têm legitimidade para instaurar dissídios coletivos e para impetrar mandado de segurança coletivo.

II — As confederações organizar-se-ão com o mínimo de cinco federações e terão sede na Capital da República.

III — O prazo máximo de validade das convenções e dos acordos coletivos é de um ano.

IV — Dispõe textualmente o art. 8º, III, da Constituição Federal, que "ao sindicato cabe a defesa dos direitos e interesses coletivos ou individuais dos associados, inclusive em questões judiciais ou administrativas".

Quais estão corretas?

( ) a) Todas estão corretas.

( ) b) Apenas I, II e III.

( ) c) Apenas II, III e IV.

( ) d) Apenas I e III.

( ) e) Todas estão erradas.

QUESTÃO N. 33 (XVIII Concurso Público para o Cargo de Juiz Substituto do Trabalho, TRT, da 9ª Região)

Considere as seguintes proposições:

I — Segundo a jurisprudência dominante no Tribunal Superior do Trabalho, não é assegurada estabilidade provisória ao dirigente sindical que efetiva o registro da candidatura no curso do aviso prévio.

II — Segundo a jurisprudência dominante no Tribunal Superior do Trabalho, para fins de estabilidade, o art. 522 da CLT, que limita a sete o número de dirigentes sindicais, foi recepcionado pela Constituição Federal de 1988.

III — A estabilidade provisória, também chamada garantia de emprego, do dirigente sindical, prevista no art. 8º, VIII, da Constituição Federal, alcança os dirigentes de entidade fiscalizadora do exercício de profissão liberal.

IV — O empregado eleito para cargo de administração sindical não poderá ser transferido para lugar ou mister que lhe dificulte ou torne impossível o desempenho das suas atribuições sindicais. Poderá, contudo, ser efetivada a transferência, sem prejuízo à estabilidade provisória, se decorrer de pedido do empregado.

Assinale a alternativa correta:

( ) a) Todas as proposições estão corretas.

( ) b) Apenas uma proposição está correta.

( ) c) Apenas duas proposições estão corretas.

( ) d) Apenas três proposições estão corretas.

( ) e) Todas as proposições estão erradas.

QUESTÃO N. 34 (XVIII Concurso Público para o Cargo de Juiz Substituto do Trabalho, TRT, da 9ª Região)

Sobre as receitas do sindicato, é correto afirmar:

I — A contribuição sindical somente pode ser descontada de associados com o consentimento destes.

II — Segundo a jurisprudência uniformizada pelo Tribunal Superior do Trabalho, não ofende o direito de livre associação e sindicalização cláusula normativa que estabeleça contribuição em favor de entidade sindical a título de taxa para custeio do sistema confederativo, revigoramento ou fortalecimento sindical e outros da mesma espécie, obrigando trabalhadores não sindicalizados.

III — A contribuição confederativa é também chamada taxa assistencial, contribuição de solidariedade ou desconto assistencial e consiste num pagamento feito pelo integrante da categoria profissional ou econômica ao sindicato da respectiva categoria, com o objetivo de custear as atividades assistenciais do sindicato.

IV — Para cobrança da mensalidade sindical basta a previsão no estatuto da entidade sindical.

Assinale a alternativa correta:

( ) a) Apenas I, II e III estão corretas.

( ) b) Apenas II e III estão corretas.

( ) c) Apenas II e IV estão incorretas.

( ) d) Todas as proposições estão erradas.

( ) e) Apenas a IV está correta.

QUESTÃO N. 35 (XVIII Concurso Público para o Cargo de Juiz Substituto do Trabalho, TRT, da 9ª Região)

Considere as proposições abaixo:

I — Segundo a legislação trabalhista, a solidariedade de interesses econômicos dos que empreendem atividades idênticas, similares ou conexas, constitui o vínculo social básico que se denomina categoria econômica.

II — O empregado integra, sem qualquer exceção, a categoria profissional correspondente à categoria econômica a que pertence a empresa em que trabalha, sendo irrelevante para efeito de enquadramento sindical a função que nela exerce.

III — No tocante à incorporação, ao contrato de trabalho, das condições alcançadas por força de sentença normativa, o Tribunal Superior do Trabalho, segundo sua jurisprudência predominante, adota a teoria da aderência limitada pelo prazo.

IV — O critério de hierarquia normativa preponderante no Direito Comum não se aplica ao Direito do Trabalho. A doutrina construiu duas teorias para equacionar a aplicação do critério da norma mais favorável (princípio próprio do direito do trabalho sobre a hierarquia de suas normas), quais sejam, a teoria da acumulação e do conglobamento, esta claramente acolhida pelo legislador ao disciplinar a situação dos trabalhadores brasileiros contratados ou transferidos para prestar serviços no exterior.

Quais estão corretas?

( ) a) Apenas I, III e IV.
( ) b) Todas estão corretas.
( ) c) Apenas II, III e IV.
( ) d) Apenas I e III.
( ) e) Apenas a IV.

QUESTÃO N. 36 (XIII Concurso Público para o Cargo de Juiz Substituto do Trabalho, TRT, da 23ª Região)

Sobre as receitas das entidades sindicais, analise as afirmativas abaixo e assinale a alternativa correta:

I — segundo entendimento sumulado do STF, a contribuição confederativa de que trata o art. 8º, inciso IV, da Constituição, só é exigível dos filiados ao sindicato respectivo;

II — a contribuição sindical é devida por todos aqueles que participarem de uma determinada categoria econômica ou profissional, ou de uma profissão liberal, em favor do sindicato representativo da mesma categoria ou profissão;

III — os sindicatos, além das contribuições confederativas e contribuições sindicais poderão instituir, conforme seus estatutos, contribuições assistenciais, como qualquer associação poderia fazê-lo, obrigando apenas os seus filiados;

IV — com a promulgação da EC n. 45/2004 o litígio entre entidades sindicais relativos à legitimidade para a cobrança da contribuição sindical é de competência da Justiça do Trabalho.

( ) a) todas as opções estão corretas;
( ) b) apenas três opções estão corretas;
( ) c) apenas duas opções estão corretas;
( ) d) apenas uma opção está correta;
( ) e) todas as opções estão incorretas.

QUESTÃO N. 37 (XIII Concurso Público para o Cargo de Juiz Substituto do Trabalho, TRT, da 23ª Região)

Sobre a liberdade sindical, é correto afirmar:

I — é vedada a dispensa do empregado sindicalizado a partir de sua eleição para o cargo de direção ou representação sindical;

II — o aposentado filiado tem direito de votar e ser votado nas eleições sindicais;

III — é vedada a criação de mais de uma organização sindical, em qualquer grau, representativa de categoria profissional ou econômica, na mesma base territorial, que será definida pelos trabalhadores ou empregadores interessados, não podendo ser inferior à área de um Município;

IV — é facultado aos sindicatos das categorias profissionais interessadas requererem ao Ministério do Trabalho a realização de perícia em estabelecimento ou setor deste, com o objetivo de caracterizar e classificar, ou delimitar, as atividades insalubres ou perigosas.

( ) a) todas as opções estão corretas;

( ) b) apenas três opções estão corretas;

( ) c) apenas duas opções estão corretas;

( ) d) apenas uma opção está correta;

( ) e) todas as opções estão incorretas.

QUESTÃO N. 38 (XIII Concurso Público para o Cargo de Juiz Substituto do Trabalho, TRT, da 23ª Região)

A respeito das Entidades Sindicais, assinale a opção correta:

( ) a) a convenção coletiva é constituída de cláusulas normativas, que vão estabelecer o conteúdo do contrato individual e de cláusulas obrigacionais, que vão dispor sobre direitos e deveres recíprocos entre os convenentes, e admite-se que tais cláusulas possam retroagir a data anterior ao início de sua vigência, não alcançando, todavia, os contratos individuais já extintos antes desse início, sob pena de se atingir situações jurídicas constituídas;

( ) b) uma das prerrogativas do sindicato é de representar, perante as autoridades administrativas e judiciárias, os interesses gerais da respectiva categoria ou profissão liberal ou os interesses individuais dos associados relativos à atividade ou profissão exercida, cuja representação legal atribui à entidade tão-somente a condição de substituto processual;

( ) c) calcado no entendimento do TST, o art. 522 da CLT, que limita a sete o número de dirigentes sindicais, não foi recepcionado pela Constituição Federal de 1988, uma vez que fere a autonomia sindical, da qual emerge o direito de autodeterminação e governar-se;

( ) d) as convenções ou acordos coletivos serão celebrados por escrito, sem emendas ou rasuras, em quantas vias forem os sindicatos ou empresas acordantes, além de uma que deverá ser levada a registro e homologação, bem assim entram em vigor três dias após a data da entrega da via ao órgão competente do Ministério do Trabalho;

( ) e) o pedido de reconhecimento do sindicato será dirigido ao Ministro do Trabalho instruído com exemplar ou cópia autenticada dos estatutos da associação.

QUESTÃO N. 39 (XII Concurso Público para o Cargo de Juiz Substituto do Trabalho, TRT, da 23ª Região)

Faça a correspondência entre os princípios aplicáveis no direito coletivo:

I — Tal princípio sustenta a garantia de autogestão às organizações associativas e sindicais dos trabalhadores, sem interferências empresariais ou do Estado.

II — Postula pelo reconhecimento de um estatuto sociojurídico semelhante a ambos os contratantes coletivos.

III — Propõe que a validade do processo negocial coletivo submeta-se à necessária intervenção do ser coletivo institucionalizado obreiro.

IV — Visa assegurar condições efetivas de concretização prática da equivalência teoricamente assumida entre os sujeitos do Direito Coletivo do Trabalho.

V — Este princípio trata das possibilidades e limites jurídicos da negociação coletiva. Ou seja, os critérios de harmonização entre as normas jurídicas oriundas da negociação coletiva e as normas jurídicas provenientes da legislação heterônoma estatal.

( ) a) I — Princípio da Lealdade e Transparência na Negociação Coletiva; II — Princípio da Adequação Setorial Negociada; III — Princípio da Interveniência Sindical na Normatização Coletiva; IV — Princípio da Autonomia Sindical; V — Princípio da Equivalência dos Contratos Coletivos.

( ) b) I — Princípio da Autonomia Sindical; II — Princípio da Equivalência dos Contratos Coletivos; III — Princípio da Interveniência Sindical na Normatização Coletiva; IV — Princípio da Lealdade e Transparência na Negociação Coletiva; V — Princípio da Adequação Setorial Negociada.

( ) c) I — Princípio da Autonomia Sindical; II — Princípio da Equivalência dos Contratos Coletivos; III — Princípio da Adequação Setorial Negociada; IV — Princípio da Lealdade e Transparência na Negociação Coletiva; V — Princípio da Criatividade Jurídica da Negociação Coletiva.

( ) d) I — Princípio da Liberdade Associativa; II — Princípio da Adequação Setorial Negociada; III — Princípio da Criatividade Jurídica da Negociação Coletiva; IV — Princípio da Lealdade e Transparência na Negociação Coletiva; V — Princípio da Equivalência dos Contratos Coletivos.

( ) e) I — Princípio da Autonomia Sindical; II — Princípio da Equivalência dos Contratos Coletivos; III — Princípio da Interveniência Sindical na Normatização Coletiva; IV — Princípio da Lealdade e Transparência na Negociação Coletiva; V — Princípio da Criatividade Jurídica da Negociação Coletiva.

QUESTÃO N. 40 (XI Concurso Público para o Cargo de Juiz Substituto do Trabalho, TRT, da 23ª Região)

Não é correto afirmar que:

( ) a) o Direito Coletivo do Trabalho é o segmento do Direito do Trabalho encarregado de tratar da organização sindical, da negociação coletiva, dos contratos coletivos, da representação dos trabalhadores e da greve;

( ) b) a Convenção n. 87 da OIT contém várias garantias, dentre as quais a de que o Estado não poderá interferir ou intervir no sindicato, de maneira a impedir o exercício do direito sindical;

( ) c) a exigência da contribuição sindical está em conflito com o princípio da liberdade sindical;

( ) d) a categoria profissional diferenciada é a que se forma dos empregados que exerçam profissões ou funções diferenciadas por força de estatuto profissional especial ou em conseqüência de condições de vida diferenciadas;

( ) e) a lei não poderá exigir autorização do Poder Público para fundação de Sindicato, ressalvado o registro no órgão competente.

QUESTÃO N. 41 (XI Concurso Público para o Cargo de Juiz Substituto do Trabalho, TRT, da 23ª Região)

É correto afirmar que:

( ) a) a Convenção Coletiva de Trabalho, segundo a CLT, é o acordo de caráter normativo, pelo qual os sindicatos representativos de categorias profissionais celebram pactos com uma ou mais empresas da correspondente categoria econômica, com a estipulação de condições de trabalho, aplicáveis no âmbito da empresa ou das empresas acordantes às respectivas relações de trabalho;

( ) b) na greve, são assegurados aos grevistas, dentre outros direitos, o emprego de meios pacíficos tendentes a persuadir ou aliciar os trabalhadores a aderirem à greve, bem como a arrecadação de fundos e a livre divulgação do movimento;

( ) c) as Confederações representativas de categorias econômicas ou profissionais não poderão celebrar convenções coletivas de trabalho para reger as relações das categorias a elas vinculadas, inorganizadas em sindicatos, no âmbito de suas representações;

( ) d) não será permitido estipular duração de Convenção ou Acordo superior a 1 (um) ano;

( ) e) somente as alternativas "a" e "d" estão incorretas.

QUESTÃO N. 42 (XI Concurso Público para o Cargo de Juiz Substituto do Trabalho, TRT, da 23ª Região)

Marque a alternativa correta:

( ) a) é vedado recorrer à arbitragem como veículo para resolução de disputas coletivas no mercado de trabalho;

( ) b) na greve, frustrada a negociação coletiva, não é possível recorrer à via arbitral;

( ) c) às entidades sindicais, é vedado, direta ou indiretamente, o exercício de atividade econômica;

( ) d) não é vedada a criação de mais de um sindicato na mesma base territorial, na medida em que a Convenção n. 87 da OIT afasta a aplicação do princípio da unicidade sindical;

( ) e) todas alternativas estão incorretas.

QUESTÃO N. 43 (Concurso C-317 — Juiz do Trabalho Substituto da 8ª Região)

Considerando que a Convenção de n. 87 da Organização Internacional do Trabalho — OIT tem como objetivo a liberdade sindical, bem como a proteção do direito sindical, marque a resposta correta:

( ) a) No exercício dos direitos que lhe são reconhecidos pela citada Convenção, os trabalhadores, entidades patronais e respectivas organizações têm a faculdade, à semelhança das outras pessoas ou coletividades organizadas, de respeitar a legalidade.

( ) b) O Conselho Estatutário do Sindicato pode deliberar a respeito de matérias que possam ensejar à paralisação da respectiva entidade, em face da pluralidade sindical.

( ) c) A legislação nacional determinará o âmbito de aplicação às forças armadas e à polícia das garantias previstas na respectiva convenção, devendo sempre observar o estabelecido no instrumento normativo da categoria.

( ) d) As organizações de trabalhadores e de entidades patronais não estão sujeitas à dissolução ou à suspensão por via administrativa.

( ) e) As disposições da Convenção n. 87 da Organização Internacional do Trabalho, aplicam-se inteiramente às federações e confederações das organizações de trabalhadores e patronais.

QUESTÃO N. 44 (Concurso C-316 — Juiz do Trabalho Substituto da 8ª Região)

Sobre liberdade sindical e organização sindical no Brasil é correto afirmar que:

( ) a) A Constituição Federal de 1988 assegurou a liberdade de associação para todos os fins, vedada a de caráter paramilitar.

( ) b) A Constituição Federal de 1988 considera livre a associação sindical ou profissional, quando diz que a lei não poderá exigir autorização do Estado para a fundação de sindicato, sem qualquer tipo de ressalva, proibindo expressamente a interferência e a intervenção do poder público na organização sindical.

( ) c) A Constituição Federal de 1988 focaliza a liberdade sob o prisma do direito de constituir sindicatos, do direito de o sindicato autodeterminar-se, do direito de liberdade de filiação ou não ao sindicato e o direito de organizar mais de um sindicato da categoria econômica ou profissional dentro da mesma base territorial.

( ) d) A Convenção n. 87 da OIT ratificada pelo Brasil em 14 de novembro de 2006, possibilita a criação de entidades sindicais na mesma base territorial, não implicando em restrição à representação.

( ) e) A unicidade sindical (ou monismo sindical) consiste no reconhecimento pelo Estado de uma única entidade sindical, de qualquer grau, para determinada categoria profissional ou econômica, na mesma base territorial, enquanto que a unidade sindical traduz a união espontânea em torno de um único sindicato, à semelhança do que ocorre na unicidade, porém não em decorrência de imposição legal, mas como uma opção, como manifestação espontânea de seus integrantes.

QUESTÃO N. 45 (Concurso C-316 — Juiz do Trabalho Substituto da 8ª Região)

Sobre entidades, garantias e sistemas sindicais é correto afirmar que:

( ) a) Com a proibição de intervenção do poder público na organização sindical cessaram as atribuições da Comissão de Enquadramento Sindical, competindo, agora, às confederações a coordenação das atividades do sistema, podendo, inclusive, solucionar controvérsias, garantindo-se sempre a possibilidade de recorrer ao Judiciário, na hipótese de inconformismo de uma das partes.

( ) b) Não é possível o desmembramento de categorias agrupadas em entidades sindicais, em face de especialidades diversas reunidas por similitude e conexão.

( ) c) O direito sindical brasileiro impossibilita a descentralização de uma categoria profissional que foi criada tendo por base o território nacional.

( ) d) A jurisprudência é pacífica no sentido de que a legitimidade do sindicato limita-se à defesa dos direitos e interesses coletivos ou individuais homogêneos da categoria, inclusive em questões judiciais ou administrativas.

( ) e) A jurisprudência e a doutrina entendem que a estabilidade concedida ao empregado sindicalizado a partir do registro de sua candidatura a cargo de direção ou representação sindical e, se eleito, ainda que suplente, até um ano após o final do mandato, salvo se cometer falta grave nos termos da lei, atinge todos os eleitos, diante da liberdade sindical reconhecida na Constituição Federal de 1988.

QUESTÃO N. 46 (Concurso C-316 — Juiz do Trabalho Substituto da 8ª Região)

Sobre greve no direito brasileiro é correto afirmar que:

( ) a) Considera-se legítimo exercício do direito de greve a suspensão coletiva, temporária e pacífica, total ou parcial, de prestação pessoal de serviços a empregador, desde que frustrada a negociação ou verificada a impossibilidade de recursos via arbitral e a entidade patronal correspondente ou os empregadores diretamente interessados sejam notificados, com antecedência mínima de setenta e duas horas, da paralisação.

( ) b) A participação em greve suspende o contrato de trabalho, desde que observadas as condições previstas na Lei de Greve, devendo as relações obrigacionais, durante o período, ser regidas pelo acordo, convenção, laudo arbitral ou decisão da Justiça do Trabalho.

( ) c) Em todos os casos é vedada a rescisão de contrato de trabalho durante a greve, bem como a contratação de trabalhadores substitutos.

( ) d) No Brasil, cabe à entidade sindical convocar assembléia, com o *quorum* previsto nos estatutos, para deliberar sobre a greve, sendo facultado aos trabalhadores interessados das categorias não organizadas em sindicato, deliberar sobre a greve constituindo uma comissão que os representará apenas nas negociações.

( ) e) Na vigência de acordo, convenção ou sentença normativa constitui abuso do exercício do direito de greve a paralisação que tenha por objetivo exigir o cumprimento de cláusula ou condição e seja motivada pela superveniência de fato novo ou acontecimento imprevisto que modifique substancialmente a relação de trabalho.

QUESTÃO N. 47 (Concurso C-316 — Juiz do Trabalho Substituto da 8ª Região)

Sobre atividades sindicais e condutas anti-sindicais é correto afirmar que:

( ) a) O empregador é tido como o infrator potencial da liberdade sindical, propenso à materialização de condutas anti-sindicais; mas essas práticas também podem advir de outras organizações de trabalhadores, de sindicatos de trabalhadores e até mesmo de empregado.

( ) b) A contribuição sindical compulsória e a unicidade sindical, embora sejam institutos que ferem a liberdade sindical, não se constituem em atos anti-sindicais, porque praticados pelo Estado.

( ) c) Havendo igualdade de condições, não existe preferência assegurada às entidades sindicais, nas concorrências para exploração de serviços públicos, bem como nas concorrências para fornecimento às repartições federais, estaduais e municipais e às entidades paraestatais.

( ) d) Diante de notificação do sindicato, os empregadores ficam obrigados a descontar na folha de pagamento de seus empregados, desde que por eles previamente autorizados, as contribuições devidas ao órgão, incluindo o imposto sindical.

( ) e) A central sindical, entidade de representação geral dos trabalhadores, constituída em âmbito nacional, tem prerrogativas de exercer a representação dos trabalhadores, por meio das organizações sindicais a ela filiadas e participar de negociações em fóruns, colegiados de órgãos públicos e demais espaços de diálogo social que possuam composição tripartite, nos quais estejam em discussão assuntos de interesse geral e particulares dos trabalhadores.

QUESTÃO N. 48 (V Concurso Público para o Cargo de Juiz Substituto do Trabalho, TRT, da 20ª Região)

Quanto ao direito de greve no setor privado, pode-se afirmar que:

I — Em hipótese alguma é permitido ao empregador, durante a greve, rescindir contratos de empregados que aderirem ao movimento paredista ou mesmo contratar pessoal para substituir os grevistas.

II — Podem os trabalhadores, uma vez deflagrada a greve, realizar manifestações e atos de persuasão, impedindo, inclusive, o acesso ao trabalho, sem o que o movimento seria esvaziado e perderia força, mas é terminantemente vedada a prática de atos que causem ameaça ou dano à propriedade ou pessoa.

III — A ocorrência de greve durante a vigência de acordo, convenção ou sentença normativa da Justiça do Trabalho implica abuso de direito, ressalvando-se, apenas, aquela tendente a exigir o cumprimento de cláusula ou condição.

IV — O *loukout (sic)* é permitido desde quando exercido nos limites e condições estabelecidos para o direito de greve.

Marque:

( ) a) todas as proposições são corretas;

( ) b) todas as proposições são incorretas;

( ) c) apenas a proposição II é correta;

( ) d) apenas as proposições II e III são corretas;

( ) e) as proposições I, II e III são corretas e a proposição IV, incorreta.

QUESTÃO N. 49 (V Concurso Público para o Cargo de Juiz Substituto do Trabalho, TRT, da 20ª Região)

"Nos termos da Lei n. 7.783/89, a greve em serviços essenciais deve ser comunicada pelos trabalhadores e entidades sindicais aos empregadores e usuários, com antecedência mínima de 72 (setenta e duas) horas do início da paralisação, sendo obrigação dos empregadores, dos sindicatos e dos empregados a manutenção dos serviços indispensáveis ao atendimento das necessidades inadiáveis da comunidade, estando, entre os serviços ou atividades essenciais, além de outros, os de compensação bancária, telecomunicações e processamento de dados."

Marque:

( ) a) a proposição acima é incorreta, porque a compensação bancária não é considerada atividade ou serviço essencial;

( ) b) a proposição acima é incorreta, porque, uma vez que o empregador não faz a greve, a obrigação de manter os serviços essenciais não é atribuída também a ele;

( ) c) a proposição acima é incorreta, porque os trabalhadores e sindicatos têm a obrigação de comunicar aos empregadores e usuários, com 72 (setenta e duas) horas de antecedência, a realização da assembléia geral convocada para deliberar sobre o movimento paredista e não a decisão já consumada de realizá-lo;

( ) d) a proposição é correta;

( ) e) a proposição é incorreta, porque o processamento de dados só é considerado essencial quando ligado a serviços essenciais.

QUESTÃO N. 50 (V Concurso Público para o Cargo de Juiz Substituto do Trabalho, TRT, da 20ª Região)

Em vista da ordem constitucional e legal vigente, pode-se afirmar que:

I — O sindicato, no Brasil, é único para cada categoria profissional ou econômica, tendo, não obstante, como base mínima o município.

II — Havendo sindicato nacional, regional ou estadual é permitida a constituição de sindicato de âmbito municipal, o qual, já então, será destacado do sindicato de representatividade mais ampla.

III — Uma das fontes de receita do sindicato é o imposto sindical, que sobreviveu, segundo jurisprudência que acabou por prevalecer, ao advento da Constituição Federal de 1988, não obstante o princípio da liberdade sindical por esta última preconizado.

IV — A estabilidade sindical é provisória, ficando vedada a dispensa do empregado sindicalizado ou associado a partir do momento do registro de sua candidatura a cargo de direção ou representação até um ano após o mandato, caso seja eleito, salvo se cometer falta grave, nos termos da Consolidação das Leis do Trabalho.

Marque:

( ) a) apenas as proposições II e III são corretas;

( ) b) apenas a proposição III é incorreta;

( ) c) apenas a proposição II é incorreta;

( ) d) todas as proposições são incorretas;

( ) e) todas as proposições são corretas.

QUESTÃO N. 51 (V Concurso Público para o Cargo de Juiz Substituto do Trabalho, TRT, da 20ª Região)

A propósito das convenções e acordos coletivos, pode-se afirmar que:

I — O depósito do instrumento coletivo de trabalho — convenção ou acordo — no Ministério do Trabalho e Emprego tem por objetivo, além da perscrutação de sua legalidade formal, a análise meritória do dito instrumento, ao qual se dará ou negará validade a depender de sua legalidade substancial também.

II — A capacidade sindical é adquirida com o registro sindical no Ministério do Trabalho e Emprego, sendo obrigatória a participação dos sindicatos nas negociações coletivas que poderão resultar em celebrações de acordo coletivo ou convenção coletiva.

III — Segundo a jurisprudência prevalecente, a validade de acordo coletivo ou convenção coletiva de compensação de jornada de trabalho em atividade insalubre prescinde da inspeção prévia da autoridade competente em matéria de higiene do trabalho da qual fala o art. 60 da CLT.

IV — A convenção coletiva de trabalho, por ser firmada por entidades sindicais, tem hierarquia superior ao acordo coletivo de trabalho, segundo a jurisprudência predominante, e suas cláusulas, por outro lado, aderem aos contratos individuais de trabalho, só podendo ser modificadas ou suprimidas, em qualquer caso, por cláusulas de nova convenção.

Marque:

( ) a) as proposições I e III são corretas e a IV, incorreta;

( ) b) apenas a proposição I é correta;

( ) c) as proposições II e III são corretas;

( ) d) apenas a proposição III é incorreta;

( ) e) todas as proposições são corretas, salvo a II.

QUESTÃO N. 52 (V Concurso Público para o Cargo de Juiz Substituto do Trabalho, TRT, da 20ª Região)

No que respeita à Convenção n. 87/OIT, de 1948, relativa à liberdade e à proteção ao direito de sindicalização, pode-se afirmar que:

I — A OIT, por meio da referida Convenção, faz expressa opção pelo sistema da pluralidade sindical — que é aquele no qual é permitida a existência de mais de um sindicato representativo da categoria profissional ou econômica numa mesma base territorial — e proscreve a contribuição sindical obrigatória, um claro resquício do regime fascista.

II — As garantias previstas na Convenção n. 87/OIT não se aplicam às forças armadas e às polícias, dada a natureza específica do trabalho que desempenham e por seu caráter bélico.

III — As organizações de trabalhadores ou empregadores não se sujeitam à dissolução ou suspensão pela via administrativa, salvo na exclusiva hipótese de serem utilizadas como instrumento de desestabilização do regime de governo ou se constituírem em grupo paramilitar.

IV — Embora trate expressamente das federações e confederações de organizações de trabalhadores e empregadores, para admitir o direito à sua constituição, a Convenção n. 87/OIT não trata das centrais sindicais.

Marque:

( ) a) todas as proposições são corretas;

( ) b) todas as proposições são incorretas;

( ) c) a proposição I é a única correta;

( ) d) a proposição IV é a única correta;

( ) e) a proposição III é a única incorreta.

RESPOSTAS DAS QUESTÕES:

01) B	09) D	17) D
02) C	10) E	18) D
03) D	11) A	19) B
04) A	12) B	20) C
05) E	13) E	21) D
06) B	14) C	22) A
07) E	15) D	23) E
08) B	16) A	

GABARITO

24) B	34) D	44) E
25) B	35) A	45) A
26) C	36) A	46) B
27) E	37) B	47) A
28) B	38) A	48) B
29) C	39) B	49) E
30) D	40) D	50) E
31) B	41) B	51) C
32) E	42) C	52) D
33) C	43) D	

REFERÊNCIAS BIBLIOGRÁFICAS

ALMEIDA, João Alberto de. "Arbitragem". In: *Fundamentos do Direito do Trabalho* (org. Francisco Alberto da Mota Peixoto Giordani e Melchíades Rodrigues Martins). São Paulo: LTr, 2000.

BALEEIRO, Aliomar e SOBRINHO, Barbosa Lima. *Constituições Brasileiras: 1946.* Brasília: Senado Federal e Ministério da Ciência e Tecnologia, Centro de Estudos Estratégicos, 1999.

BARACHO JÚNIOR, José Alfredo de Oliveira. "Os Interesses Difusos". *In: Direitos Humanos e Direitos dos Cidadãos.* Belo Horizonte: PUC Minas, 2001.

BARROS, Alice Monteiro de. *Curso de Direito do Trabalho.* 3ª ed. São Paulo: LTr, 2007.

BARROSO, Luis Roberto. "A proteção coletiva dos direitos no Brasil e alguns aspectos da *class action* norte-americana". In: *Revista Forense Eletrônica.* Vol. 381, p. 103, 2005.

BERGAMNN, Luiz Felipe. "A estrutura do sindicalismo e a acumulação capitalista". In: *Combate*, n. 7, maio de 2005.

BASTOS, Guilherme Augusto Caputo. "Arbitragem no Direito do Trabalho". In: *Sentenças Trabalhistas e Artigos Doutrinários.* Vol. 2, n. 1, Cuiabá: Tribunal Regional da 23ª Região, 1999.

BRASIL, Leis. *Consolidação das Leis do Trabalho* (org. Antônio Luiz de Toledo Pinto, Márcia Cristina Vaz dos Santos Windt e Livia Céspedes). 32ª ed. São Paulo: Saraiva, 2005.

CALVO, Adriana Carrera. *A ultratividade das convenções e acordos coletivos.* Teresina: *Jus Navigandi*, a. 9, n. 644, 13 abr. 2005. Disponível em: <http://jus2.uol.com.br/doutrina/texto.asp?id=6449>. Acesso em: 3 mar. 2006.

CALVO, Adriana Carrera. "A Ultratividade das Convenções e acordos Coletivos". Disponível em http://www.lfg.com.br/artigos/Ultratividade_ Convencoes_Acordos_Coletivos.pdf, acesso em 5.3.2006.

CAMINHA, Marco Aurélio Lustosa. "O Ministério Público, *ombudsman*, defensor do povo ou função estatal equivalente, como instituição vocacionada para a defesa dos direitos humanos: uma tendência atual do constitucionalismo". Teresina: *Jus Navigandi*, a. 4, n. 41, mai. 2000. Disponível em: <http://www1.jus.com.br/doutrina/texto.asp?id=279>. Acesso em: 11 abr. 2005.

CAMINO, Carmen. *Direito Individual do Trabalho.* 4ª ed. Porto Alegre: Síntese, 2004.

CAMPOS, José Miguel de. *Emenda Constitucional n. 45 e Poder Normativo da Justiça do Trabalho.* "Trabalho em Revista", encarte de Doutrina "O Trabalho" — Fascículo n. 103, setembro/2005, p. 2.879.

CANOTILHO, J. J. Gomes; MOREIRA, Vital. *Constituição da República Portuguesa — Lei do Tribunal Constitucional.* 8ª ed. Coimbra: Coimbra Editora, 2005.

CASSAR, Vólia Bomfim. *Direito do Trabalho*. Niterói: Impetus, 2007.

CAVALCANTI, Themístocles Brandão.BRITO, Luiz Navarro e BALEEIRO, Aliomar. Brasília: Senado Federal e Ministério da Ciência e Tecnologia, Centro de Estudos Estratégicos, 1999.

CORTEZ, Julpiano Chaves. *Direito do Trabalho Aplicado*. São Paulo: LTr, 2004.

COSTA FILHO, Mário Pinto Rodrigues da. *Interpretação das normas coletivas de trabalho e o princípio do conglobamento*. Teresina: *Jus Navigandi*, a. 5, n. 49, fev. 2001. Disponível em: <http://jus2.uol.com.br/doutrina/texto.asp?id=1188>. Acesso em: 28 fev. 2006.

CUNHA, Maria Inês Moura S. A. da. *Direito do Trabalho*. 2ª ed. São Paulo: Saraiva, 1997.

DELGADO, Mauricio Godinho. *Curso de Direito do Trabalho*. 6ª ed. São Paulo: LTr, 2007.

FÓRUM NACIONAL DO TRABALHO. *Reforma Sindical: Relatório Final*. Brasília: Ministério do Trabalho e Emprego, Secretaria de Relações do Trabalho, 2004.

FRANCO FILHO, Georgenor de Sousa. *A arbitragem e os conflitos coletivos de trabalho no Brasil*. São Paulo: LTr, 1990.

GRECO FILHO, Vicente. *Direito Processual Civil*. São Paulo: Saraiva, 1998.

GUGEL, Maria Aparecida. "O interesse público e o interesse coletivo". *Revista do Ministério Público do Trabalho em São Paulo*, n. 1, ano I, dez. 1995.

JORGE NETO, Francisco Ferreira; CAVALCANTE, Jouberto de Quadros Pessoa. *Direito Processual do Trabalho — Tomo I e II*. 2ª ed. Rio de Janeiro: Editora Lúmen Juris, 2005.

_____ . *Manual de Direito do Trabalho — Tomo I e II*. 2ª ed. Rio de Janeiro: Editora Lúmen Juris, 2004.

LEITE, Carlos Henrique Bezerra. *Curso de Direito Processual do Trabalho*. 5ª ed. São Paulo: LTr, 2007.

_____ . *Ministério Público do Trabalho: Doutrina, Jurisprudência e Prática*. 3ª ed. São Paulo: LTr, 2006.

_____ . "A greve do Servidor Público Civil e os Direitos Humanos". Disponível em http://www.planalto.gov.br/ccivil_03/revista/Rev-34/Artigos/Art_carlos.htm, acesso 7.3.2006.

MANNRICH, Nelson. "Direito Coletivo". Disponível em http://www. direitonet.com.br/textos/x/14/12/1412/DN_Direito_coletivo_Sindicatos. doc, acesso em 24.2.2006.

MANUS, Pedro Paulo Teixeira. *Direito do Trabalho*. 9ª ed. São Paulo: Atlas, 2005.

MARANHÃO, Délio e CARVALHO, Luiz Inácio Barbosa. *Direito do Trabalho*. 17ª ed. Rio de Janeiro: Editora da Fundação Getúlio Vargas, 1993.

MARTINEZ, Pedro Romano. *Direito do Trabalho*. 2ª ed. Coimbra: Almedina, 2005.

MARTINS, Sérgio Pinto. *Direito do Trabalho*. 22ª ed. São Paulo: Atlas, 2006.

MENEZES, Cláudio Armando Couce de. "Proteção contra Condutas Anti-Sindicais: Atos anti-sindicais, controle contra discriminação e procedimentos anti-sindicais". Disponível em http://www.anamatra.org.br/opiniao/artigos/ler_artigos.cfm?cod_conteudo=6017& descrição=artigos, acesso em 1º.3.2006.

MORAES, Alexandre de. *Direitos Humanos Fundamentais: teoria geral, comentários aos arts. 1º a 5º da Constituição da República Federativa do Brasil, doutrina e jurisprudência*. 6ª ed., São Paulo: Atlas, 2005 (Coleção temas jurídicos: 3).

MOREIRA, Gerson Luis. *Breve estudo sobre o sindicato*. Teresina: *Jus Navigandi*, a. 6, n. 55, mar. 2002. Disponível em: <http://jus2.uol.com.br/doutrina/texto.asp?id=2781>. Acesso em: 28 fev. 2006.

MORGADO, Isabele Jacob. *A Arbitragem nos Conflitos de Trabalho*. São Paulo: LTr, 1998.

MOTA, Daniel Pestana. "A nova estrutura sindical tem que estar a serviço dos trabalhadores e não de cúpula da direção sindical". Disponível em http:/ /www1.jus.com.br/doutrina/texto.asp?id=4268, consultado em 15.5.2005.

NASCIMENTO, Amauri Mascaro. *Curso de Direito do Trabalho*. 19ª ed. São Paulo: Saraiva, 2004.

_____. *Curso de Direito Processual do Trabalho*. 19ª ed. São Paulo: Saraiva, 1999.

_____. *Iniciação ao Direito do Trabalho*. 31ª ed. São Paulo: LTr, 2005.

_____. *Compêndio de Direito Sindical*. 4ª ed. São Paulo: LTr, 2005.

NOGUEIRA, Octaciano. *Constituições Brasileiras: 1824*. Brasília: Senado Federal e Ministério da Ciência e Tecnologia, Centro de Estudos Estratégicos, 1999.

OLIVEIRA, Oris. "Diretrizes da Organização Internacional do Trabalho para o Direito Coletivo". In: *Direito Coletivo do Trabalho em uma Sociedade Pós-Industrial*. São Paulo: LTr, 2003.

PAULO, Vicente; ALEXANDRINO, Marcelo e BARRETO, Gláucia. *Direito do Trabalho*. 9ª ed. Rio de Janeiro: Impetus, 2006.

_____. *Resumo de Direito do Trabalho*. 3ª ed. Rio de Janeiro: Impetus, 2005.

PAULO, Vicente; ALEXANDRINO, Marcelo. *Direito do Trabalho*. 6ª ed. Rio de Janeiro: Impetus, 2005.

PEIXOTO, Aguimar Martins. "Negociação Coletiva". In: *Sentenças Trabalhistas e Artigos Doutrinários*. Vol. 2, n. 1, Cuiabá: Tribunal Regional da 23ª Região, 1999.

PESSOA, Flávia Moreira. *Contribuições sindical, confederativa, associativa e assistencial: natureza e regime jurídicos*.Teresina: *Jus Navigandi*, a. 8, n. 415, 26 ago. 2004. Disponível em: <http://www1.jus.com.br/doutrina/texto.asp?id=5634>. Acesso em: 22 mai. 2005.

PINTO, José Augusto Rodrigues. *Direito Sindical e Coletivo do Trabalho*. São Paulo: LTr, 1998.

_____. *Direito Sindical e Coletivo do Trabalho*. São Paulo: LTr, 2002.

POLETTI, Ronaldo. *Constituições Brasileiras: 1934*. Brasília: Senado Federal e Ministério da Ciência e Tecnologia, Centro de Estudos Estratégicos, 1999.

PORTO, Walter Costa. *Constituições Brasileiras: 1937*. Brasília: Senado Federal e Ministério da Ciência e Tecnologia, Centro de Estudos Estratégicos, 1999.

RAFAEL, Márcia Cristina. *Direito do Trabalho*. Curitiba: Juruá, 2005.

RAMOS FILHO, Irineu. "Reforma ou Desestruturação Sindical?". Disponível em http://www.senge-sc.org.br/juridica/reformasindical.htm. Acesso em: 22 de maio de 2005.

RAMOS, Augusto César. "Mediação e arbitragem na Justiça do Trabalho". Teresina: *Jus Navigandi*, a. 6, n. 54, fev. 2002. Disponível em: <http://jus2.uol.com.br/doutrina/texto.asp?id=2620>. Acesso em: 23 fev. 2006.

REIS, Jair Teixeira dos. *Direitos Humanos para Provas e Concursos*. 2ª ed. Curitiba: Juruá, 2007.

_____. *Manual de Rescisão de Contrato de Trabalho*. 2ª ed. Curitiba: Juruá, 2007.

_____. *Manual Prático de Direito do Trabalho*. 2ª ed. Curitiba: Juruá, 2007.

_____. *Direito Coletivo do Trabalho*. Belo Horizonte: Leiditathi, 2006.

_____. *Resumo de Direito Ambiental*. 3ª ed. Rio de Janeiro: Impetus, 2007.

_____. "Reforma Sindical: Temas Controvertidos. In: *Minerva — Revista de Estudos Laborais*. Ano IV, n. 7, Coimbra: Almedina, 2005.

RIPPER, Walter Wiliam. "Poder normativo da Justiça do Trabalho após a EC n. 45/2004". Teresina: *Jus Navigandi*, a. 9, n. 776, 18 ago. 2005. Disponível em: <http://jus2.uol.com.br/doutrina/texto.asp?id=7176>. Acesso em: 1º mar. 2006.

ROMITA, Arion Sayão. "O Poder Normativo da Justiça do Trabalho: Antinomias Constitucionais". *Revista LTr*, São Paulo: LTr, vol. 65, n. 03, março/2001.

ROSSI, Alexandre Chedid. *Incorporação das cláusulas normativas aos contratos individuais de trabalho*. Teresina: *Jus Navigandi*, a. 7, n. 60, nov. 2002. Disponível em: <http://jus2.uol.com.br/doutrina/texto.asp?id= 3429>. Acesso em: 21.2.2006.

RÜDIGER, Dorothee Susanne. *O Contrato Coletivo no Direito Privado: contribuições do direito do trabalho para a teoria geral do contrato*. São Paulo: LTr, 1999.

RUPRECHT, Alfredo J. *Relações Coletivas de Trabalho*. São Paulo: LTr, 1995.

RUSSOMANO, Mozart Victor. *Curso de Direito do Trabalho*. 8ª ed. Curitiba: Juruá, 2002.

SABATOVSKI, Emílio. *Constituição Federal de 1988*. 11ª ed. Curitiba: Juruá, 2006.

SANTOS, Luiz Alberto Matos dos. "Unicidade, Organização por Categorias e Contribuição Sindical — Limites à Liberdade Sindical". In: *Boletim Informativo do Sindicato Paulista dos Agentes da Inspeção do Trabalho*, Ano XIX, n. 231, outubro 2001.

SARAIVA, Renato. *Curso de Direito Processual do Trabalho*. 4ª ed. São Paulo: Método, 2007.

SILVA, Edson Braz. "Unidade 10 — Direito Coletivo do Trabalho". Disponível em http://www.ucg.br/site_docente/jur/edson/pdf/novo/unidade10. pdf, acesso em 4.3.2006.

SILVA, Luis Carlos Cândido Martins Sotero da. "Acordo e Convenção Coletiva de Trabalho". *In: Fundamentos do Direito do Trabalho* (org. Francisco Alberto da Mota Peixoto Giordani e Melchíades Rodrigues Martins). São Paulo: LTr, 2000.

SÜSSEKIND, Arnaldo. *Curso de Direito do Trabalho*. 2ª ed. Rio de Janeiro: Renovar, 2004.

WEIS, Carlos. *Os Direitos Humanos Contemporâneos*. São Paulo: Malheiros, 1999.

ZAGO, Evair de Jesus. "Centrais Sindicais". In: *Boletim Informativo do Sindicato Paulista dos Agentes da Inspeção do Trabalho*, n. 207, Ano XVIII, set./out., 1998.

VIDOTTI, Tárcio José; GIORDANI, Francisco Alberto da Motta Peixoto (coordenadores). *Direito Coletivo do Trabalho em uma Sociedade Pós-Industrial*. São Paulo: LTr, 2003.

Produção Gráfica e Editoração Eletrônica: **LINOTEC**
Capa: **FABIO GIGLIO**
Impressão: **HR GRÁFICA E EDITORA**